KB275752

암호화폐 트렌드 2026

암호화폐 트렌드 2026

표상록, 오태완, 김동환, 박종한 지음

AI 대전환기, 부의 흐름을 바꾸는 암호화폐

옐로우바스켓

완전히 바뀐 게임의 규칙

세계 최대 부호 일론 머스크^{Elon Musk}는 AI와 로봇의 발전으로 생산성이 폭발적으로 증가하면서, 법정화폐를 대신해 물리적 실체를 지닌 에너지가 새로운 화폐가 될 수 있다고 평가했다. 더불어 장기적으로는 '돈'이라는 개념 자체가 사라질 가능성도 언급했다. 다만 물리학에 기반한 근본적인 화폐는 여전히 존재할 것이며, 비트코인은 에너지에 의거한 화폐이고 에너지는 법으로 규제할 수 없다는 점을 덧붙였다.

2009년 비트코인이 등장했을 때, 그것은 법정화폐와 전통 금융 시스템에 대한 조용한 반란이었다. 2017년 비트코인은 투기의 상징이 되었고, 2021년에는 기술 거품으로 불렸다. 2022년에는 루나·FTX 사태를 겪으며 시장은 급기야 '이번에야말로 끝'이라는 선고를 받았다. 이어 2025년 관세 전쟁과 대규모 청산 사태로 인해 비트코인을 외면하는 투자자가 급증했고, 비트코인에 대한 불신은 다시 한 번 깊게 각인되었다.

그런데 이상한 일이 벌어졌다. 끝났다고 여겨졌던 그 시장에 월가를 대표하는 블랙록^{BlackRock}이 들어왔다. 피델리티, 뱅가드^{Vanguard}, JP모건
이 뒤따랐다. 미국 대통령은 '크립토 수도'를 선언했고, 유럽은 세계 최초
의 가상자산 기본법을 시행했다. 테더는 어느새 블랙록보다 많은 미국
국채를 보유한 기관이 되었다. 대체 무슨 일이 벌어지고 있는 것일까.

더 이상 투기가 아니다

2026년, 암호화폐 시장을 정의하는 단어는 '불장'도, '폭락장'이나 '크립
토 윈터'도 아니다. 제도화, 대중화, 그리고 융합이다. 비트코인과 이더
리움 ETF가 뉴욕증권거래소에서 거래되며, 월스트리트의 자금은 합법
적인 통로를 통해 시장으로 유입되고 있다. 스테이블코인은 단순한 트
레이딩 수단을 넘어 국가 간 결제와 송금, 나아가 달러 패권을 유지하기
위한 전략적 도구로 부상했다. 약 400조 달러에 달하는 실물자산 시장
은 블록체인 위로 이동하기 시작했고, AI는 스스로 지갑을 생성해 경제

활동을 수행하는 시대를 준비하고 있다. 게임의 규칙이 근본적으로 바뀐 것이다. 문제는 상당수의 투자자가 여전히 과거의 낡은 프레임으로 현재의 시장을 바라보고 있다는 점이다. "어떤 코인이 오를까?", "알트코인 대세 상승장은 올까?"라는 질문에만 매달린다. 그러나 이제 던져야 할 질문은 본질적으로 달라져야 한다.

이 책이 던지는 네 가지 질문

여기서는 다음의 네 가지 질문에 주력하였다. 첫째, 비트코인의 4년 주기 사이클은 여전히 유효한가.

반감기마다 반복되던 대세 상승장의 공식은 기관 자금 유입과 ETF 시대에도 작동하는가. 아니면 우리는 이미 전혀 새로운 국면에 진입한 것인가.

둘째, 스테이블코인은 왜 갑자기 핵심 의제가 되었는가.

테더가 블랙록을 넘어선 미국 국채 보유자가 된 배경, 미국 행정부가 스테이블코인 법제화에 총력을 기울이는 이유와 이 거대한 흐름이 투자자에게 의미하는 바는 무엇인가.

셋째, 수많은 기술 키워드 중 실제로 '돈이 흐르는 구조'는 무엇인가.

디파이, RWA, 레이어2, 리스테이킹, ZK, 디핀DePIN 등, 용어의 홍수 속에서 실질적인 가치를 창출하는 인프라는 무엇이며, 무엇이 도태될 것인가.

넷째, 2026년 이후 어떤 관점으로 시장에 접근해야 하는가.

'실험의 시대'는 막을 내리고, '실용의 시대'가 도래했다. 이 전환기에 투자자는 어떤 위치에 서야 하는가.

결국, 구조를 읽는 자가 시장을 이긴다

이 책은 '지금 어떤 코인을 사야 하는가?'에 대한 답을 제시하지 않는다. 대신 더 본질적인 질문에 답하고자 한다. 2022년 11월, 저자들 중 일부가 공저한 《2023년 암호화폐 트렌드》가 출간될 당시 비트코인 가격은 1만 5,000달러 부근이었다. 그러나 우리는 비트코인 ETF 출시 이후 10만 달러 돌파를 예상했다. 그렇게 판단할 수 있었던 이유는 단기 시세가 아니라 구조적 변화를 읽었기 때문이다. 바로 다음과 같은 것에 주목했다.

"왜 이 시장이 움직이는가", "어떤 구조가 자본을 끌어당기는가", 그리고 "그 구조 위에서 어떻게 포지션을 잡을 것인가."

파트1에서는 비트코인을 둘러싼 거시 구조를 해부한다. '반감기와 유동성, ETF와 규제, 글로벌 통화 패권 경쟁'까지 비트코인을 단순한 가격 차트가 아닌 국가 전략 자산으로 바라보는 시각을 제시한다.

파트2에서는 스테이블코인의 세계를 집중 조명한다. 각국 정부가 이 시장을 직접 규율하려는 이유와 활용 영역, 확장 가능성, 그리고 그 흐름 속 투자 기회를 정리한다.

파트3에서는 기술과 시장이 교차하는 최전선을 탐색한다. 디파이의 구조적 진화, 이더리움 리스테이킹의 의미, ZK 롤업의 현재와 전망, 비트코인 디파이의 부상, 양자 컴퓨팅이라는 새로운 변수까지 다룬다.

파트4에서는 2026년 이후의 핵심 트렌드와 투자 패러다임의 전환을 조망한다. 400조 달러 실물자산의 디지털 전환, AI 에이전트 경제의 태동, 공유경제의 본질을 구현하는 디핀, 알트코인 투자의 새로운 원칙을 제시한다.

암호화폐 투자 나침반을 손에 쥐다

암호화폐 시장에서 오랜 시간 투자자들과 함께하며 확인한 사실이 있다. 결국 살아남는 사람은 '운 좋게 맞힌 사람'이 아니라 '구조를 이해한 사람'이라는 점이다. 단기 시세에 휘둘리는 투자자는 시장의 소음에 지쳐 이탈한다. 반면 흐름을 읽는 투자자는 하락장에서 기회를 포착하고, 상승장에서 절제를 실천한다.

이 책을 덮을 즈음, 다음과 같이 독자분들의 질문이 바뀌어 있기를 바란다. '지금 무엇을 사야 하는가'가 아니라, '이 구조 위에서 나는 어떤 역할로 참여할 것인가'로 말이다.

아이러니하게도 질문이 바뀌면 결과도 달라진다. 구조를 이해한 투자자는 짧은 가격 변동에 일희일비하지 않으며, 하락장에서 공포에 휩쓸리지 않고, 상승장에서 탐욕에 무너지지 않는다. 이 여유는 단지 수익률의 문제가 아니다. 시장을 대하는 태도가 바뀌면, 결국 삶을 대하는 태도도 바뀌게 된다. 흔들리지 않는 기준을 가진 사람은 투자에서도, 인생에서도 더 멀리 바르게 간다. 2026년, 규칙이 바뀐 시장에서 자신만의 답을 찾아가는 여정에 이 책이 신뢰할 수 있는 나침반이 되기를 기대한다.

표상록, 오태완, 김동환, 박종한

II
스테이블코인 시대, 돈의 규칙이 바뀐다

III
디파이와 보안시장의 융합이 만드는 미래 금융 질서

I

비트코인의 세 가지 키워드,
규제화 제도화 대중화

4년마다 찾아오는 기회, 반감기: 공급 충격

2008년 글로벌 금융위기 이후, 익명의 개발자인 사토시 나카모토**Satoshi Nakamoto**가 제시한 비트코인은 중앙 기관의 개입 없이 탈중앙화 금융의 비전을 제시하였다. 그러나 초기 10년간 비트코인은 '실험적 디지털 자산'으로 간주되었고, 제도권 금융과는 거리가 멀었다.

하지만 2020년대에 접어들면서 상황은 급변하였다. 캐나다 비트코인 현물 ETF 승인, 미국 비트코인 선물 ETF 승인, 더불어 엘살바도르와 온두라스 경제특구, 중앙아프리카공화국 등 국가 차원에서의 법정 통화 채택이 있었고, 마이클 세일러**Michael Saylor**가 이끌고 있는 스트래티지(구 마이크로스트래티지)는 2020년 8월 비트코인 DCA 기업으로 최초의 포문을 열었다.

2024년 1월 미국 비트코인 현물 ETF가 승인되었고, 2024년 7월 미국 이더리움 현물 ETF가 승인되며 전통 금융기관에서의 가상자산 도입이 본격화되었다. 특히 2024년 7월 비트코인 컨퍼런스에서 당시 대통령 후보였던 도널드 트럼프Donald Trump가 미국을 '가상자산 수도'로 만들겠다고 선언하며 가상자산 시장에 큰 물결을 만들었다.

2025년 미국의 연방정부와 주정부 차원에서 전략 준비금 행정명령, 법안 발의 및 승인 등 국가 차원의 비트코인 비축안 논의가 이어지며, 비트코인은 단순한 대체 투자 자산을 넘어 금융 시스템의 한 축으로 편입되고 있음을 알 수 있다. 대표적으로 미국 텍사스주는 2025년 6월 정부 차원의 가상자산 비축 법안을 승인하였고, 총 1,000만 달러의 예산을 의회로부터 승인받았다. 그중 500만 달러를 2025년 11월 블랙록, 비트코인 현물 ETF에 투자하며, 미국 국가 차원에서 예산을 활용해 비트코인에 투자한 첫 사례를 만들었다.

2024년은 블랙록, 피델리티 등 ETF 출시로 인한 전통 금융기관 주도 흐름이었다면, 2025년은 DAT Digital Asset Treasury 기업의 출시와 확대 등 글로벌 기업 주도 흐름이었고(물론 DAT 기업의 위기론과 함께 하락도 같이 만들었지만), 2026년은 국가가 단순히 입법에서만 그치지 않고 예산을 활용해 가상자산을 적극적으로 매수하는 전략 준비금 SBR, Strategic Bitcoin Reserve 및 국부펀드 등 국가 주도 흐름으로 확대될 것으로 판단된다.

돌이켜보면 비트코인은 2008년 첫 출시 이후 역사는 아직 18년밖에 되지 않았지만, 하락장이 찾아올 때마다 1634~1637년 네덜란드 튤립 버블에 비유되며 비판을 받아왔다. 그렇지만 튤립 버블은 단순히 3년 만에 급락했지만, 비트코인은 6~7차례의 큰 하락을 겪고도 사상 최고치를 경신하며 구조적 상승을 만들어 왔다. 따라서 이제는 더 이상 비트코인을 튤립 버블에 비교하는 것은 옳지 않다고 판단하며, 이는 하락에 베팅하거나 하락을 원하는 사람들의 주장일 뿐이라고 여겨진다.

물론 비트코인은 단기적으로 며칠 단위의 관점에서 접근하면 변동성이 매우 크다고 느껴질 수 있다. 그러나 수개월 단위로 접근하면 횡보하는 자산이고, 수년 단위로 접근하면 조정과 상승을 반복하는 우상향 자산이며, 수십 년 단위로 파악한다면 기하급수적인 상승을 가져다주는 자산임을 잊지 말아야 한다.

최근 사이클을 요약하면, 2024년 7월 트럼프 대통령 후보의 '크립토 수도' 발언, 2025년 1월 트럼프 대통령 취임 후 디지털 자산 행정명령, 2025년 7월 크립토 위크 기간 중 3대 법안이 하원에서 통과되며 국가 주도 흐름에 대한 가능성을 더욱 높였다. 그러나 2025년 한 해 동안 미국의 관세 갈등, 미국 정부 셧다운, 러·우 전쟁 및 중동 전쟁 등 지정학적 갈등, 불확실한 금리 전망 등 다양한 이슈로 인해 가격 측면에서는 뚜렷한 긍정적 반응이 나타나지 않았다. 물론 이러한 흐름을 단언할 수는 없기에 트렌드를 꾸준히 관찰하고, 시장에 살아남아 내러티브를 놓치지 않는 것이 중요하다.

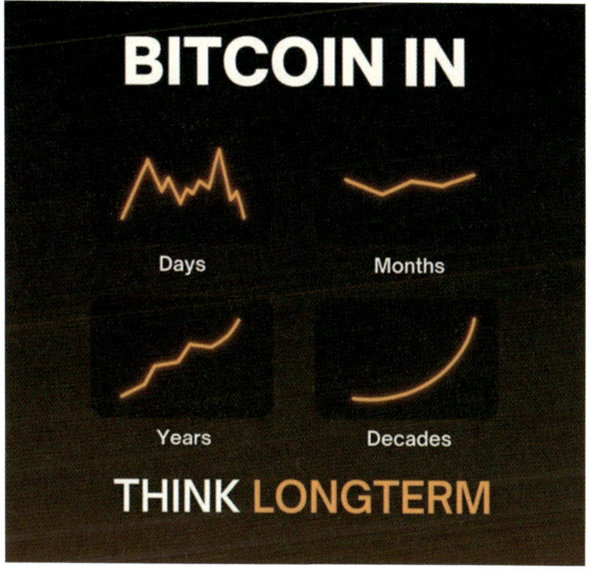

비트코인의 심장 박동:
비트코인 4년 주기 사이클이란?

비트코인과 같은 가상자산에 투자하는 사람이라면 반감기 사이클에 대해서 한 번쯤은 들어봤을 것이다. 주식 시장에 '10년 주기설'이 있다면, 비트코인에는 '4년 주기설'이 있다. 비트코인은 마치 약 4년마다 열리는 올림픽 혹은 월드컵처럼, 비트코인 시장에도 약속된 듯 찾아오는 거대한 이벤트가 있기 때문이다. 바로 반감기Halving라는 것인데, 채굴 보상이 절반으로 줄어들면서 공급되는 속도가 감소하고, 이러한 공급량 감소라는 특성으로 인해 가격 상승 압력으로 작용한다는 것이 반감기 사이클의 간략한 내용이다.

금을 예로 들면, 금광에서 금을 캐는데 어느 날 갑자기 금이 나오는 양이 절반으로 확 줄어드는 것이다. 금을 캐려는 사람들은 그대로인데 시장에 나오는 금의 공급이 절반으로 줄어든다면 금값은 어떻게 될까? 수요와 공급의 원리에 따라 가격은 오를 수밖에 없다.

비트코인은 탄생할 때부터 4년마다 채굴 보상이 절반으로 줄어들도록 프로그래밍되어 있었고, 과거 데이터를 보면 반감기를 기점으로 공급 충격이 발생하고 뒤이어 가격이 급등하는 패턴이 반복되었다. 이것이 우리가 흔히 말하는 '비트코인 4년 사이클'의 정체다.

앞서 이야기한 반감기 데이터를 간략히 표로 정리하면 다음과 같다. 비트코인이 처음 채굴된 2009년 1월 이후 1차 반감기까지는 평균적으로 10분당 50개, 하루에 7,200개의 비트코인이 채굴되었고, 1차 반감기까지 누적 채굴량은 1,031만 개로 첫 채굴 이후 11개월 만에 비트코인 가격 고점을 달성했다.

1차 반감기 이후 2차 반감기까지는 평균적으로 10분당 25개, 하루에 3,600개의 비트코인이 채굴되었고, 2차 반감기까지 누적 채굴량은 1,571만 개로 1차 반감기 이후 12개월 만에 비트코인 가격 고점을 달성했다.

2차 반감기부터 3차 반감기까지는 평균적으로 10분당 12.5개, 하루에 1,800개의 비트코인이 채굴되었고, 3차 반감기까지 누적 채굴량은 1,837만 개였으며 고점은 18개월 후에 달성되었다.

그리고 3차 반감기부터 4차 반감기까지는 평균적으로 10분당 6.25개, 하루에 900개의 비트코인이 채굴되었고, 4차 반감기 당시 누적 채굴량은 1,968만 개였으며 가격 고점은 18개월 후에 달성되었다.

현재는 4차 반감기와 5차 반감기 사이를 지나고 있으며, 10분당 3.125개, 하루에 450개의 비트코인이 채굴되고 있는 상황이다. 5차 반감기는 2028년 4월로 추정되고 있으며, 채굴 속도에 따라 변동될 가능성이 있다.

구분 (반감기)	블록 보상 (10분 당)	하루 채굴량	반감기 당시 누적 채굴량	반감기 ⇒ 고점	주요 특징
2009년 01월 (최초)	50BTC	7,200개	0개	11개월 후 (487배 상승)	비트코인 최초 출시
2012년 11월 (1차)	50 ⇒ 25 BTC	3,600개	1,031만 개	12개월 후 (100배 상승)	초기 투기 붐, 거래소 확산
2016년 07월 (2차)	25 ⇒ 12.5 BTC	1,800개	1,571만 개	18개월 후 (30배 상승)	ICO, DEFI 붐 기관 관심 등장
2020년 05월 (3차)	12.5 ⇒ 6.25 BTC	900개	1,837만 개	18개월 후 (8배 상승)	코로나 유동성, NFT 붐 기관, 기업 매수
2024년 04월 (4차)	6.25 ⇒ 3.125 BTC	450개	1,968만 개	진행 중	ETF 승인, 정책 주도 상승 DAT 다양화, 가속화
2028년 04월 (5차, 예상)	3.125 ⇒ 1.5625BTC	225개	2,033만 개 (추정)	추후	국가, 국부펀드 채택, 상품 다각화

과거를 분석해 보면 반감기 이후 비트코인 가격은 평균적으로 약 12~18개월 전후에 정점을 기록했다. 총 2,100만 개라는 비트코인의 총 공급량 중 반감기별로 약 1,000만 개, 500만 개, 250만 개, 125만 개가 채굴되어 공급되었고, 공급량이 급격히 줄어드는 공급량 쇼크에 따른 반감기 효과가 매우 크게 작용해 가격 반응이 있었다고 판단된다.

2024년 4월 반감기 당시 비트코인은 약 1,968만 개가 채굴되어 있었고, 이는 총 공급량 2,100만 개 중 93.7퍼센트를 차지하기 때문에 이제는 더 이상 공급량에 의한 가격 쇼크보다는 강력한 수요에 의해 가격이 상승할 것이라는 의견도 종종 관찰되었다. 과거의 패턴대로 4차 반감기가 진행되었다면, 2024년 4월부터 12~18개월 이후인 2025년 4~10월 사이에 비트코인 가격 고점이 나타났어야 한다.

물론 2024년 4월 비트코인 6만 5,000달러에서 2025년 10월 12만 6,000달러까지 약 95퍼센트 상승하였지만, 시장에서 기대했던 가격대까지 상승하지는 못했다. 따라서 2025년 10월 대규모 청산 사태 및 가격 조정과 함께 '4차 반감기 사이클이 종료되었다'는 의견과, '이미 94퍼센트 이상 채굴된 공급량, 수요 측면에서 금융기관·글로벌 기업·국가의 채택으로 과거와는 다른 패턴이 형성될 것이다'라는 의견으로 극명하게 갈렸으며, 이는 시간이 지나 봐야 그 패턴을 확인할 수 있을 것이다.

그렇지만 4차 반감기 이후 비트코인 가격은 단순히 과거 패턴을 접목한 가격 반복이 아니라 채택^{Adoption}, 제도화, 규제화 및 법제화로 인해 점진적으로 변화하고 있으며, 구조적 상승 주기로 진화하고 있는 것으로 판단된다. 과거의 상승장은 주로 개인 투자자들의 매수로 만들어졌다면, 지금은 이름만 들어도 아는 거대 자본들이 움직이고 있기 때문이다. 블랙록, 피델리티, 뱅가드, JP모건, 모건스탠리와 같은 세계 최대 자산운용사와 금융기관들이 고객들에게 비트코인 상품을 판매하고 있다. 더불어 스트래티지Strategy, 테슬라Tesla와 같은 글로벌 기업들이 비트코인을 모으고, 국가와 국부펀드도 비트코인에 대한 투자를 넓혀 가며 과거와는 다른 움직임을 만들고 있기 때문이다. 이는 과거에는 공급이 줄어드는 반감기 이슈 하나로 가격이 움직였다면, 이제는 공급도 줄어드는데 수요는 초대형급으로 폭발하는 상황이 펼쳐지고 있다는 뜻이기도 하다.

반감기 별 비트코인 가격 흐름

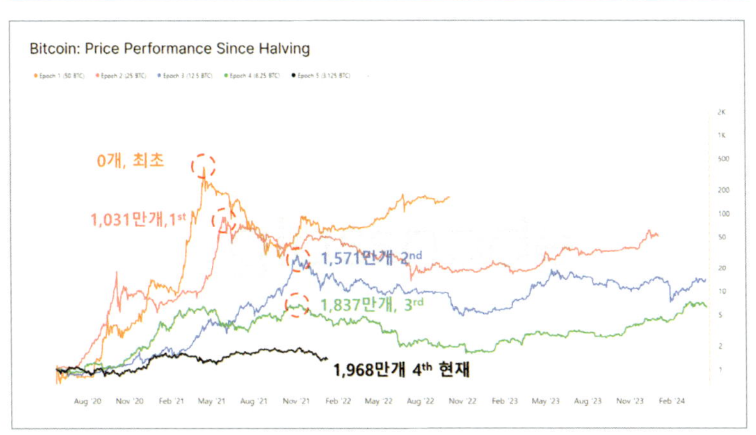

출처: https://studio.glassnode.com/charts/btc-price-performance-since-halving?s=1279324800&zoom=

채굴자가 사라진다?
공급이 줄어들면 가격은 뛴다

여기서 우리가 주목해야 할 흥미로운 데이터가 하나 있다. 바로 '거래소 보유 물량'이다. 보통 주식이나 코인을 사고팔고 싶으면 투자자들은 거래소에 자산을 넣어 둔다. 반대로 장기적으로 보유하겠다고 마음먹으면 해킹 위험이 없는 개인 지갑이나 수탁용 금고^{콜드 월릿, Cold Wallet}로 옮긴다.

즉, 거래소에 남아 있는 비트코인이 줄어든다는 것은 '팔려는 물건이 시장에서 사라지고 있다'는 신호로 볼 수 있고, 비트코인이 거래소에서 외부로 이체될 때 가격 상승 흐름이 나타나는 경향이 있다. 반대로 외부에서 거래소로 비트코인이 이체될 때는 매도 압력이 강해져 가격이 하락하는 추세가 생긴다.

2025년 11월부터 2026년 1월 현재까지 온체인 데이터^{블록체인 상에 기록된 데이터}를 보면 거래소 내 비트코인 잔고가 역사상 최저 수준으로 떨어지고 있다. 그 이유를 살펴보면 ETF를 운용하는 기관들, DAT^{Digital Asset Treasury} 기업이 매일 수백~수천 개씩 비트코인을 사들여 별도의 금고에 보관하고 있기 때문이다.

시장에서 새롭게 풀리는 물량은 4년마다 반감기라는 이벤트를 거치며 절반으로 줄어드는데, 기존에 존재하던 물량마저 기관들이 대거 매수해 창고에 모아 두고 있는 상황이다. 이것이 바로 우리가 지금 공급 쇼크의 한복판에 서 있다고 볼 수 있는 이유다. 결국 가격은 희소성과 수요·공급에 의해 결정된다는 점을 다시 한번 상기해 보아야 한다.

비트코인 거래소 보유량과 가격

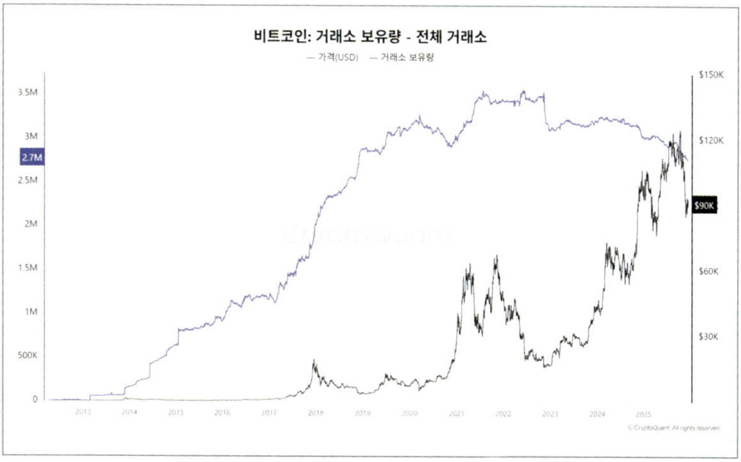

출처: https://cryptoquant.com/ko/asset/btc/chart/exchange-flows/exchange-reserve?exchange=all_exchange&window=DAY&sma=0&ema=0&priceScale=linear&metricScale=linear&chartStyle=line&img=link퍼센트2F693ac4e7405db405ead8ed2e.png

비트코인을 채굴하는 채굴자들도 반감기 이벤트를 거치며 점차 줄어들거나 사라지고 있다. 이는 같은 시간, 에너지, 비용을 투자하더라도 비트코인이 절대적으로 채굴되는 개수가 절반으로 줄어들면서 비용을 감당하지 못하고 적자에 허덕이며 항복하는 상황이 발생하기 때문이다.

채굴자들의 상황을 월급에 비유하면 쉬울 것이다. 만약 월급이 500만

원인데, 어느 날 갑자기 회사가 이제부터는 똑같이 일해도 월급은 250만 원이라고 통보했다고 가정해 보자. 월급이 반으로 줄어들면 우리가 생활에 필요한 의식주를 위한 필수 비용이나 세금, 공과금 등에 부담을 느끼게 될 것이다. 채굴자들도 마찬가지다. 특히 적자가 큰 채굴자들은 기계의 전원을 끄고 시장을 떠나는데, 이를 채굴자 항복Miner's Capitulation이라 표현한다.

이 과정에서 시장은 일시적으로 공포를 느끼지만, 이 고통스러운 구조조정이 끝나면 시장은 건강해지고 다시 한번 선순환 흐름을 만들게 된다. 결국 살아남은 채굴자들은 싼 전기를 쓰고 성능 좋은 기계를 사용하며 자금력이 튼튼한 강한 기업이고, 이들은 굳이 싼 가격에 비트코인을 팔 필요가 없게 된다. 즉, 전기세와 운영비를 내기 위해 채굴한 비트코인을 매일매일 시장에 팔아야 하는 비효율적인 채굴자(공급자)가 제거되는 것이며, 그에 따라 매도 압력이 낮아지는 것이다.

동시에 채굴자들이 비트코인을 채굴하는 개수 자체도 반감기를 지나며 절반으로 감소하면, 시장에 매도될 수 있는 신규 비트코인의 물리적 양 자체가 절반으로 줄어들게 되고 이는 마찬가지로 매도 압력을 낮춰주는 효과가 있기 때문이다.

돈이 풀리는 수도꼭지, 유동성: 수요 폭발

내 월급 빼고 다 오르는 이유 : 글로벌 통화량M2과 비트코인

우리가 사는 경제에는 눈에 보이지 않는 유동성(돈)이 흐르고 있다. 유동성은 돈이 얼마나 쉽게 대출되고 투자될 수 있는지를 나타내는데, 유동성이 많아지면 경제 전체가 활발해지고 유동성이 마르면 모든 활동이 둔화된다. 비트코인의 가격은 이 거대한 유동성 흐름에 가장 민감하게 반응하는 풍향계와 같다.

왜 열심히 일해서 모은 돈의 가치는 그대로인데 집값, 주식, 심지어 비트코인 가격까지 계속 오르는 것일까? 바로 '돈의 양이 엄청나게 늘어났기 때문'이다. M2(광의 통화)는 시중에 돌아다니는 돈의 총량을 나타내는 대표적인 지표다. 팬데믹 이후 각국 중앙은행이 위기를 막기 위해 엄청난 양의 돈을 찍어 냈고(양적 완화, QE), 이 유동성이 경제 전체에 넘쳐 나게 되었다.

세상에 돈이 너무 많아지면 돈 한 장이 가지는 가치^{구매력}는 희석되고, 이른바 인플레이션 현상이 나타난다. 사람들은 내 돈의 가치가 떨어지는 것을 막기 위해 가치가 '희소한' 물건이나 자산을 찾아 나서는데, 여기서 비트코인이 역할을 하게 된다. 비트코인은 총 발행량이 2,100만 개로 한정되어 있어 '희소성'이라는 가장 강력한 무기를 갖고 있기 때문이다. 시중에 풀리는 돈이 많아질수록 그 돈을 담을 그릇인 비트코인과 같은 희소 자산의 수요가 폭발적으로 늘어나게 된다. 즉, 비트코인 가격이 오르는 것은 단순한 투기가 아니라 돈의 가치 하락에 맞서 자산을 지키려는 전 세계적인 노력의 결과라고 볼 수 있다.

특히 2024~2025년 글로벌 M2^{10주 선행} 지표와 비트코인 가격의 상관관계는 90퍼센트 이상을 기록했고, 한때는 95퍼센트까지 올라가기도 했다. 하지만 2025년 8월부터 그 상관관계는 낮아지기 시작했고, 아직까지 그 흐름을 회복하지는 못했다. 그 원인을 찾아보면 2025년 8월부터 과거 비트코인 고래^{OG, Original Gangsta}들이 대규모로 비트코인을 매도했기 때문이라는 주장이 있다. 마침 같은 시기에 금융기관의 ETF 유입도 둔화되었고, DAT 기업들의 매수세도 약해지면서 단기적으로 수요가 공급을 뒷받침해 주지 못했기 때문으로 분석된다.

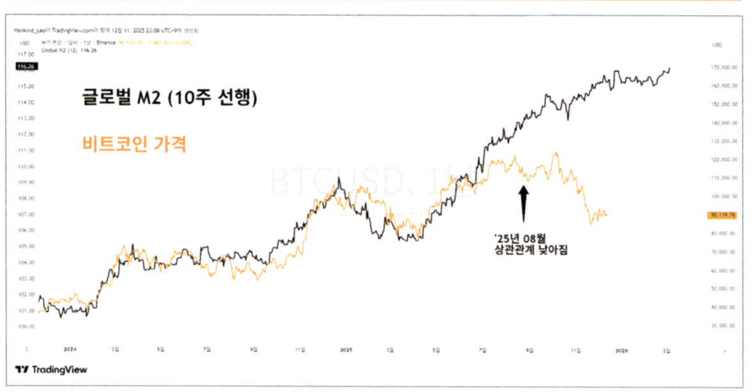

출처:https://www.tradingview.com/x/xRrFYJ2I/

연준Fed의 금리 결정이
코인 가격을 바꾸는 원리

미국 연방준비제도Fed, 연준가 기준금리를 결정하는 것은 마치 경제라는 거대한 자동차의 '가속 페달'과 '브레이크'를 밟는 것과 같다. 연준이 금리를 올리면브레이크, 은행들이 돈을 빌리는 비용인 대출 금리가 올라간다. 그러면 돈을 빌리기 어려워지고 이자를 많이 내야 하니 기업들은 투자를, 개인들은 대출을 줄인다. 이후 시장에 넘쳐 나던 유동성을 연준이 흡수하여 유동성이 마르는 시기가 찾아 온다. 그러면 비트코인과 같은 고위험 자산의 매력도가 떨어져 가격이 하락하는 움직임을 나타나게 된다.

반대로 연준이 금리를 내리면**가속 페달**, 돈을 빌리는 비용이 저렴해져 경제에 다시 유동성이 공급된다. 돈이 넘쳐 나기 시작하면 투자자들은 조금이라도 더 높은 수익을 거두기 위해 다시 위험 자산을 찾게 되며, 비트코인에 대한 수요가 폭발한다.

결국 연준의 금리 결정은 비트코인 시장의 가격 변동성을 결정하는 가장 중요한 요소로 볼 수 있고, 금리가 오르는 때 숨을 고르는 시기, 금리가 내려가는 때는 다시 달릴 준비를 하는 시기라고 이해하면 쉽다.

아래의 이미지에서 비트코인이 1,500만 개 이상 채굴된 이후인 2017년부터 현재까지의 흐름을 살펴보면, 미국 기준금리가 상승하면 비트코인 가격은 하락하고 미국 기준금리가 인하되면 비트코인은 상승하는 흐름이 나타난다. 2024년부터 현재까지 미국의 흐름은 기준금리 인하 기조

비트코인 vs. 미국 기준금리 움직임

출처: https://www.tradingview.com/x/kankMMiq/

이기 때문에 비트코인은 단기적으로 조정을 받더라도 결국 우상향하는 흐름이 이어지고 있다. 동시에 비트코인은 미국 달러의 가치와 반대 방향으로 움직이는 경향이 강하다. 이를 이해하려면 달러 인덱스DXY를 이해해야 한다. 달러 인덱스는 달러가 유로화, 엔화, 파운드화 등 6개 주요 통화 대비 얼마나 강한지를 나타내는 지표로, 이 수치가 높으면 '달러 강세', 낮으면 '달러 약세'를 의미한다.

그렇다면 왜 비트코인과 달러 인덱스는 역상관관계를 보일까? 달러 강세는 전 세계 자금이 '가장 안전한 곳', 즉 미국으로 몰린다는 뜻이다. 투자자들은 위험을 회피하며 달러를 매수하게 되고, 이 과정에서 비트코인과 같은 위험 자산에서는 자금이 빠져나가게 된다. 그 결과 비트코인 가격은 하락하는 경향을 보인다.

반대로 달러 약세 국면에서는 달러의 매력이 줄어들면서 투자자들이 "달러보다 더 나은 투자처는 없을까?"라는 질문을 던지게 된다. 이때 달러 가치와 상대적으로 독립적인 자산으로 인식되는 비트코인이 대안으로 부각되며, 가격 상승으로 이어지는 일이 많다.

결국 달러의 강세와 약세는 글로벌 금융시장의 투자 심리를 반영하고, 비트코인은 이러한 심리에 대해 정반대로 움직이는 경향을 자주 보인다. 조금 더 쉽게 말하면, 달러 인덱스는 달러의 가치를 나타내는 지표이고 금리는 돈의 가격이기 때문에, 미국 달러 인덱스와 미국 기준금리는 장기적으로 유사한 방향성을 보인다는 점을 이해할 수 있다.

출처: https://www.tradingview.com/x/ivfK5lOR/

가상자산 시장의 대중화 Mass Adoption

비트코인의 대중화는 단계별로 진화하고 있다. 1단계는 2009~2016년의 초기 단계로, 기술과 커뮤니티 중심의 개발자나 조기 채굴자와 같은 주체들이 탈중앙화 혹은 자율 금융을 목표로 실험을 진행하던 시기라고 볼 수 있다. 이 때는 비트코인을 본격적인 투자 대상으로 인식한 사람은 많지 않았으며, 당시 투자에 참여했던 인물들은 현재 큰손OG, Original Gangsta, 고래, 혹은 유명 인사로 알려져 있을 가능성이 크다. 기업의 예로는 그레이스케일Grayscale, 코인베이스Coinbase 등이 있다.

2단계는 2017~2023년으로, 기업과 기관 참여가 본격적으로 시작된 시기다. 페이팔PayPal, 테슬라, 마이크로스트래티지MicroStrategy와 같은 기업들이 비트코인을 매수하기 시작했으며, 크립토 헤지펀드와 다양한 가상자산 거래소가 등장하면서 시장 참여자는 더욱 확대되었다. 물론 시장이 급격히 붕괴되기 시작했던 2022년 5월 알고리즘 스테이블코인 붕괴인 루나·테라 사태, 2022년 11월 글로벌 거래소 파산인 FTX 사태와 같은 사건도 발생했다. 당시 수십억 달러 규모의 자산이 하루 만에 청산되며 시장은 말 그대로 카오스에 빠졌지만, 돌이켜보면 이러한 경험은 오히려 시장 성숙을 위한 자양분이 되었다고 볼 수 있다.

3단계는 2024년부터 현재까지로 정의할 수 있다. 잘 알려져 있듯이 미국 현물 ETF의 등장으로 시장에는 큰 지각 변동이 일어났으며, 금융 기관과 정책, 국가가 주도하는 단계로 접어들었다. 미국 연방 정부뿐만 아니라 주 정부, 의회, 법무부, 글로벌 금융기관, SEC, 크립토 차르^{Crypto Czar}, 재무부, 상무부 등 다양한 공공기관이 적극적으로 시장에 관여하고 있다. 이 단계에서는 ETF를 넘어 국가 차원의 비트코인 비축, 법제화, 스테이블코인 논의 등 국가 단위의 전략 자산으로서 비트코인을 다루는 움직임이 본격적으로 나타나고 있다.

미국은 가장 대표적으로 비트코인 전략 준비금 도입을 추진하려는 국가이며, 엘살바도르는 2021년 9월 비트코인을 법정 화폐로 채택한 이후 IMF와 비트코인 관련 협의를 지속적으로 진행하고 있다. 아시아에서는 홍콩에서 비트코인 현물 ETF가 상장되었고, 싱가포르 역시 디지털 자산 허브 정책을 구상하며 '국가 단위 비트코인 채택 움직임'을 가속화하는 중이다.

국가 차원의 채택 이전에 연금, 국부펀드, 기관투자자 등의 움직임도 주요한 포인트 중 하나다. 미국에는 401(k)라는 퇴직연금 제도가 있는데, 2025년 8월 트럼프 행정부가 행정명령을 통해 401(k) 계좌에 비트코인을 포함한 가상자산 및 대체 자산을 편입할 수 있는 옵션 허용 방안을 확대하도록 지시했다. 다만 해당 명령이 즉시 효력을 발생시키는 것은 아니며, 향후 관련 규정 개정 절차를 거쳐야 한다.

현재 미국 회계감사원GAO의 보고서에 따르면, 401(k)는 전통 자산 위주의 포트폴리오로 구성되어 있으며, 가상자산을 포함한다면 운용역의 수탁자 의무 준수 책임이 강화되고 고위험 자산 선택지 제공에 따른 투자자 보호 문제가 부각될 수 있음을 지적하고 있다. 이러한 이유로 아직까지 401(k)를 통해 비트코인이 광범위하게 채택된 사례는 드물지만, 제도적으로 허용될 가능성은 점차 커지고 있는 것이 사실이다.

비트코인과 관련된 국부펀드를 살펴보면, 2025년 10월 룩셈부르크 국부펀드인 FSIL은 운용 자산의 1퍼센트를 비트코인 현물 ETF에 투자하겠다고 밝혔으며, 법 개정을 통해 운용 자산의 최대 15퍼센트를 암호화폐 등 대체 자산에 투자할 수 있도록 했다. 아부다비 국부펀드는 2025년 2분기 말 기준 블랙록 IBIT 872만 주를 보유하고 있으며, 노르웨이 국부펀드는 2025년 2분기 기준 비트코인 간접 보유량 11,400BTC를 보유하였다.

미국은 2025년 2월 트럼프 대통령의 행정명령을 통해 미국 역사상 최초로 국부펀드 설립을 준비하는 중이다. 관세 협상을 통해 확보한 재원을 활용해 운용할 계획이라고 밝혔으며, 이를 통해 인텔 지분 확보, 중국의 틱톡TikTok 매입 등이 언급되고 있다. 다만 크립토 수도를 표방하며 움직이고 있는 미국의 정책 기조를 고려할 때, 일부 자금이 비트코인 전략 준비금으로 활용될 가능성에 대한 기대도 제기된다. 실제로 텍사스주는 미국 50개 주 가운데 예산을 활용해 비트코인을 직접 매수하기 시작한 최초의 주 정부가 되었다.

미국 텍사스주 비트코인 매수

미국 텍사스주, 비트코인 1000만 달러 매입...주정부 최초

도큰포스트 속보 2025.11.26 (수) 03:18   0 1

출처: https://www.tokenpost.kr/news/breaking/308048

동시에 블랙록(NYS: BLK)은 2024년 12월 포트폴리오의 1~2퍼센트를 비트코인에 배분하는 것이 합리적인 범위라는 보고서를 발표했으며, 실제 그들이 운용 중인 펀드에서도 해당 전략을 추종하고 있다. 2025년 10월 모건스탠리도 자산의 4퍼센트까지 암호화폐에 배분을 허용하는 전략을 제시하였고, 2025년 12월 뱅크오브아메리카는 자산의 1~4퍼센트를 가상자산 포트폴리오로 구축하라고 제안하였다. 이러한 리포트와 애널리스트 의견이 지속적으로 나온다면 기관들의 자금 유입도 가속화될 가능성이 크다. 크립토 수도로서의 미국, 금융기관들의 ETF, 기업들의 DAT 등 다양한 방면의 수요를 참고해 보면 되겠다.

비트코인의 인기는 단순한 투기를 넘어 국가, 국부펀드, 금융기관, 글로벌 기업들까지 사들이는 '대중화Mass Adoption' 단계로 접어들고 있다. 이러한 비트코인 대중화가 우리 경제와 금융 시장에 미치는 영향을 세 가지 핵심 변화로 정리하면 다음과 같다.

첫째, 부자들의 금고가 바뀌는 '디지털 금'으로서의 자산 포트폴리오 다변화 흐름이다. 과거에는 부자들이 부를 지키기 위해 금고에 주식, 채권, 금과 같은 자산을 보유하였는데, 이제는 '금' 대신 '디지털 금'인 비트코인을 일부 담기 시작하였다. 특히 기관 투자자들이 주식이나 채권 비중을 조금 줄이고 비트코인을 사들이는 리밸런싱을 하고 있는데, 이러한 작은 변화가 모이면 비트코인 시장에는 엄청난 규모의 자금이 들어오게 되고, 비트코인은 공식적으로 자산을 지키는 수단으로 자리를 잡아 가고 있음을 알 수 있다.

둘째, 환율 방어의 비밀 병기로서 인플레이션으로부터 돈을 지켜 주는 '준통화적 기능'이 확대되는 부분이다. 개발도상국이나 정치적으로 불안정한 국가에서는 중앙은행이 돈을 너무 많이 찍어 내서 통화 가치가 휴지 조각처럼 떨어지곤 한다. 이런 국가의 사람들은 통화 가치 하락을 막기 위해 비트코인을 사용하기도 한다. 비트코인은 정부 마음대로 찍어 낼 수 없는 희소한 자산이기 때문에 실질적 가치 저장 수단으로 작용하기 때문이다. 심지어 국경을 넘는 결제 수단으로 활용될 수 있다는 장점도 있다. 이는 비트코인이 단순히 투자 상품이나 국가를 넘어 통하는 돈으로서의 기능이 확대되고 있다는 것을 의미한다.

셋째, 거시경제의 새로운 멤버로서 '흐름을 타는 자산'이다. 비트코인이 과거의 반항아적 자산(탈중앙화)에서 벗어나 이제는 주류 경제 정책의 흐름에 따라 움직이는 정식 자산군이 되었다. 과거에는 비트코인 시장만 독자적으로 움직였지만, 지금은 미국 중앙은행이 금리를 올리거나 내리면 그 영향이 주식 시장을 거쳐 비트코인 시장에까지 직접 전달된다. 연준이 금리를 내려 시장에 유동성을 풀면 위험 자산으로 인식되는 비트코인이 함께 오르는 '리스크 온Risk On' 현상이 나타나며, 반대로 금리를 인상하여 유동성을 죄면 가격이 떨어지는 '리스크 오프Risk Off' 현상이 생긴다. 이제 비트코인은 독자적인 길을 가는 자산이 아닌, 거시경제라는 거대한 흐름과 순환 구조에 맞춰 움직이는 주요한 축이 되었음을 알 수 있다.

거대 자본의 습격:
월스트리트가 비트코인을 점령했다

주식처럼 사는 비트코인,
현물 ETF의 탄생 : 주식 vs. ETF

비트코인과 이더리움이 이제 어려운 코인 지갑이나 가상자산 거래소 계좌 없이도 주식처럼 쉽게 사고팔 수 있는 금융 상품이 되었다. 바로 현물 ETFExchange Traded Fund, 상장지수펀드 덕분인데, 이 변화가 왜 혁명적인지, 일반 ETF와는 무엇이 다른지 알아보면 다음과 같다.

ETF는 주식, 원자재, 채권 등 자산으로 구성되는 거래 목적의 투자신탁(펀드) 상품이며, 주식과 마찬가지로 거래소에 상장되어 주식처럼 거래된다. 이 책을 읽는 대부분의 독자들은 주식 투자 경험이나 ETF에 대한 개략적인 이해를 하고 있을 것이다. 주식과 ETF는 거래소 거래, 거래 시간, 결제일 등 유사한 부분도 있지만, 주식의 경우 삼성전자 주식과 같이 개별 기업에 투자되는 반면, ETF는 지수, 섹터 등을 추종하여 보다 광범위하게 투자되는 특성이 있다.

예를 들어 주식 ETF는 반도체 ETF, 코스피 ETF, S&P ETF 등 유사한 섹터, 지수 등을 구성하여 안정성과 수익성을 함께 고려할 수 있게끔 설계되어 있다. 동시에 거래 비용, 세금, 투명성 부분에서 주식과 ETF는 차이점을 보인다.

주식과 ETF 비교

구분	주식	ETF	쉽게 이해하기
운용	개별기업 투자	지수, 섹터 등 추종	나무 한그루 vs. 숲 전체
거래 방식	거래소에서 매매	주식과 동일	편리함은 그대로
거래 시간	거래소 개장 중		
결제일	t+2일		
거래 비용	증권사 위탁수수료	증권사 위탁수수료 + 펀드 운용보수(자산운용사 보수)	펀드를 관리하는 비용은 추가
세금	증권거래세 0.3퍼센트	국내주식형 : 없음 기타 : 배당소득세 15.4퍼센트	세금 혜택은 유리할 수 있음
투명성	회사 공시	자산구성내역 매일 공개	오늘 펀드가 뭘 샀는지 매일 알 수 있음

그렇지만 우리가 쉽게 접하고 있는 가상자산 ETF는 2024년 1월에 출시된 비트코인 ETF, 2024년 7월에 출시된 이더리움 ETF 등 단일 종목에

투자되는 ETF로 구성되어 있으며, 주식 ETF와 같은 인덱스 ETF 혹은 바스켓 ETF는 이제 막 출시가 진행되는 단계다.

그렇다면 왜 비트코인과 이더리움은 ETF이지만 섹터가 아닌 단일 종목에 투자되었는지 궁금할 것이다. 이는 기존의 가상자산 거래소와 가상자산 시장에 대한 역사성은 물론이고, 이를 운용하고 있는 기업에 대한 신뢰성, 신용도 및 유동성이 상대적으로 부족했기 때문이다. 물론 가상자산 시장에서 코인베이스, 그레이스케일과 같은 훌륭한 기업들도 있지만, 전통 금융기관인 블랙록, 피델리티 등에 비하면 브랜드 인지도, 안정성, 편리성, 유동성, 역사성이 부족할 수밖에 없고, 이를 가상자산 단일 ETF 상품을 통해 보완할 수 있었다는 장점 때문이다.

그중 가장 안전한 코인이라고 검증된 비트코인과 이더리움이 가장 먼저 출시되었고, 이후 시간이 지나면서 솔라나, XRP^{구 리플}, 도지, 체인링크 등 다양한 알트코인 ETF가 출시되는 추세이며, 앞으로 상품은 더욱 다양화·가속화될 것이다.

블랙록의 황금알을 낳는 거위, 비트코인 ETF & 이더리움 ETF

이렇게 2024년에는 비트코인 ETF, 이더리움 ETF가 정식 출시되며 가상자산 시장에 큰 지각 변동을 만들어 왔다. 블랙록은 1988년에 설립된 세계 최대의 자산운용사이며, 13.5조 달러(1경 9천조 원)에 달하는 거금을 굴리고 있는 회사로 이보다 더 큰 자금을 운용하는 기관 투자자는 전 세계에 존재하지 않는다. 블랙록이 전 세계에 출시한 상품은 1,600개가 넘으며, 미국 내에서 운용 중인 ETF는 460개인데, 2024년 가장 높은 연매출을 기록하고 수익성이 가장 높은 상품으로 비트코인과 이더리움 ETF가 상위에 올랐다.

특히 블랙록에서 운용 중인 미국 ETF의 최근 1년 수익률을 살펴보면, 4위 IBIT 90.89퍼센트, 5위 ETHA 64.85퍼센트로 퍼포먼스도 상위권에 있음을 알 수 있다. 1위는 블록체인 및 테크 기업 ETF, 2위는 은 채굴 기업 ETF, 3위는 금 채굴 기업 ETF이며, 뒤를 이어 국가별 MSCI ETF가 순위를 구성하고 있다. 1~3위가 블록체인·테크 기업이나 금·은 채굴 기업처럼 공격적인 테마형 ETF라는 점을 감안하면, 출시된 지 1년밖에 되지 않은 단일 종목 ETF 상품이 이처럼 높은 AUM을 보유하고 높은 수익률을 낸다는 것 자체가 역사적인 사건이라고 할 수 있다.

이것은 비트코인과 이더리움이 단순한 인터넷 밈이나 투기성 자산을 넘어, 세계 최고의 금융 전문가들이 인정하고 최고의 성과를 낼 수 있는 공식적인 투자 상품이 되었음을 강력하게 보여 주는 증거다.

Symbol	Fund Name	Assets	Div. Yield	Exp. Ratio	Change 1Y ⌄
IBLC	iShares Blockchain and Tech ETF	94.00M	0.80%	0.47%	116.51%
SLVP	iShares MSCI Global Silver Miners...	616.47M	0.46%	0.39%	106.56%
RING	iShares MSCI Global Gold Miners ...	2.33B	0.71%	0.39%	99.53%
IBIT	iShares Bitcoin Trust ETF	99.08B	-	0.25%	90.89%
ETHA	iShares Ethereum Trust ETF	18.14B	-	0.25%	64.85%
SLV	iShares Silver Trust	24.01B	-	0.50%	63.07%
IAUM	iShares Gold Trust Micro ETF of B...	5.03B	-	0.09%	53.77%
IAU	iShares Gold Trust	61.96B	-	0.25%	53.40%
EIS	iShares MSCI Israel ETF	454.23M	1.05%	0.59%	49.39%
EPU	iShares MSCI Peru and Global Exp...	212.82M	3.60%	0.59%	42.88%
EWP	iShares MSCI Spain ETF	1.43B	2.70%	0.50%	40.45%
EWO	iShares MSCI Austria ETF	106.10M	4.64%	0.50%	38.32%
EUFN	iShares MSCI Europe Financials ETF	4.45B	3.85%	0.48%	38.25%
EPOL	iShares MSCI Poland ETF	430.79M	4.22%	0.60%	36.43%

출처: https://stockanalysis.com/etf/provider/blackrock/

[금융지식] ETP vs. ETF vs. ETN

금융에 대한 이해를 조금 더 돕기 위해 ETPExchange Traded Product, ETFExchange Traded Fund, ETNExchange Traded Note도 참고로 알고 있으면 좋다. ETP는 모든 상장지수 상품을 뜻하며, 큰 범위이기 때문에 ETF, ETN도 포함한다. ETF는 미래에셋자산운용, 삼성자산운용 등 자산운용사가 발행하며, 기초자산을 편입하여 운용되는 상품이고, ETN은 미래에셋증권, 삼성증권 등 증권사가 발행하며, 기초자산을 보유하지 않고 지수 수익률을 약속하는 일종의 신용을 기반으로 하는 상품이다.

ETP, ETF, ETN 비교

구분	ETP (Exchange Traded Product)	ETF (Exchange Traded Fund)	ETN (Exchange Traded Note)
발행사	자산운용사, 증권사	자산운용사	증권사
명칭	상장지수 상품	상장지수 펀드	상장지수 증권
법적 성격	상품별 상이	집합투자기구	파생결합증권 (채권 성격)
운용방식	상품별 상이	투자자 자금으로 기초자산에 직접 투자	증권사가 지수 수익률 지급을 약속
안정성	상품별 상이	상대적으로 안정 (자산 별도 보관)	상대적으로 불안정 (발행기관 신용 리스크 존재)
만기	상품별 상이	없음	있음(1~20년 내)
추적오차	상품별 상이	소폭 발생 가능	거의 없음
세금	상품별 상이	배당소득, 이자소득 과세	매도 만기 시 과세
유동성	상품별 상이	높음	낮음

한국에서는 상품의 법적 성격에 따라 ETF와 ETN을 구분하여 정확하게 표기하는 것이 일반적이지만, 국외, 특히 유럽에서는 ETF와 ETN을 묶어 ETP라고 포괄적으로 통칭하는 일이 많다. 그래서 유럽에서 가상자산 관련 ETF가 출시되었는데 '가상자산 ETP 출시'라는 뉴스나 보도를 본

경험이 많을 것이다. ETN에 투자하는 것은 리스크가 상대적으로 높기 때문에 상품 구조에 대한 이해가 선행되어야 하고, ETF에 투자하려고 했다면 ETN이 아닌지 반드시 상품의 이름을 확인하는 습관을 갖는 것이 좋다.

왜 블랙록은 비트코인을 디지털 금이라 불렀나?: 금 vs. 비트코인

비트코인을 디지털 금에 비유하기도 하는데, 금의 가격 변동성은 꼭 살펴보는 것이 좋다. 금은 1833년부터 가격에 대한 데이터가 집계되고 있는데, 우선 금과 비트코인의 유사성을 살펴보면 첫 번째, 희소성(채굴, 2,100만 개 제한), 두 번째, 불변성(내구성, 위조 불변), 세 번째, 가분성(소수점 거래, 금화, 골드바 등) 측면이 있다. 비트코인은 소프트웨어적 측면에 따라 보관이 용이하고, 그에 따른 비용이 덜 든다는 점이 금의 하드웨어적 측면에 따른 비용 및 보관의 어려움에 비해 장점으로 꼽힌다. 하지만 아직 비트코인은 출시된 지 18년밖에 되지 않은 자산이기 때문에 금보다 역사성이 부족하다는 한계가 있긴 하다.

다시 금 가격을 살펴보겠다. 금은 1971년 금본위제 폐지에 따라 달러 가치가 상대적으로 하락하며 가격이 급등하였다. 당시 온스당 195달러를 기록하였고, 이후 달러 가치가 안정기에 접어들면서 금 가격은 다시 횡보하였다. 이후 1978년 이란 혁명, 1980년 이라크 전쟁 등에 의해 오일 쇼크가 나타나자 다시 한 번 금값은 급등하였는데, 당시 온스당 875달러를 기록하였다. 이렇게 어느 하나의 트리거로 인해서 금 가격도 상승하는 경향이 있음을 볼 수 있다. 이후 금 가격은 지루한 횡보 기간을 20년 이상 가졌는데, 이를 깨뜨려 준 것이 금 ETF의 출시다.

2004년 스테이트 스트리트 자산운용사가 출시한 SPDR 골드 쉐어스 **SPDR Gold Shares, GLD**가 그 트리거였는데, 당시 금 가격은 온스당 450달러였고, ETF 상품 출시 이후 현재까지 구조적 상승을 지속 이어 가고 있다. 2011년 1,920달러 고점까지 327퍼센트 상승하였고, 현재 온스당 4,337달러까지 863퍼센트라는 상승세를 이어 가는 중이다.

금 가격을 먼저 살펴보았는데, 금 ETF의 가격 흐름도 살펴보겠다. 금

금 가격 변화 추이

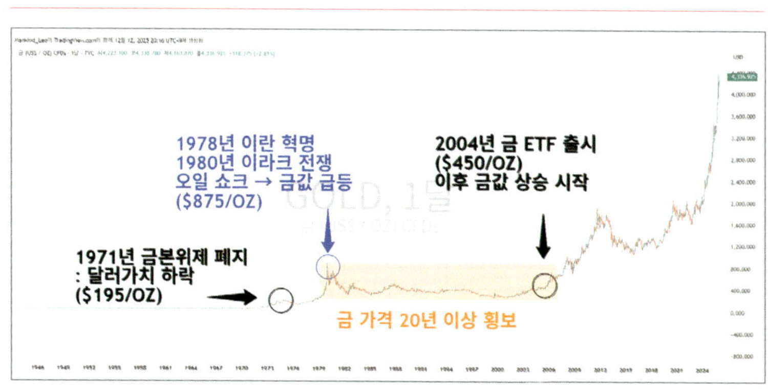

출처: 트레이딩뷰, 본인작성 https://www.tradingview.com/x/0xbxev8V/

ETF는 실물 금보다는 적게 상승한 것을 볼 수 있는데, 2011년까지 금이 327퍼센트 상승할 때 금 ETF는 321퍼센트 상승했고, 2026년 1월 현재까지 금이 802퍼센트 상승할 때 금 ETF는 747퍼센트 높아졌다. 이는 앞에서 언급한 ETF의 거래 비용인 증권사 위탁 수수료, 자산운용사 보수로 인해 추적 오차가 발생한 것이며, 시간이 길어질수록 복리로 작용하여 갭이 더 커지는 것을 볼 수 있다. 하지만 ETF 상품의 출시로 인해 실물 자산인 금 가격의 구조적 상승에 영향을 주었다.

SPDR 골드 쉐어스 가격 변화 추이

출처: 트레이딩뷰, 본인작성

지금부터는 전통 금융과 디지털 금융의 역사를 간략히 살펴보겠다. 전통 금융에서 주식의 개념은 1600년대 동인도 회사 설립으로 인한 주식회사가 시초이며, 1801년 런던증권거래소의 설립, 1869년 전문 금융

기관인 골드만삭스의 등장, 이후 대중적 투자 상품이라고 볼 수 있는 1993년 뱅가드 ETF로 이어져 그 역사는 약 400년에 달한다. 디지털 금융은 블록체인이라는 개념 아래 2008년 비트코인이 시초이고, 2012년 가상자산 거래소 코인베이스의 설립, 2013년 전문 금융기관인 그레이스케일의 등장, 이후 대중적 투자 상품인 2024년 미국 비트코인 현물 ETF 출시로 약 16년의 역사를 보유하고 있다. 바꾸어 말하면, 디지털 금융은 전통 금융에 비해 매우 가속화된 움직임을 나타내고 있으며, 특히 24시간 365일 움직이는 시장의 특성으로 그 흐름을 지속할 것으로 판단한다.

이는 전 세계에 출시된 ETF 톱 100 리스트를 통해 확인이 가능하다. ETF는 AUMAsset Under Management, 운용자산 규모을 통해 상품의 수요 혹은 흥행성을 가늠할 수 있는데, 2004년부터 21년의 역사를 가지고 있는 금 ETF는 글로벌 상위 100대 ETF에 2개가 순위를 올리고 있다. 스테이트 스트리트 자산운용사에서 출시한 SPDR 골드 쉐어스는 AUM 1,316억 달러(12위), 블랙록 자산운용에서 출시한 아이쉐어스 골드 트러스트 IAU는 AUM 629억 달러(36위)로, 두 ETF의 AUM 합은 1,945억 달러다.

그러면 출시된 지 2년도 지나지 않은 비트코인 ETF는 글로벌 상위 100대 ETF에 몇 개가 포함되어 있을까? 비트코인 ETF 역시 금과 마찬가지로 2개가 순위에 들어 있다. 블랙록 자산운용에서 출시한 아이쉐어 비트코인 트러스트 ETFiShares Bitcoin Trust ETF, IBIT는 AUM 991억 달러(19위), 피델리티 자산운용에서 출시한 피델리티 와이즈 오리진 비트코인 펀드는 AUM 256억 달러(89위)로, 두 ETF의 합계는 1,247억 달러에 달한다.

전 세계 TOP 100 ETF

RANK	Symbol	Name	AUM (Million Dollar)
1	VOO	Vanguard S&P 500 ETF	775,219
2	IVV	iShares Core S&P 500 ETF	705,980
3	SPY	SPDR S&P 500 ETF Trust	683,345
4	VTI	Vanguard Total Stock Market ETF	554,751
5	QQQ	Invesco QQQ Trust Series I	394,374
		...	
11	AGG	iShares Core U.S. Aggregate Bond ETF	132,615
12	GLD	SPDR Gold Shares	131,626
13	IWF	iShares Russell 1000 Growth ETF	122,982
		...	
18	IJH	iShares Core S&P Mid-Cap ETF	00,703
19	IBIT	iShares Bitcoin Trust ETF	99,078
20	VIG	Vanguard Dividend Appreciation ETF	98,820
		...	
35	IWD	iShares Russell 1000 Value ETF	64,731
36	IAU	iShares Gold Trust	62,958
37	SCHX	Schwab U.S. Large-Cap ETF	61,734
		...	
88	USHY	iShares Broad USD High Yield Corporate Bond ETF	25,667
89	FBTC	Fidelity Wise Origin Bitcoin Fund	25,625
90	IUSG	iShares Core S&P U.S. Growth ETF	25,537
		...	
100	IDEV	iShares Core MSCI International Developed Markets ETF	23,232

출처: https://etfdb.com/compare/market-cap/

전 세계에서 안전자산의 대명사로 불리는 금과 금의 구조적 상승을 제공한 금 ETF는 21년간 존속하고 있으면서, 글로벌 상위 100대 ETF에서 1,945억 달러의 AUM을 보유하고 있다. 반면 상대적으로 역사성도 짧고, ETF 상품이 출시된 지 2년도 채 되지 않은 비트코인 ETF는 상위 100대 ETF에서 1,247억 달러의 AUM을 보유하고 있다. 물론 아직은 금의 AUM이 698억 달러 더 많고, 비트코인 ETF보다 56퍼센트 이상 높은 수치를 기록 중이다. 더불어 금의 전체 시가총액은 30조 달러, 비트코인의 전체 시가총액은 1.8조 달러로 아직 비트코인이 갈 길이 많이 남았지만, 결국 큰 흐름에서 보면 거대 자본의 물결은 아직 시작 단계라고 볼 수 있다.

전 세계 주요 자산군 시가총액 순위

Rank		Name	Symbol	Market Cap
1		Gold	GOLD	$30.375 T
2		NVIDIA	NVDA	$4.405 T
3		Apple	AAPL	$4.126 T
4		Alphabet (Google)	GOOG	$3.786 T
^1 5		Silver	SILVER	$3.65 T
v1 6		Microsoft	MSFT	$3.593 T
7		Amazon	AMZN	$2.461 T
8		Broadcom	AVGO	$1.919 T
9		Bitcoin	BTC	$1.844 T
10		Vanguard Total Stock Market ETF	VTI	$1.703 T

출처: https://8marketcap.com/

미국 증권법의 비밀 :
1933년 증권법 vs. 1940년 투자회사법, 왜 중요할까?

2025년 4분기부터 2026년 1월 현재까지 알트코인 현물 ETF에 대한 기대감도 높은 상태다. 미국은 ETF 출시 근거 법령을 크게 두 가지로 볼 수 있다. 비트코인 ETF 및 이더리움 ETF는 1933년 증권법에 근거하여 출시된 ETF이며, 2025년 9월에 상장된 렉스 쉐어스-오스페리 펀드**Rex Shares-Osprey Funds**의 XRP ETF, 도지코인**DOGE** ETF는 1940년 투자회사법에 근거하여 출시된 상품이다. 1940년 투자회사법에 근거하여 출시되었더라도 가상자산 현물 ETF가 출시된 것은 우호적인 부분이다. 그렇지만 시장에 상품이 출시되었음에도 가격이 크게 상승하지는 못하였다.

그 이유는 상품 구조를 보면 알 수 있는데, 1933년 증권법에 따른 ETF는 기초자산을 실물로 직접 보유해야 하기 때문에 가격에 영향을 줄 수 있고, 1940년 투자회사법에 따른 ETF는 기초자산을 보유하지 않고 파생상품으로 선물 계약을 보유함으로써 출시되므로 상대적으로 가격 변동에 미치는 영향이 적다고 볼 수 있다. 어찌 보면 앞서 이야기했던 ETF와 ETN의 차이와 유사하게 볼 수 있는 부분이기도 하다.

2025년 11월 1933년 증권법에 의거한 알트코인 현물 ETF 출시도 다수 있었고 거래량도 폭발적으로 증가했지만, 가격에는 긍정적인 영향이 나타나지 않았다. 이는 가상자산 ETF의 당연한 흐름이라고도 판단된다.

과거 비트코인 ETF, 이더리움 ETF 역시 첫 출시 당시 단기적으로 하락하는 흐름이 있었고, 어느 정도 시간이 흐른 뒤 상승하는 흐름을 보였던 바 있다. 그 이유를 분석하면 다음과 같다.

우선 ETF 승인 신청이라는 '소문'에 사람들이 매수한다. 그에 따라 기대감에 수요가 몰리며 가격이 상승하게 된다. 실제 SEC(미국 증권거래위원회)에서 ETF를 승인했다는 '뉴스'에 단기적으로 급등한 뒤 바로 조정을 받게 된다. 그 이유는 '뉴스에 팔자' 심리가 확산되며 매도세가 나타나기

1933년 증권법 vs.1940년 투자회사법 비교

구분	1933년 증권법 ('33 Act)	1940년 투자회사법 ('40 Act)
적용 대상	- 주로 현물 ETF, 선물 ETF 일부	- 주로 선물 ETF(Futures ETF)
상품 구조	- 신탁 또는 그와 유사한 구조 - 기초자산을 실물로 직접 보유	- 등록 투자회사 구조 - 파생상품(CME 선물 계약)을 기초자산으로 보유
규제 강도	- '40 Act보다 규제 부담이 상대적으로 완화 - 투자자 보호 조항 일부 약함	- 더 엄격한 규제 - 레버리지 제한, 유동성 규칙, 이사회 구성 요건 등
대표 사례	- 비트코인 현물 ETF ('24.01. 승인) - 이더리움 현물 ETF ('24.07. 승인)	- 비트코인 선물 ETF ('21년 승인) - 이더리움 선물 ETF ('23년 승인)
투자자 접근성	- 기초자산을 직접 추종 - 보수적 투자자도 접근 가능	- 선물 롤오버 비용 발생 - 더 많은 규제 준수, 기관 접근 용이
투자목적 적합성	- 장기 보유·가격 추종 원하는 투자자에 적합	- 단기 트레이딩·전략적 헤지 목적으로 적합
SEC 입장	- 승인까지 오랜 시간이 걸림 (투자자 보호 우려)	- 규제 강도가 높아 먼저 승인된 구조

때문이다. 따라서 가격이 당분간 횡보하게 되는데, 이 기간 동안 손바뀜
이 이뤄지게 된다. 이 매도세가 어느 정도 소화된 이후 중·장기적으로
구조적 상승이 나타날 수 있으며, 그 구조적 상승의 원인은 기업, 기관,
고액자산가 등의 수요가 가속화되면서 나타나는 것이라고 볼 수 있다.

2026년에는 1933년 증권법에 따른 알트코인 ETF 출시도 더욱 다양
화·가속화될 것이라고 예상된다. 더불어 단일 종목 ETF뿐만 아니라 바
스켓 ETF, 인덱스 ETF, 더불어 보다 적극적인 액티브 ETF, 파생 상품
등 다양한 상품이 등장하고, 그에 따른 시장 영향도 나타날 것으로 판
단된다.

규제 및 입법 변화: 더 이상 투기가 아닌 정식으로 인정받은 산업군

유럽EU의 MICA :
세계 최초의 가상자산 기본법

유럽연합EU은 암호자산 발행, 서비스 제공, 시장 질서에 관한 규정까지 포괄하는 세계 최초의 암호자산 시장법MiCA, Markets In Crypto-Assets Regulation(일명 MiCA 법)을 2023년 5월 31일 제정하였고, 2024년 6월부터 스테이블코인 관련 조항을, 2024년 12월 30일부터 기타 암호자산 등 나머지 조항을 시행하고 있다.

그들은 EU 회원국 간 가상자산 규제 단일화를 추진하면서도, 각 회원국 고유의 회계·공시·보유 구조를 유지할 수 있도록 하는 방식으로 제도화를 통해 통합하려는 움직임을 보이고 있다. EU가 왜 이렇게 블록체인 기반 자산을 금융 시스템에 통합하기 위해 제도 정비를 해왔는지, 그 스토리를 살펴보면 다음과 같다.

2020년 9월, EU 집행위원회가 디지털 금융 패키지의 일환으로 MiCA 입법을 제안하였고, 2022년 5월 테라·루나 붕괴 사태 이후 EU 내에서 더 엄격한 스테이블코인 규제가 필요하다는 목소리가 커졌으며, 이를 반영하여 스테이블코인 발행 시 그 가치가 법정통화 등에 1대 1로 연동되는 체계가 의무화되었다.

MiCA 법의 목적은 암호자산의 공모 및 거래소 상장에 대한 투명성, 암호자산 서비스 사업자 및 발행인에 대한 인가 및 감독 요건, 투자자 보호 요건, 시장 남용 방지 조치를 규정하는 데 있으며, 이는 가상자산 시장의 다양한 운영·공시·위험 관리 기준을 명문화한 것에 의의가 있다.

MiCA 법에서 스테이블코인을 명확하게 정의하고 있지는 않지만, 교환 또는 지불 목적으로 사용되는 자산준거 토큰과 전자화폐 토큰 두 가지 종류를 스테이블코인으로 설명하고 있다. 또한 EU 관할 지역 내에서 스테이블코인을 발행하고 운영하는 회사는 은행과 유사한 시스템의 준비금을 보유하여야 하며, 일일 거래량을 2억 유로로 제한하는 상한선 시스템을 도입하기도 했다.

특히 가상자산 서비스 제공자CASP, Crypto-Asset Service Providers 및 가상자산 발행인에 대하여 엄격한 승인 및 운영 조건을 규정하고 있는데, 가상자산 서비스를 제공하기 위해서는 회원국 정부로부터 사전 승인을 받아야 한다. 이는 유럽연합 전역에서 유효하게 적용된다. CASP 유형에 따라 필요 자본 및 기타 요구 사항은 다르며, 클래스 1이 가장 기본적인 요건이라고 볼 수 있고, 클래스 2, 3으로 갈수록 자본 요건이나 요구 사항이 강화된다.

가상자산 발행인은 특성, 권리, 의무 및 기본 기술에 대한 핵심 정보가 포함된 백서를 발행하여야 하며, 분산원장기술DLT, Distributed Ledger Technology 보안과 위험에 대한 투자자 보호 목적으로 강력한 사이버 보안을 갖추어야 한다.

이외에도 가상자산 관련 시장 남용을 방지하기 위해 고객의 최선의 이익을 위해 정직하고 공정하며 전문적으로 행동할 의무가 있고, 오해의 소지가 없는 정보를 고객에게 제공하면서 시장 조작을 금지하는 등 금융업과 유사한 수준으로 금지 및 요구 사항을 규정하고 있다. 이와 관련하여서는 간략히 다음 페이지의 표를 참고하기 바란다.

유럽의 MiCA 법 시행은 가상자산 투자와 관련된 위험으로부터 투자자를 보호하고, 유럽 차원에서 가상자산 규제와 제도화가 명확해질 것으로 기대되며, 기관투자자들의 자금 유입을 유인할 수 있는 긍정적인 움직임으로 판단된다.

MICA 투자 규율

구분	내용
목적	- 암호자산의 공모, 거래소 상장에 대한 투명성 확보 - 암호자산서비스 사업자 발행인 인가 및 감독 요건 - 투자자 보호요건 등
개요	- 세계 최초 가상자산 규제 프레임 워크 - 유럽연합 27개국 회원국에게 동일 적용
규제 범위	1. 스테이블 코인 - 자산준거 토큰(ART, Asset-Referenced Token, 자산연동) - 전자화폐 토큰(EMT, E-Money Token, 유로화연동) 2. 가상자산 서비스 제공자(CASP, Crypto Asset Service Providers) - 커스터디, 거래, 투자자문, 운용, 발행 지원 서비스
발행/보유 요건	- 기업 직접 보유, 발행 허용 - 자본 및 내부통제 요건 충족 의무 - 일정 규모 이상 자산 보유 시 국가 금융당국 등록 필수
감독 체계	1. 유럽은행감독청(EBA): 스테이블 코인 규제 2. 유럽증권시장감독청(ESMA): CASP 규제
회계/세무	- 자체적으로 단일 회계/세무 규정은 없음 - 법적 정의, 라이선스 체계만 통일 - 유럽연합 각 회원국 국가별 회계, 공시 제도 정비 가능

가상자산 서비스 제공자 유형에 따른 자본 요건

	CASP 유형	필요 자본 (단위: 유로)	기타 요구사항
Class1	제3자를 대신하여 가상자산 주문실행	50,000	- 서비스 제공자는 실행된 고객 주문에 대해 최상의 결과를 보장하는 효과적인 실행조치를 수립하고 구현해야 함
	가상자산 모집 (Placement)	50,000	- 고객과의 계약체결 전에 거래비용과 수수료, 절차 및 가격 등 규정된 정보를 명확하게 전달하여야 함
	제3자를 대신하여 가상자산 부문 접수 및 전송	50,000	- 고객의 주문을 전송할 때 CASP는 고객 주문을 특정 가상자산 거래 플랫폼으로 전달(routing)하기 위한 유인책(보수, 할인 또는 비금전적 혜택)의 수령을 금지
	가상자산에 대한 자문 제공	50,000	- 가상자산 자문업자는 고객으로부터 관련 정보를 수집하고 고객의 가상자산 투자지식과 경험을 평가해야 함 - 제공된 자문은 이 평가와 비교하여 투자위험에 대한 명확한 설명과 경고를 포함해야 함

Class2	제3자를 대신하여 가상자산의 보관 및 관리	125,000	- 가상자산 관리인은 고객의 가상자산을 자신의 주소와 분리된 DLT 주소에 보관해야 함 - 가상자산 관리인은 각 고객에 대해 보유한 가상자산의 위치에 대해 분기별 보고서를 제출해야 함 - 고객은 해킹이나 오작동으로 인한 손실에 대해 가상자산 관리자에게 책임을 물을 수 있음
Class3	가상자산 거래플랫폼 운영[다자간 거래시설/ 조직화된 거래시설 (MFT/OFT)]	150,000	- MICA에 명시된 플랫폼에 대한 운영 규칙을 채택하고 거래 시스템의 운영 탄력성을 보장하기 위해 효과적인 절차 및 조치를 마련하여야 함 - 사업자는 자신의 계정으로 플랫폼에서 거래금지 - 거래 전후 투명성 조항의 적용을 받으며 수수료 구조가 투명하고 공정하며 차별리 없는지 확인해야 함
	법정화폐 또는 가상자 산간의 교환	150,000	- 거래소 운영자는 거래플랫폼에서 실행되는 거래에 대한 가격, 가격결정 방법을 공개하고, 접수된 주문과 체결된 거래의 세부 정보를 공개해야 함

출처: https://www.kcmi.re.kr/publications/pub_detail_view?cno=5981

미국: '크립토 수도를 만들겠다'는 정치권의 속내

미국은 2024년 7월, 내슈빌에서 개최된 비트코인 컨퍼런스에 트럼프 대통령 후보가 참석하면서 크립토 수도 건국의 씨앗이 내려졌다. 당시 트럼프 대통령 후보는 미국을 비트코인 등 암호화폐 산업의 중심지(허브)로 부상시키겠다는 구상인 '크립토 캐피털 오브 더 월드Crypto Capital Of The World'로 만들겠다고 선언했으며, 가상자산 제도화에 비협조적인 SEC 전 의장 게리 겐슬러Gary Gensler를 해임하고 비트코인을 전략적으로 비축하겠다고 발언하여 크립토 투자자들 사이에서 엄청난 열풍이 불었다. 이뿐만 아니라 비트코인은 세계 정상급 자산으로 성장하여 향후 시가총액이 금을 능가할 것이며, 비트코인이 미국 달러를 위협하는 존재가 아니라 당시 미국 정부가 미국 달러를 위협하는 것이라고 언급하며 비트코인에 대한 강한 열정과 의지를 보여주었다. 이러한 발언들은 비트코인 및 가상자산 시장에 긍정적인 움직임을 불어넣었다.

이후 2024년 11월, 트럼프 대통령 후보가 대선에서 승리하면서 가상자산 시장의 분위기는 더욱 고조되었다. 당선 이후 미국을 비트코인 수도로 만들겠다는 발언과 함께 CBDC에 반대할 것이며, 비트코인을 전략적으로 비축하는 방법을 모색하고 채굴업자에 대한 지원 및 규제 완화 등을 언급하면서 일명 '트럼프 랠리^{트럼프의 당선이나 정책 변화로 인한 시장 기대 심리에서 비롯된 가격 상승 현상}'가 지속되었다.

그렇지만 2025년 1월 트럼프 대통령의 공식 취임 이전, 밈코인인 '트럼프 코인'과 '멜라니아 코인'이 상장되었고, 각각 400배, 240배 폭등하는 현상이 나타나며 시장의 유동성을 급속도로 흡수하였다. 이후 시장은 2월 초 관세 전쟁 발발과 함께 조정 국면에 진입했다. 매크로 이슈와 가상자산 이슈로 인해 시장은 조정과 횡보, 보합세를 맞이했지만, 제도적 측면에서는 지속적으로 앞으로 나아가고 있었다.

트럼프 대통령은 취임 후 2025년 1월 23일 가상자산 관련 행정명령에 서명하였고, 2025년 3월 6일에는 비트코인 전략 준비금 관련 행정 문건을 발표했다. 초기에는 관련 실무진과 책임자들에게 권한과 책임을 부여했으며, 연방 정부 차원뿐만 아니라 주 정부 차원에서도 가상자산 관런 다양한 법안들이 발의 및 입법되었다.

대표적으로 신시아 루미스^{Cynthia Lummis} 상원의원이 주도해 발의한 비트코인 전략 준비금 관련 법안이 있다. 주요 내용은 향후 5년간 미국이 최대 100만 개의 비트코인을 예산 중립 방식으로 확보하자는 것이다. 해당 법안은 2024년에 처음 발의된 이후 2025년에 재발의되면서 내용이 보완·업그레이드되고 있다. 아직 최종 승인되어 입법 단계까지 나아가지는 못했지만, 그 흐름을 유심히 지켜봐야 한다.

이 법안에는 미국이 보유하고 있는 금 비축분을 활용해 비트코인을 매수할 수 있다는 내용도 포함되어 있다. 현재 미국은 금 비축분을 1970년대 장부상 가치로 보관하고 있는데, 이를 현재의 공정 시장 가치로 전환할 때 국민들의 추가 부담이나 추가 예산 없이 비트코인을 매수할 수 있다고 주장하며 법안 수정을 설명한다.

이 외에도 비트코인 전략 준비금과 관련해 주 정부들의 관심도 높아졌다. 주 정부 차원에서 다양한 시도가 있었고, 현재까지 50개 주 가운데 3개 주가 비트코인을 전략 준비금으로 보유할 수 있도록 발의·승인·입법 단계까지 완료하였다. 해당 주는 애리조나주, 뉴햄프셔주, 텍사스주이다. 그중 텍사스주는 1,000만 달러의 예산을 의회로부터 승인받아 500만 달러는 비트코인 ETF^{IBIT}를 매입하고, 나머지 500만 달러는 비트코인 현물을 직접 매입해 보관하기로 결정하였다.

다만 아직 다른 두 주 정부는 예산을 활용해 직접 비트코인을 매수하는 움직임을 보이고 있지는 않으며, 나머지 47개 주 정부도 비트코인 전략 준비금과 관련해 뚜렷한 진전을 보이지는 않고 있다. 만약 나머지 주들이 실질적으로 비트코인을 매수하는 방향으로 전환된다면 수요 확대가 가격에 반영될 가능성이 있지만, 현재로서는 조심스러운 기조 속에서 서로 관망하는 상황이라고 하겠다.

그럼에도 불구하고 비트코인을 전략 준비금으로 보유하려는 흐름은 이미 시작되었으며, 이 세 개 주뿐만 아니라 더 많은 주에서 승인될 가능성이 존재한다. 이후에는 이러한 움직임이 전 세계적인 흐름으로 확산될 가능성도 크다고 판단된다.

앞서 행정명령, 연방정부 및 주정부 차원에서의 전략 준비금에 대한 내용을 살펴보았다. 하지만 현재까지 미국에서 가상자산과 관련해 가장 주요한 이벤트는 2025년 7월에 있었던 크립토 위크Crypto Week였다. 미

트럼프 대통령 가상자산관련 행정명령

행정명령Executive Order 2025년 1월 23일

Strengthening American Leadership in Digital Financial Technology(**디지털 금융 기술 분야에서의 미국의 리더십 강화**)

- 디지털 금융에서 미국의 리더십을 강화하기 위해 대통령 디지털 자산 시장 실무 그룹을 설립
- 실무 그룹은 디지털 자산, 특히 스테이블코인을 포함한 연방 규제 체계 개발과 전략적

국가 디지털 자산 비축의 가능성을 평가하는 업무를 담당

- 실무 그룹은 백악관 AI 및 암호화폐 책임자인 데이비드 삭스**David O. Sacks**가 의장을 맡고, 재무부 장관, 증권거래위원회 위원장 및 기타 관련 부처와 기관의 수장이 참여

- 백악관 AI 및 암호화폐 책임자는 연방 정부 외부의 디지털 자산 및 디지털 시장 전문가들과 협력하여 실무 그룹의 활동이 전문성을 기반으로 이루어질 수 있도록 지원

- 각 부처와 기관이 디지털 자산 분야에 영향을 미치는 규제 및 기타 조치 중 철회 또는 수정해야 할 항목을 식별하고 실무 그룹에 권고하도록 지시

- 중앙은행 디지털화폐**CBDC**의 설립, 발행 또는 촉진을 위한 어떠한 행동도 금지

- 이전 행정부의 디지털 자산 행정명령과 혁신을 억압하고 미국의 경제적 자유와 글로벌 리더십을 약화시켰던 재무부의 글로벌 디지털 자산 참여 프레임워크(SAB 121) 폐지

출처: https://www.whitehouse.gov/presidential-actions/2025/01/strengthening-american-leadership-in-digital-financial-technology/

트럼프 행정부 비트코인 전략준비금 관련 보도

팩트 시트Fact Sheet 2025년 3월 6일

- President Donald J. Trump Establishes the Strategic Bitcoin Reserve and U.S. Digital Asset Stockpile(**도널드 J. 트럼프 대통령, 전략적 비트코인 비축Reserve 및 미국 디지털 자산 비축고Stockpile 설립**)

- 정부가 일정량의 비트코인 및 기타 디지털 자산을 국가 전략자산으로 보유·운영하는 구조

- 정부가 몰수 등을 통해 보유한 디지털 자산을 초기 자원으로 활용할 가능성을 열어 두었으며, 관련 실무진들이 구체적인 운영 방안을 제안하도록 명기

출처: https://www.whitehouse.gov/fact-sheets/2025/03/fact-sheet-president-donald-j-trump-establishes-the-strategic-bitcoin-reserve-and-u-s-digital-asset-stockpile/

출처: https://www.bitcoinstatesOfamerica.com/strategic-bitcoin-reserve

국 하원이 가상자산 관련 법안인 지니어스 법안GENIUS Act, 클래리티 법안 CLARITY Act, 반反 CBDC 감시 국가 법안Anti-CBDC Surveillance State Act을 집중 적으로 심의하는 기간을 가졌고, 이를 크립토 위크로 명명했다. 지니어 스 법안은 스테이블코인과 관련된 법안, 클래리티 법안은 디지털 자산의 증권·상품을 구분하고 SEC와 CFTC의 시장 감독, 규제, 권한 등을 정비하 는 법안이며, 반-CBDC 감시 국가법안은 연준의 CBDC 개발·발행 권한 을 제한하는 것이 주요 내용이다.

2025년 7월 17일, 미국 하원은 이른바 '크립토 3법'이라고 불리는 위

법안들을 일괄 통과시켰고, 그중 지니어스 법안은 상원에서 발의된 것이었기 때문에 하원 통과로 의회 절차가 종료되었으며, 트럼프 대통령이 7월 18일 법안에 서명함으로써 입법 절차가 완료되었다. 해당 법령이 입법될 당시인 2025년 7월만 하더라도 스테이블코인 시장의 시가총액은 2,500억 달러 내외였고, 트럼프 대통령이 당선된 2024년 11월만 하더라도 시가총액은 1,800억 달러였다. 스테이블코인 시장은 엄청난 속도로 성장하고 있으며, 미국 재무장관 스콧 베센트^{Scott Bessent}는 2030년까지 스테이블코인 시가총액이 3.5조 달러 수준으로 성장할 것이라고 판단했다.

그렇다면 미국이 왜 이렇게 스테이블코인에 관심을 가지고 있을까? 결국 '미국채 수요를 만들기 위함'이라고 볼 수 있다. 중국은 2024년 1분기 사상 최대 규모(533억 달러), 일본은 2024년 3분기 사상 최대 규모(619억 달러)의 미국채를 매도하였고, 매도 흐름은 지속적으로 유지되면서 미국채 시장에 영향을 주며, 미국채 금리가 불안정하게 움직이는 경향이 나타나고 있는데, 감소하고 있는 수요를 스테이블코인 민간 기업들이 달러 가치 연동을 위해 미국채를 대규모로 매수하며 보완하고 있기 때문이다. 즉, 미국 입장에서는 중국과 일본의 빈자리를 민간 스테이블코인 기업으로 대체할 수 있다고 판단한 것이다. 이러한 구체적인 내용은 뒤에서 스테이블코인 챕터에서 심도 있게 살펴보겠다.

한편 나머지 두 법안은 2026년 1월 현재까지 아직 상원 통과가 이루어지지 않았으며, 2025년 9월 반 CBDC 감시 국가 법안을 클래리티 법안과 통합하기로 하원에서 결정했다. 현재 상원은 자체 초안과 함께 하원에서 제안한 통합 법안을 검토하고 있는 절차적 단계를 거치고 있다.

크립토 3법의 주요 내용 및 입법 경과

구분	지니어스법안	클래리티법안	反 CBDC법안
진행 현황	- 상원 통과('25년6월17일) - 하원 통과('25년7월17일) - 대통령 서명('25년 7월 18일)	- 하원 통과('25년7월17일) - 상원 심사·검토 - 대통령 서명 대기	- 하원 통과('25년7월17일) - 상원 심사 검토 - 대통령 서명 대기
명칭	스테이블코인 발행 및 감독 체계 수립	디지털 자산의 법적 성격 및 감독권 명확화	연준의 CBDC 발행 및 운영 전면 금지
핵심 내용	(1)발행인 인허가제 도입 (2)1:1 지급준비 의무 및 준비자산 요건(현금, 단기 국채 등 고유동성 자산) (3)공시 및 외부감사 의무화 (4)자금세탁방지 규제 적용 (5)위험활동 금지 및 발행사 행위 제한	(1)디지털 상품 vs. 증권형 토큰 구분 (2)디지털 상품은 CFTC, 증권형 토큰은 SEC로 관할 구분 (3)'성숙한 블록체인' 구분 기준 도입 (4)토큰 발행 시 조건부 SEC 등록 특례	(1)연준의 직접·간접 CBDC 발행 금지 (2)통화정책 수단으로의 CBDC 활용 금지 (3)CBDC 연구·개발· 테스트 전면 금지

출처: https://shinkim.com/kor/media/newsletter/2905

이러한 입법 절차를 우리가 살펴보는 이유는 결국 행정부, 의회, 대통령 등이 제도적 틀을 마련할 때, 시장 플레이어인 기관·은행·ETF 등 제도권 자금이 보다 수월하게 유입될 가능성이 크기 때문이다. 특히 클래리티 법안은 디지털 자산이 증권인지 상품인지에 대한 규정을 명확히

함으로써 프로젝트, 거래소, 중개인, 수탁사 등이 부담해 왔던 규제 준수 의무와 같은 법적·구조적 리스크를 감소시킬 수 있다. 반反 CBDC 감시 국가 법안은 조 바이든Joe Biden 전 대통령과 당시 행정부가 추진하던 디지털 달러 개발 가능성을 축소시키는 효과를 가진다. 이는 프라이버시를 보호하고 자유의 가치를 강화하는 측면에서 긍정적인 요인으로 작용하면서 민간 영역의 스테이블코인 산업 발전을 더욱 가속화할 수 있다는 점에서 의미가 있다.

물론 백악관, 행정명령, 의회, 법안 등과 관련된 정치적·정책적 리스크는 존재할 수밖에 없으며, 이러한 요소들은 상호 간의 갈등과 마찰을 거치며 점진적으로 진화·발전해 나갈 것으로 판단된다. 결국 현재의 가상자산 친화적인 정책 방향은 투자자 관점에서 우호적인 흐름으로 평가할 수 있으며, ETF를 통한 기관투자자의 유입과 DATDigital Asset Treasury를 통한 기업 투자자의 참여를 보다 안전하고, 편리하며, 효율적으로 가능하게 만드는 요인으로 작용한다.

최신 데이터에 따르면 미국 법인들의 가상자산 투자는 빠르게 확산되고 있다. 2025년 12월 12일 기준, 209개의 상장기업이 총 1,075,896개의 비트코인을 보유하고 있으며, 이는 전체 비트코인 공급량의 약 5.1퍼센트에 해당한다.

대표적으로 스트래티지Strategy는 660,624BTC를 보유하며 글로벌 1위를 차지하고 있으며, 전체 비트코인 공급량의 3.1퍼센트를 차지한다. 스

Top 100 Public Bitcoin Treasury Companies

BITCOINTREASURIES.NET

#	Company	Ticker	Bitcoin
1	Strategy	MSTR	660,624
2	MARA Holdings, Inc.	MARA	53,250
3	Twenty One Capital	XXI	43,514
4	Metaplanet Inc.	MTPLF	30,823
5	Bitcoin Standard Treasury Company	CEPO	30,021
6	Bullish	BLSH	24,300
7	Riot Platforms, Inc.	RIOT	19,324
8	Coinbase Global, Inc.	COIN	14,548
9	Hut 8 Mining Corp	HUT	13,696
10	CleanSpark, Inc.	CLSK	13,011
11	Trump Media & Technology Group ...	DJT	11,542
12	Tesla, Inc.	TSLA	11,509
13	Block, Inc.	XYZ	8,780
14	Strive	ASST	7,525
15	GD Culture Group	GDC	7,500
16	Cango Inc	CANG	7,033
17	Galaxy Digital Holdings Ltd	GLXY	6,894
18	Next Technology Holding Inc.	NXTT	5,833
19	KindlyMD, Inc.	NAKA	5,398
20	Semler Scientific	SMLR	5,048
21	ProCap Financial	BRR	5,000
22	American Bitcoin Corp	ABTC	4,783
23	GameStop Corp.	GME	4,710
24	Boyaa Interactive International Lim...	0434	4,091
25	Empery Digital	EMPD	4,081
26	Gemini Space Station Inc	GEMI	4,002
27	OranjeBTC	OBTC3	3,720
28	Bitcoin Group SE	ADE	3,605
29	Capital B	ALCPB	2,823
30	The Smarter Web Company PLC	SWC	2,664
31	DeFi Technologies	DEFI	2,452
32	Microcloud Hologram	HOLO	2,353
33	Sequans Communications S.A.	SQNS	2,264
34	HIVE Digital Technologies	HIVE	2,201
35	Core Scientific	CORZ	2,116
36	Bitdeer Technologies Group	BTDR	1,993
37	BITFUFU	FUFU	1,959
38	Exodus Movement, Inc	EXOD	1,902
39	Canaan Inc.	CAN	1,730
40	NEXON Co., Ltd.	3659	1,717
41	Fold Holdings Inc.	FLD	1,526
42	Cipher Mining	CIFR	1,500
43	Remixpoint	3825	1,411
44	Anap Holdings Inc.	3189	1,200
45	DDC Enterprise Limited	DDC	1,183
46	Bitfarms Ltd.	BITF	1,166
47	Treasury	TRSR	1,111
48	H100 Group	H100	1,046
49	ZOOZ Power	ZOOZ	1,036
50	KULR Technology Group	KULR	1,021
51	Nano Labs	NA	1,000
52	USBC, Inc.	USBC	1,000
53	Ming Shing Group	MSW	833
54	AirNet Technology Inc	ANTE	819
55	SOS Limited	SOS	803
56	Bitcoin Treasury Corp	BTCT	771
57	Figma Inc	FIG	767
58	Convano Inc	6574	763
59	Aker ASA	AKER	754
60	Satsuma Technology	SATS	620
61	Méliuz	CASH3	605
62	MercadoLibre, Inc.	MELI	570
63	bitmax	377030	551
64	Alliance Resource Partners, L.P.	ARLP	541
65	Samara Asset Group	SRAG	540
66	Phoenix Group PLC	PHX	514
67	DigitalX	DCC	502
68	Prenetics	PRE	502
69	CIMG Inc	IMG	500
70	Hyperscale Data	GPUS	452
71	3U Holding AG	UUU	427
72	Bit Digital, Inc.	BTBT	418
73	Neptune Digital Assets	NDA	410
74	Virtu Financial, Inc.	VIRT	410
75	Net Holding A.S.	NTHOL	352
76	Consensus Mining & Seigniora...	CMSG	340
77	DMG Blockchain Solutions Inc.	DMGI	324
78	LM Funding America	LMFA	305
79	POP Culture Group Co., Ltd.	CPOP	300
80	S-Science	5721	296
81	The9 Limited	NCTY	285
82	Bitplanet Inc	049470.KQ	265
83	LQWD Technologies Corp.	LQWD	253
84	Coinshares International Limit...	CS	236
85	WEMADE	112040	223
86	Rumble Inc.	RUM	211
87	BitMine	BMNR	192
88	Bitcoin Treasury Capital	BTCB	187
89	Coinsilium	COIN	182
90	Genius Group	GNS	180
91	Matador Technologies Inc	MATA	175
92	The Brooker Group	BTC	165
93	FRMO Corp.	FRMO	159
94	B HODL	HODL	157
95	Parataxis Korea	288330	150
96	Sixty-Six Capital Inc	SIX	149
97	K33 AB	K33	141
98	Vaultz Capital	V3TC	135
99	Horizon Kinetics Holding Corp	HKHC	132
100	Vanadi Coffee, SA	VANA	129
Total of top 100			1,073,234
Total of all public companies			1,075,807

BITCOINTREASURIES.NET

출처 : https://bitcointreasuries.net/

트래티지는 2020년 8월부터 전환사채 발행, 우선주 발행 등 외부로부터 자금을 유치해 비트코인을 매입해 온 대표적인 DAT 기업으로, 가격이 오르든 내리든 비트코인을 꾸준히 매수하는 움직임을 보이고 있다.

특히 MSCI 인덱스와 나스닥 100 인덱스에 편입되며 기관투자자들의 채택을 받았지만, 2025년 10월 가상자산 시장의 대규모 청산 사태로 인해 MSCI는 MSTR 편출을 검토하기 시작했고, JP모건은 MSTR 편출 시 약 90억 달러 규모의 자금 유출이 발생할 수 있음을 강조하며 투자심리가 단기적으로 흔들리기도 했다. MSCI 편출 이슈는 2026년 1월 15일 최종 결정될 것으로 발표되며 불안 요소로 작용했지만, 1월 초 연기 결정이 내려지면서 단기 불확실성이 해소되었다. 다만 중·장기적인 흐름을 기준으로 투

출처 : https://www.strategy.com/

자하는 투자자라면, 이를 오히려 기회로 활용할 수 있다는 점도 존재한다.

잠시 기업들의 비트코인 매수 이야기를 했는데, 트럼프의 '크립토 수도' 발언 이후 이어져 온 가상자산 시장의 긍정적인 흐름은 미국이라는 세계 1위 국가의 법적·구조적·산업적 변화에서 비롯된 것이다. 따라서 이러한 구조적 변화에 따라 시장은 중·장기적으로 우상향을 기대할 수 있을 것으로 판단된다. 다만 단기적으로는 노이즈가 발생하며 하락이 나타나거나, 때로는 다소 긴 크립토 윈터가 찾아올 수도 있다.

특히 이번 상승이 미국에 의해 촉발되었기 때문에, 반대로 미국에 의해 하락이 촉발될 가능성도 매우 크다. 미국이라는 국가의 신용도 훼손, 신뢰 하락, 달러 가치에 대한 불안 등 다양한 요인에 의해 조정이 시작될 수 있으며, 트럼프 대통령의 예측 불가능한 행동이나 발언이 트리거로 작용할 가능성도 배제할 수 없다. 동시에 트럼프 대통령 임기 후반부에 나타날 수 있는 레임덕 현상, 혹은 2026년 11월 미국 중간선거라는 대형 이벤트 이후의 흐름도 주요 변수로 작용할 것이다.

따라서 시장을 항상 지나치게 낙관적으로만 바라보기보다는, 때로는 비판적인 시각을 가지고 접근해야 한다. 다만 트레이더보다는 인베스터의 관점이라면, 단기 변동성보다는 중·장기적인 큰 물결과 구조적 흐름을 관찰하며 시장에 임하는 것이 바람직하다.

특히 크립토 윈터를 촉발할 수 있는 주요 이벤트를 크게 '매크로 시장과 가상자산 시장'으로 나누어 살펴보면 다음과 같이 정리할 수 있다.

먼저 매크로 시장 측면에서는 2026년 현재 기준금리 인상기를 논의하기에는 다소 이른 시점일 수 있으나, 해당 국면은 결국 수년 내 다시 도래할 가능성이 있다. 글로벌 유동성을 가늠할 수 있는 지표인 M2가 급격히 감소하는 흐름이 나타날 경우, 가상자산 시장은 큰 변동성을 겪을 수 있다. 아울러 달러 인덱스는 일반적으로 주식 및 가상자산과 같은 위험자산과 역상관관계를 보이기 때문에, 이 흐름 역시 지속적으로 점검해야 한다.

가상자산 시장 측면에서는 다양한 신호들이 존재하겠지만, 수많은 온체인 데이터 중 단 하나라도 피크^{Peak} 신호를 보낼 때에는 각별한 주의가 필요하다. 가상자산 DAT 기업들의 불안정한 움직임이 시장 하락의 주요 원인으로 작용할 가능성도 있다. 이들은 재무 전략의 일환으로 가상자산을 보유하고 있으며, 이를 매입하기 위해 차입, 전환사채 발행, 주식 발행 등 레버리지를 활용하고 있기 때문이다.

실제로 2025년 10월 가상자산 시장 급락과 함께 MSCIMorgan Stanley Capital International는 스트래티지MSTR가 지수에서 제외될 수 있다는 가능성을 공지했고, 같은 해 11월 JP모건은 스트래티지가 MSCI 지수에서 편출될 경우 스트래티지 단일 기업에서 약 28억 달러, 전체 DAT 기업 기준으로는 약 88억 달러 규모의 자금 유출이 발생할 수 있다고 경고했다. 해당 편출 여부는 2026년 1월 15일 최종 결정하기로 했지만, 2026년 1월 6일 MSCI는 편출 보류를 결정하며 단기 불확실성을 해소시켰다. 하지만, 추후에 다시 결정을 하기로 했기 때문에 시장 흐름을 면밀히 관찰해야 한다.

스트래티지는 2024년 6월 MSCI 인덱스에 편입되었고, 같은 해 12월에는 나스닥 100 인덱스에도 편입되며 패시브 펀드 자금이 대규모로 유입되었다. 2025년에는 S&P 500 지수 편입을 목표로 9월과 11월 두 차례 도전했으나, 로빈후드와 샌디스크에 밀리며 아쉬움을 남겼다.

마지막으로 가능성은 낮지만, 비트코인의 창시자인 '사토시 나카모토'가 등장해 보유 지갑에서 비트코인이 이동하는 상황이 발생한다면 시장은 큰 충격에 빠질 수 있다. 그가 보유한 것으로 추정되는 비트코인 수량이 약 110만 개에 달해 매도 물량 자체도 부담이 될 수 있지만, 더 본질적인 문제는 그의 부재로 인해 강화되어 온 비트코인의 '탈중앙화' 철학이 단숨에 흔들릴 수 있다는 점이다.

구분		의견
매크로 시장	금리	기준금리 인하에 대한 기대가 줄고, 동력 혹은 가준금리 인상에 대한 논의가 시작될 때
	글로벌 M2	글로벌 유동성이 더 이상 증가하지 않고 감소하고 특히, 양적 긴축모드가 급격히 가속될 때
	달러 인덱스	달러 인덱스가 급격히 상승할 때 위험자산 시장의 가격 하락 가능성 높아짐
	미국	미국이 주도하는 시장에서 미국 신용, 신뢰도가 크게 훼손되는 경우 조심할 필요가 있음
가상자산 시장	온체인 데이터	MVRV, NUPL,SOPR,200주 이평선, Pi Cycle(서클) 등 불 마켓 피크 인디게이터(Bull Market Peak Indicator)를 확인할 수 있는 지표가 다양하게 있으며, 이중 하나라도 피크(Peak)를 알리기 시작하면 주의하여야 함
	트레져리 기업	비트코인, 이더리움 등을 재무전략으로 펼치는 기업은 버블을 만들어주는 좋은 재료지만, 회사채 발행, 우선주 전환으로 자금을 조달하는 것은 하락장 전환 시 매우 큰 리스크 임. 추후 트레져리 기업의 파산 뉴스가 나오면 의심과 공포를 가속화할 가능성 높음
	사토시 나카모토의 등장	비트코인의 가장 큰 철학 중 하나는 '탈중앙화'임. 110만 개를 보유하고 있는 것으로 알려진 사토시 지갑 움직임이 포착된다면, 가상자산의 대중화 내러티브는 단지 폭락, 중·장기적인 고민이 필요한 시기가 될 것임. 그럴 가능성을 낮다고 판단되지만, 혹시 모를 일에 가능성은 남겨둬야 함

한국, 투자자 보호와 산업 육성 사이의 줄다리기

한국은 인터넷 강국으로, 가상자산 시장이 초기일 때 빠르게 성장했으며 개인 투자자들의 참여율이 매우 높은 국가였다. 하지만 법인이 가상자산을 보유하는 것에 대해서는 굉장히 보수적이었고, 회계기준의 부재, 기준 없는 세무 지침, 불명확한 공시 기준, 회계감사 리스크 등 어려움이 많았기 때문에 사실상 제한되어 왔다. 그러나 2025년 비영리법인부터 시작하여 상장회사, 전문투자회사 등 법인에 대한 가상자산 허용 움직임이 나타나면서, 법인에 대해서도 점차 긍정적으로 고려하려는 흐름을 보인다. 대표적으로 2025년 NGO 단체인 월드비전은 기업 명의로 이더리움을 매도한 첫 사례로 볼 수 있다.

월드비전, 국내 첫 비영리 가상자산 매도...업비트 통해 이더리움 환전

토큰포스트   2025.06.01 (일) 08:24   4   6

월드비전이 업비트를 통해 국내 첫 비영리법인의 가상자산 매도를 진행했다. 이는 금융위의 새로운 정책에 따른 것으로 가상자산 기부 문화 확산이 기대된다.

출처: https://www.tokenpost.kr/news/general/253211

앞서 이야기했듯이 한국은 유럽, 미국보다는 다소 조심스러운 움직임을 보이는 중이다. 그렇지만 2025년 다양한 법안이 발의되면서 제도권으로 편입되는 움직임이 있는 것도 사실이다. 가상자산 사업자에 대한 가이드를 제시할 수 있는 특금법이 2021년 3월 시행되었고, 이용자의 예치금 보호, 사업자의 자산 분리 보관·신탁 의무 등 가상자산 이용자 보호 등에 관한 법률이 2024년 7월 시행되면서 가상자산 이용자를 보호

하기 위한 1단계 규율 체계를 마련했다.

그렇지만 법령은 일반적으로 보호법, 업권법, 세무·회계 관련 법 등으로 확대되는 순서로 진행되기 때문에 아직은 초기 단계라고 볼 수 있다.

한국 가상자산 관련 입법, 발의 현황

법안명 / 제도명	제정 / 발의	주요 내용 / 규제 대상	현황
특정금융거래 정보의 보고 및 이용 등에 관한 법률 (특금법)	2021년 3월 시행	가상자산사업자(VASP, Virtual Asset Service Provider) 신고 의무, 자금세탁방지(AML, Anti Money Laundering), 고객신원확인(KYC, Know Your Customer), 테러자금조달방지(CFT, Combating the Financing Of Terrorism) 등 규제	시행 중
가상자산 이용자보호법 (가상자산 이용자 보호 등에 관한 법률)	2024년 7월 시행	이용자 예치금 보호, 사업자의 자산 분리 보관/신탁 의무, 불공정거래 규제(시세조종, 미공개정보 이용 금지 등), 집단소송 제도 등	1단계 입법. 규제 중심. 탈중앙화 플랫폼, 발행자 규율 등은 아직 미비
디지털자산 기본법 (디지털자산시장의 혁신과 성장에 관한 법률안 등)	2025년 6월 발의	디지털자산의 정의 명확화, 사업자 유형 분류 및 인가·등록제 도입, 발행 허용 및 공시 규율, 디지털자산위원회 설치 등	현재 국회 계류 중
스테이블코인 관련법 (가치안정형 디지털자산 발행법 등)	2025년 7월 발의	가치안정형 디지털자산(스테이블코인)의 발행 요건, 공시 의무, 발행인 책임 강화, 준비자산 유지 등 규제	현재 국회 계류 중
디지털자산 혁신법 (가상자산 산업 전반 규제 + ICO 허용 등 포함 법안)	2025년 9월 발의	ICO 허용, 가상자산업 분류(매매교환업, 중개업, 보관관리업 등), 사업자 인가 또는 등록제 도입, 공시 의무 등 포함	ICO 허용 등 파격 조항 포함 예정으로 업계 및 규제 당국 간 조율 필요
디지털자산 시장 및 산업법 (디지털자산의 시장 및 산업에 관한 법률 등)	2025년 11월 발의	비트코인 현물 ETF, 가상자산 선물·옵션 등 파생상품 시장 양성화, 디지털자산전담 중개업무 신설 등	현재 국회 계류 중

출처: 본인 작성, 국회 의안정보시스템, 언론 보도

디지털자산 관련 법안 발의 현황

의안번호	의안명	제안자구분	제안일자	의결일자	의결결과	제안이유	심사진행상태
2214492	디지털자산의 시장 및 산업에 관한 법률안(박상혁의원 등 10인)	의원	2025-11-24				소관위접수
2213449	디지털자산 육성 기본법안(최보윤의원 등 10인)	의원	2025-10-01				소관위접수
2213266	디지털자산시장통합법안(김재섭의원 등 10인)	의원	2025-09-25				소관위접수
2213166	디지털자산시장의 혁신과 성장에 관한 법률안(이강일의원 등 11인)	의원	2025-09-22				소관위접수
2212298	가치안정형 디지털자산 발행업 등에 관한 법률안(김현정의원 등 12인)	의원	2025-08-21				소관위심사
2211784	가치안정형 디지털자산의 발행 및 유통에 관한 법률안(안도걸의원 등 10인)	의원	2025-07-28				소관위심사
2211777	가치고정형 디지털자산을 활용한 지급 혁신에 관한 법률안(김은혜의원 등 10인)	의원	2025-07-28				소관위심사
2210736	디지털자산기본법안(민병덕의원 등 37인)	의원	2025-06-11				소관위심사

계류의안　처리의안

출처: 국회 의안정보시스템https://likms.assembly.go.kr/bill/bi/bill/sch/detailedSchPage.do

현재 가상자산 관련 업권법인 디지털자산 기본법, 스테이블코인 관련법, 디지털자산 혁신법 등이 발의되면서 가상자산 전반에 걸쳐 투명하고 명확하게 설계된 규칙과 제도를 담은 2단계 규율 체계를 마련하려는 움직임이 나타나고 있다. 이러한 법령들은 앞서 언급한 유럽의 MiCA 법 및 미국의 지니어스 법안 등을 선례로 참고하면서, 한국 실정에 맞는 법안을 국회에서 다방면으로 준비 중이다.

가상자산에 대한 세금은 2027년 1월 1일부터 본격적으로 부과될 예정이며, 그전까지는 양도 및 대여로 인한 소득에 대한 과세가 유예되어 있다. 당초 2022년부터 과세가 시행될 예정이었으나 시장 혼란과 시스템 부족으로 2025년으로 1차 유예되었고, 2025년에 시행될 예정이었던 과세 역시 금융투자소득세(금투세) 폐지와의 형평성 문제, 인프라 구축

미비 등의 이유로 2년간 유예되어 2027년에 시행될 예정이다. 다만, 향후 또다시 유예될 가능성도 완전히 배제할 수는 없다.

가상자산 과세가 유예되는 이유로는 과세 인프라 부족, 거래소 간 정보 공유 미흡, 세금 산정 기준의 부재뿐만 아니라 정치적인 부담도 있다. 특히 젊은 세대의 가상자산 투자 비중이 크기 때문에 과세에 대한 반발 우려가 제기되고 있기 때문이다.

금융정보분석원, 금융감독원, 금융위원회가 분석한 2025년 상반기 가상자산사업자 실태조사 결과에 따르면, 국내 가상자산 거래 가능 이용자는 1,077만 명으로 집계되었다. 이 중 가장 많은 이용 연령대는 30대로 300만 명(27.9퍼센트)이었으며, 이어 40대 292만 명(27.1퍼센트), 20대 204만 명(18.9퍼센트) 순으로 나타났다.

전체 이용자 중 756만 명(70퍼센트)은 50만 원 미만을 보유하고 있었으며, 1,000만 원 이상 보유자는 10퍼센트, 1억 원 이상 보유자는 1.7퍼센트, 10억 원 이상 보유자는 0.1퍼센트로 집계되었다.

개인 투자자 입장에서는 가상자산에 과세가 이루어질 때 세금만큼 수익성이 저하될 수 있다는 점에서, 세무·회계 관련 법안이 제정된다면 고민하게 될 이들이 많을 것이다. 반면 기관투자자나 기업의 입장에서는 과세에 대한 명확한 규율 체계가 마련되어야 규제 및 세법 리스크를 줄일 수 있기 때문에, 이를 다른 시각에서 접근할 것이다. 개인 투자자도 중요하지만, 기관·기업 투자자들은 개인에 비해 훨씬 큰 자금력과 유

2 | **개인 이용자 세부 현황** ❋ 대상 : KYC를 이행한 개인고객 1,077만명

1 [연령별] 가장 많은 이용 연령대 : 30대 남성 ['24.下 동일]

○ 30대(28%) > 40대(27%) > 20대 이하(19%) > 50대(19%) > 60대 이상(7%)

　* ('24.下) 30대(29%) > 40대(27%) > 20대 이하(19%) > 50대(18%) > 60대 이상(7%)

〈연령대별 가상자산 개인 이용자 규모〉

구분	20대 이하	30대	40대	50대	60대 이상	합계
남 성	151만명	203만명	194만명	122만명	44만명	715만명
여 성	53만명	97만명	98만명	80만명	34만명	362만명
합 계 (비중)	204만명 (18.9%)	300만명 (27.9%)	292만명 (27.1%)	202만명 (18.8%)	79만명 (7.3%)	1,077만명 (100%)

○ 대다수 이용자(756만명, 70%)는 50만원 미만 보유

○ 반면, 1천만원 이상 자산 보유자 비중은 10%(109만명)로 '24년말 대비 2%p 감소했으며, 1억원 이상 보유자 비중은 1.7%(18만명)

〈연령대별 보유자산 규모〉

구분	보유 없음	50만원 미만	50만~1백만원	1백만~5백만원	5백만~1천만원	1천만~1억원	1억~10억원	10억원 이상
20대 이하	30만명 (14.6%)	142만명 (69.7%)	6만명 (3.1%)	14만명 (6.9%)	5만명 (2.3%)	6만명 (3.1%)	0.5만명 (0.2%)	0.01만명 (0.01%)
30대	24만명 (8.1%)	193만명 (64.4%)	14만명 (4.5%)	32만명 (10.7%)	12만명 (4.0%)	22만명 (7.3%)	2.9만명 (1.0%)	0.11만명 (0.04%)
40대	26만명 (8.9%)	169만명 (57.9%)	14만명 (4.9%)	35만명 (11.9%)	14만명 (4.7%)	28만명 (9.7%)	5.3만명 (1.8%)	0.24만명 (0.1%)
50대	21만명 (10.5%)	102만명 (50.6%)	10만명 (5.1%)	26만명 (13.0%)	11만명 (5.5%)	25만명 (12.3%)	5.8만명 (2.9%)	0.29만명 (0.1%)
60대 이상	9만명 (11.8%)	38만명 (48.8%)	4만명 (4.9%)	10만명 (12.4%)	4만명 (5.4%)	10만명 (12.7%)	2.8만명 (3.6%)	0.18만명 (0.2%)
전체	111만명 (10.3%)	645만명 (59.9%)	49만명 (4.5%)	117만명 (10.9%)	46만명 (4.3%)	91만명 (8.5%)	17.4만명 (1.6%)	0.83만명 (0.1%)
'24.下	79만명 (8.2%)	558만명 (57.4%)	48만명 (4.9%)	118만명 (12.1%)	47만명 (4.9%)	99만명 (10.2%)	21만명 (2.2%)	1.02만명 (0.1%)

출처: 2025년 상반기 가상자산사업자 실태조사 결과, 금융위원회
https://blog.naver.com/blogfsc/224026977489

동성을 보유하고 있으므로 제도화가 진행될수록 가상자산 시장의 유동성이 증가할 가능성이 크다.

사실 기업의 경우, 법인세법에 따르면 소득 구분과 관계없이 법인의 소득을 증가시키는 거래는 모두 법인의 소득으로 간주하는 포괄주의 과세 원칙을 따르고 있어서 가상자산과 관련된 소득도 이미 과세 대상이다. 반면 개인은 소득 열거주의 과세를 적용받고 있어, 법률에 열거된 소득에 대해서만 과세가 가능하므로 아직 법적으로 준비가 완전하지 않은 상태다. 그러나 개인과 법인 모두 회계 및 세법 관련 제도와 규제가 정비되어야 시장이 안정적으로 성숙할 수 있기 때문에, 이러한 흐름을 지켜보는 것은 그만큼 의미 있다.

다음으로 국내 가상자산 현물 ETF에 대한 논의도 지속적으로 진행되고 있다. 미국은 이미 2024년 1월 비트코인 현물 ETF를 출시했고, 같은 해 7월에는 이더리움 현물 ETF가 출시되었지만, 한국은 일정한 시차를 두고 이를 따라가는 상황이다. 금융위원회는 2025년 하반기부터 2026년 상반기 시범 상품 출시를 목표로 법 개정 논의, 금융당국의 검토, 업계의 준비 등을 진행 중이며, 2025년 11월 24일 〈디지털자산의 시장 및 산업에 관한 법률안〉이 발의되면서 기대감은 더욱 높아지고 있다.

현재 한국에서는 미국 등 국외에 상장된 비트코인 ETF에 우회적으로 투자할 수 있는 방법이 존재하지만, 한국 금융당국은 국외 상장 비트코인 ETF에 대한 직접 투자를 금지하고 있다. 이는 국내 법령인 〈자본시장법〉및 기존 금융투자상품 규정을 근거로 국내 증권사의 중개^{Brokerage}를 금지하고 있기 때문이다. 자본시장법상 비트코인을 포함한 가상자산은 기초자산으로 인정되지 않으며, 금융투자상품의 발행 및 거래에 대한 명확한 법적 근거가 없는 상황이기도 하다.

이로 인해 투자자들은 우회적으로 미국의 선물 기반 비트코인 ETF에 투자하거나, 가상자산 관련 주식인 코인베이스, 스트래티지 등에 투자하거나, 혹은 블록체인 기업에 투자하는 ETF인 아크인베스트의 ARKK(인공지능·로봇·에너지·블록체인 등 혁신 기업 투자 ETF), ARKF(핀테크 및 디지털 금융 혁신 기업 투자 ETF) 등을 활용할 수 있다. 다만 국외 기초자산 기반 금융 상품에 투자할 때 수수료, 환차익, 환율 리스크 등을 함께 고려해야 한다는 점이 있으며, 향후 국내에서 가상자산 ETF가 도입된다면 세금, 보관, 리스크 관리 등 제도적 지원이 강화될 것으로 기대된다.

아시아, 규제적 안정성과 성장 속도에서 국가별 전략

과거 가상자산 시장에서 큰 비중을 차지했던 아시아 국가들도 제도화·규제화 움직임을 보인다. 홍콩은 ETF 출시 등 가장 적극적인 상황이고, 싱가포르는 투자자 보호를 목표로 제도적 안정성을 강조하고 있다. 일본은 금융상품법, 자금결제법 등의 통합을 논의 중이며, 세제 개편 움직임도 고려하고 있어 제도권 수요를 흡수할 가능성을 보여주고 있지만, 아직은 보수적인 기조를 유지하고 있다. 중국은 2021년부터 본토 내 가상자산 거래와 채굴을 금지하고 있으며, 중앙은행 디지털화폐CBDC를 중심으로 국가 주도 디지털 통화인 '디지털 위안화'를 주요 모델로 채택하면서 민간 시장 활성화와는 근본적으로 다른 길을 걷고 있다.

다만 홍콩은 중국의 테스트베드 역할을 하고 있는 분위기다. 2024년 비트코인 및 이더리움 ETF를 이미 출시했으며, 스테이블코인 관련 법안은 2025년 8월부터 시행되어 2026년 중 스테이블코인 출시 준비를 앞두고 있다. 홍콩 금융관리국HKMA은 2025년 8월부터 9월 말까지 스테이블코인 라이선스 신청 접수를 받았으며, 총 36개 기업이 신청한 것으로 집계되었다. 신청 기업의 유형은 은행, 기술기업, 증권사, 자산운용사, 투자사, 전자상거래 업체 등 다양한 분야에 걸쳐 있으며, 2026년 상반기에 라이선스가 발급될 것으로 전망되고 있다.

세계 1위 경제대국인 미국이 스테이블코인 산업을 육성하겠다는 강한 의지를 보이고 있는 만큼, 각 국가는 뒤처지지 않기 위해 제도권 편입을 추진하고 있으며, 관련 민간 기업들이 시대의 흐름을 놓치지 않기 위해 적극적인 행보를 이어가는 중이다.

중국은 2021년부터 시행해 온 가상자산 거래 및 채굴 금지 기조를 유지하고 있지만, 과거 사례를 살펴보면 향후 스테이블코인 산업의 개화를 추진할 가능성도 존재한다고 판단된다. 물론 2025년 12월 1일, 중국은 스테이블코인을 단속하고 가상자산이 불법임을 다시 한 번 공지한 바 있다. 그러나 2019년 6월, 페이스북이 민간 발행 디지털 화폐인 '리브라^{현 디엠, Diem}'를 발표하자 중국은 이에 위기감을 느끼고 디지털 위안화 개발에 박차를 가했다. 중국 정부가 리브라를 견제한 이유는, 리브라가 달러화에 연동된다면 수요가 발생해 달러 가치가 상승할 가능성을 우려했고, 나아가 리브라가 중국의 통화정책에 도전이 될 수 있다고 판단했기 때문이다.

중국 가상자산 금지 뉴스

中 "가상자산은 불법"…스테이블코인 단속 고삐 죈다

전시현 기자   입력 2025.12.01 17:10:08   댓글 0

내용요약

인민은행 "투기 재부상·불법 송금 우려"…홍콩 제도에도 영향권

출처:https://www.hansbiz.co.kr/news/articleView.html?idxno=796589

블록체인 기술을 활용한 디지털 화폐가 국경 간 거래의 지불 수단으로 널리 쓰인다면, 통화 정책, 금융 안정성, 국제 통화 시스템 등 다양한 영역에 영향을 끼칠 것이다. CBDC와 스테이블코인의 목적 중 하나는 현금의 비효율성을 보완하는 것으로, '현금 없는 사회'와 같은 발상으로

볼 수 있다. 물론 중국은 알리페이, 텐센트의 위챗페이 등이 활성화되어 있고, 국내에서도 삼성페이, 네이버페이, 카카오페이 등 다양한 모바일 결제가 널리 통용되고 있다. 하지만 이러한 페이 시스템들은 은행 계좌를 거쳐야 하는 반면, CBDC와 스테이블코인은 은행 계좌 없이도 구동된다는 차이가 존재한다.

이는 거래 용이성 측면에서 효율성을 높여 줄 뿐만 아니라, 거래 중개인이 없기 때문에 수수료도 저렴하며, 블록체인 기술을 활용해 즉각적인 가치 이동이 가능하다는 장점이 있다. 물론 페이스북의 리브라 프로젝트는 정치적 이슈와 미국 및 여러 국가 정부의 강력한 규제와 반대 때문에 2019년 7월 잠정 중단되었는데, 각국의 정부는 리브라가 기존의 달러 패권에 위협이 될 수 있고 빅테크 기업에 대한 불신을 이유로 프로젝트를 저지하였다. 이후 2020년 12월 리브라 프로젝트는 디엠Diem으로 명칭을 바꾸고 미국 규제 당국의 감독 하에 진행되었지만, 결국 프로젝트는 성공하지 못하고 최종적으로 중단되었다.

그렇지만 5년이 지난 지금, 미국은 지니어스 법안을 공식적으로 승인하였고 민간 분야에서 스테이블코인 사업을 적극적으로 확장하도록 제도화하고 있으며, 이는 결국 달러의 수요를 창출하고 달러 패권을 유지할 수 있는 전략이라는 점을 인정하는 움직임이었다. 현재 중국은 과거부터 연구에 매진해 온 CBDC 프로젝트 위주의 전략을 펼치고 있지만, 스테이블코인 산업과 함께 투트랙 전략을 펼칠 가능성도 높다고 판단한다.

항목	일본	싱가포르	홍콩	중국(본토)
핵심 법률	가상자산 관련 개정안 (금융상품법/ 자금결제법 통합 논의 중)	Payment Services Act(PSA) + 보완 규제 (디지털토큰 서비스 라이선스)	증권법(SFO) + AML 기반 VASP 라이선스, 스테이블코인 규제 (라이선스·공시 요건)	대대적 규제·금지 거래·ICO·채굴 활동 등 금지 중앙은행(CBDC) 중심정책 (디지털 위안화)
감독 기관	보수적 입장 현물·알트 ETF 승인 신중 (일부 논의·검토 중)	MAS (Monetary Authority Of Singapore)	SFC (Securities & Futures Commission), HKMA(금융관리국)	PBoC(인민은행), CSRC(증권감독) 등 중앙기관 주도
ETF 출시 여부	보수적 입장 현물·알트 ETF 승인 신중 (일부 논의·검토 중)	파생·토큰화 상품 허용 범위 내에서 제한적 승인 (기관 솔루션 위주) 현물 ETF는 해외 상장 강조	적극적 허용 암호화폐 ETF· 파생상품 시장 정책 허용 (허가된 거래소· 상품 다수)	사실상 금지 본토 내 암호화폐 현물 ETF/ 파생 시장 없음
세금 (개인/법인)	과세 개편 논의 중 암호자산을 금융 상품으로 재분류· 과세체계 정비 (20퍼센트 구간 논의)	개인 자본이득세 없음. 사업·영업 소득으로 취급 시 과세 가능 MAS 가이드라인 존재	개인 과세는 거래· 자본이득에 따라 유동적. 거래소· 운영사에 대한 규제·준수 비용 높음	금지 상태라 세부 과세 논의 불필요. 대신 CBDC 관련 규제· 감시 강화
스테이블 코인 규제	논의 중 (법적 지위 재검토)	엄격 심사 (발행자·예치자·AML 기준 엄격) MAS 경고· 가이드라인 존재	스테이블코인 규제·등록 체계 도입 중 (특별법·운영요건 도입)	민간 스테이블코인 등 대부분 금지 및 강력 통제 대신 CBDC 주력
시장 영향	규제 개편 시 아시아 주요 허브 후보지만 보수적 접근으로 성장 속도 완만 기관들의 관심 높음	금융·결제 허브로서 제도적 안정성 강조 ⇒ 핀테크·기관 서비스 유치에 유리 세제 우호적	중국 본토 자금 유입 흡수하는 관문 역할. 거래소·파생·ETF 유치 적극 홍콩을 통한 글로벌 유동성 재유입	국내 활동 억제, 대신 CBDC·국가 디지털통화 시스템 강화로 국제적 영향력 확대 (정책 중심)

출처 : 언론 보도

글로벌 규제 경쟁:
규제는 악재가 아니라 '그린라이트'

정치학적, 경제학적,
통화 패권 관점에서의 가상자산 산업 경쟁

세계 주요 국가들은 가상자산을 정책적 도구로 전환시키려는 경쟁을 벌이고 있다. 미국은 제도화와 시장 주도권 확보를 통해 '가상자산, 금융, 자본'에 대한 규제 기준을 만들고 있고, 중국은 CBDC를 통해 결제, 감시, 통화 패권을 강화하려는 중이다. 유럽은 MiCA 법을 통해 규제 통합 및 투자자 보호와 시장 안정성 확보를 추구한다. 중동 및 아시아 국가들은 허브 유치, 규제 샌드박스 등을 통해 투자 유치와 결제 유동성 확보 움직임을 보이고 있으며, 한국은 원화 기반 스테이블코인 도입을 논의하며 후발 주자로 결제 및 금융 인프라 경쟁에 뛰어들고 있는 실정이다. 글로벌 규제 협력이 아닌 글로벌 규제 경쟁이라고 보는 이유는 정치학적, 경제학적, 통화 패권 등의 관점에서 살펴보면 그 이유를 알 수 있을 것이다.

우선 정치적 측면에서 살펴보면, 국가 안보와 정보 통제 측면에서 블록체인 및 가상자산은 자금 흐름에 대한 새로운 관찰·차단 포인트가 되며, 국가는 이를 안보 수단의 관점에서도 바라볼 수밖에 없다. 중국은 비트코인 채굴과 거래를 전면 금지하고 대신 '디지털 위안화CBDC' 개발에 전력투구했다. 이는 중앙은행이 모든 돈의 흐름을 통제하고 감시하려는 목적으로, 정부 권력 강화를 위한 도구로 블록체인을 활용하는 정치학적 선택이다. 반면 미국은 비트코인 현물 ETF를 승인하고 스테이블코인 산업에 대한 규제 체계를 마련하며 민간의 혁신을 장려하고 있다. 이는 달러 패권을 유지하되 기술 혁신은 시장에 맡겨 '자유로운 경제 활동'의 이미지를 유지하려는 정치학적 전략으로 해석된다.

경제학적 측면에서는 각국이 가상자산 산업을 단순한 도박이 아닌 '웹 3.0'으로 불리는 차세대 인터넷 경제의 핵심으로 보고 있다. 여기서 주도권을 잡지 못하면 미래의 금융, 결제, 데이터 산업 전체를 놓칠 수 있다는 경제적 위기감으로 인식하고 있을 것이다. 따라서 규제가 명확하고 사업하기 좋은 환경을 만드는 국가는 전 세계의 혁신적인 인력과 막대한 벤처 자본(VC 자금)을 흡수할 수 있으며, 한국이나 유럽이 MiCA 법과 같은 규제를 서둘렀던 이유도 바로 이 혁신 주도권을 놓치지 않기 위함이었다. 블록체인, 토큰화, 디지털 결제 인프라에 대한 통제는 곧 금융 시장, 금융 데이터, 결제 및 송금 표준의 선점으로 이어지고, 결국 이는 장기적인 산업 경쟁력과 직결되기 때문이다.

마지막으로 통화 패권의 측면에서는 국가가 주도하는 CBDC와 민간이 주도하는 스테이블코인을 통해 국제 결제 역할을 수행할 수 있지만, 한편으로는 달러 중심 국제 결제 체계 혹은 위안화 중심 국제 결제 체계를 구축하느냐에 따라 통화 패권을 차지할 수 있다. 패권을 차지하지 못한다면 제재 우회에 대한 고민을 할 수밖에 없기 때문이다. 미국은 스테이블코인 시장을 규제하고 관리함으로써 전 세계적으로 달러의 영향력을 디지털 영역까지 확장하고자 한다. 비트코인이 달러를 위협하는 탈중앙화 자산이라면, 스테이블코인은 달러 패권을 유지하는 새로운 무기로 볼 수 있다. 이외에도 규제 완화를 통한 허브 유치는 글로벌 자본과 인재를 끌어들일 수 있는 긍정적인 면모도 존재하지만, 정치적 리스크와 자금 세탁 리스크 등 통제적 요소도 상존하기 때문에 경쟁의 대상이 될 수밖에 없다.

국가별 가상자산 입법 전략

글로벌 가상자산 시장이 기관화되고 제도권에 편입되면서 각 국가는 자국의 경제 및 금융 환경에 맞춰 매우 상이한 입법 전략을 추진하고 있다. 규제 및 입법 변화 부분에서도 살펴보았듯이 미국은 '집행에 의한 규제에서 법적 명확성으로' 방향을 전환하고 있으며, 글로벌 금융 혁신의 주도권 확보와 투자자 보호의 균형점을 찾고자 한다. 규제 친화적 움직임과 전략적 보유 전략을 펼치며 제도화와 시장 개방을 주도하는 중이다. 행정 명령, 의회 입법, 규제 기관의 기능 재조정을 통해 투자자 보호와 시장 안정성 확보와 동시에 미국 관할 내에서 자본을 흡수해 국제 결제 및 자금 허브로서의 실익을 얻고 있다.

중국은 '기술은 수용하되 자산은 통제하는 전략'을 펼치며 자본 통제를 유지하고 디지털 통화 패권을 선점하고자 한다. 특히 국가가 통제하는 CBDC를 통해 내부 통제와 외부 영향력을 동시에 추구하는 전략을 전개하고 있는데, 민간의 가상자산 활동은 엄격히 통제하는 한편 디지털 위안화를 통해 결제의 정책적 수단화를 추진 중이다. 이는 자본 이동 통제, 내부 안보, 감시 강화, 위안화 국제화 수단 확대 등을 위한 정치·안보적 동기가 작용한 결과다. 대표적으로 비트코인 등 사적 가상자산의 채굴 및 거래를 전면 금지해 투기와 자본 유출 통로를 차단했으며, 블록체인 기술 자체는 국가 핵심 기술로 지정하고 스테이블코인을 금지하는 동시에 CBDC를 대규모로 시범 운용하며 미래 화폐 시스템의 주도권을 확보하기 위한 노력을 적극적으로 펼치고 있다.

유럽은 '통합적이고 포괄적인 규제의 선구자' 역할을 하며 MicA법을 중심으로 규제 통합과 시장 신뢰 전략을 추진하고 있는 중이다. 단일 규제 체계를 통해 투자자 보호와 발행자 공시 의무를 마련하고, EU 단일 시장 내에서 표준화된 규칙으로 경쟁력을 확보하고 있다. 유럽은 소비자 중심의 리스크 저감과 동시에 '규제 기반의 허브'로서 자본시장을 개척하는 중이며, 단일화된 규제로 중앙화 흐름이 가속화되고 있으나 대형 운용사와 거래소의 유럽 내 확장이 촉진된다는 것이 장점이다.

중동은 국부 펀드와 허브 구축 전략을 통해 석유 기반 수익 의존도를 낮추고 금융 다변화와 글로벌 자금 유치를 목표로 규제 샌드박스와 블록체인 허브 정책을 펼치고 있다. 규제 샌드박스를 통해 토큰화와 결제 실험을 진행하며 기업 친화적 정책을 바탕으로 UAE, 두바이, 아부다비, 바레인 등에서 활발한 사업이 이루어지고 있다. 높은 규제 유연성은 단기적으로 기업 및 프로젝트 유치에 유리하지만, 미국과 유럽의 전통 금융기관에 비해 상대적으로 낮은 신뢰성과 지속 가능성에 대한 보완이 필요하다.

아시아 주요 국가를 살펴보면 홍콩은 ETF 발행, 스테이블코인 관련 법안 입법, 라이선스 규제 마련 등을 통해 중국 본토 자금을 흡수할 수 있는 관문을 구축했고, 싱가포르는 결제 및 자금 세탁 방지AML 규칙은 엄격히 적용하되 세제 혜택을 통해 RWA와 토큰화 사업을 중심으로 육성하고 있다. 일본은 보수적인 규제 기조를 유지하면서도 금융상품 재분류, 세제 완화, 웹 3.0 산업 육성 등을 통해 기관 수요 흡수 가능성을 탐색 중이다.

한국 역시 이용자 보호법, 디지털 자산 기본법, 디지털 자산 혁신법 등 다양한 법안이 시행·발의되며 정책 입안이 진행 중이다. 특히 원화 연동 스테이블코인에 대한 실험과 시범 사업을 민간과 은행 컨소시엄이 추진하는 움직임이 나타나고 있다. 은행 예치 기반의 완전 담보형 원화 스테이블코인이 주요 화두로 떠오르고 있으며, 한국은행의 통제권, 은행과 핀테크 간 역할 분담, 자금 세탁 및 해외 자본 유입 통제, 결제 인프라의 법적 안정성 등 다양한 규제 이슈가 병존한다.

글로벌 규제 경쟁에서 진화 중인 비트코인

2008년 비트코인이 세상에 처음 등장했을 때, 각국 정부는 비트코인을 '위험한 투기 자산'으로 취급했다. 하지만 이제는 규제를 통해 비트코인을 '제도권 금융 상품'으로 편입하려 한다. 규제는 더 이상 비트코인을 억압하는 악재가 아니라, 오히려 성장을 돕는 진화의 촉매제가 되고 있다.

은행, 연기금, 거대 자산운용사 같은 전통 금융 기관들은 규제 없이 운영되는 시장에는 절대로 발을 들여놓지 않을 것이다. 비트코인 현물 ETF가 승인되었다는 것은 정부 기관SEC이 '비트코인 상품은 안전하다'는 일종의 보증을 서준 것과 같다. 따라서 규제는 비트코인이 '지하 경제의 화폐'에서 벗어나 '화려한 월스트리트의 정식 자산'으로 진화하는 과정의 필수 코스였다고 판단한다. 규제 명확성은 대규모 자금이 유입될 수 있는 '안전한 다리'를 놓아준 것이기 때문이다.

규제와 통제가 강화되는 시대일수록 비트코인이 본질적으로 가지고 있는 가치인 '검열 저항성'은 더욱 빛을 발한다. 비트코인은 특정 국가나 은행의 서버에 저장되지 않고 전 세계 수많은 컴퓨터에 분산되어 있기 때문에 정부의 통제권 밖에 있다. 어느 한 국가나 기관도 비트코인의 거래를 마음대로 막거나(검열) 동결(압류)할 수 없다.

중국이나 북한처럼 정부의 감시와 통제가 심한 국가에서 비트코인은 개인의 재산권을 지키는 '탈출구'이자 '최후의 보루'가 될 수 있다. 규제가 강화될수록 통제당하지 않는 비트코인의 존재 가치는 정치적·사회적으로 더욱 중요해진다.

가상자산 산업이 글로벌 규제 경쟁으로 이어지고 있기 때문에 한국은 이를 손 놓고 지켜볼 수만은 없다. 블록체인 기술을 활용한 스테이블코인을 도입해 결제 효율성 제고, 해외 송금 비용 절감, 디지털 자산 기반 혁신 금융 활성화를 기회로 삼아 산업적 경쟁력을 높여야 하며, 이를 위해 제도 설계와 한국은행, 정부, 민간 기업 간 협업이 중요하다.

물론 국제은행간통신협회이자 국제 송금 표준 메시지 시스템인 SWIFT, 금융 거래 시 사용되는 메시지 형식인 국제 금융 전문 표준 ISO 20022 등 기존의 표준을 훼손하지 않으면서 효율적으로 공존·발전할 수 있는 방향성이 필요할 것으로 판단된다.

이러한 흐름 속에서 비트코인은 이제 더 이상 대체 자산^{Alternative Asset}이 아니라 제도적 통화 인프라^{Institutional Monetary Infrastructure}로 진화하고 있다. 중앙은행이 금을 보유하듯 정부가 비트코인 전략 준비금을 고려하는 시대가 도래했으며, ETF를 통한 자금 유입으로 가격 안정성과 신뢰도를 높이고 있다.

다만 비트코인의 출시 이유인 '탈중앙화' 측면만을 바라보면 규제 통합, 감시 강화, 탈중앙성 약화라는 역설적인 흐름도 존재한다. 비트코인의 제도화는 '탈중앙과 제도권의 경계가 재정의되는 과정'이며, 혁신·안정·자율의 균형이 향후 시장의 핵심 과제가 될 것으로 판단한다.

결론적으로 비트코인은 이제 단순한 기술을 넘어 국가 간의 경제력과 통제권을 시험하는 단계에 접어들었다. 현재는 비트코인을 '길들여' 제도권 안으로 끌어들이는 과정이며, 이 과정을 통해 비트코인은 더욱 크고 단단한 자산으로 진화할 것이라고 여겨진다.

II

스테이블코인 시대,
돈의 규칙이 바뀐다

1

16조 원을 버는
100명짜리 기업의 등장

전 세계에서 가장 큰 자산운용사인 블랙록BlackRock은 2024년 한 해 64억 달러의 순이익을 벌었다. 그런데 같은 해 스테이블코인 사업을 영위하는 테더Tether, USDT사는 블랙록의 두 배에 달하는 130억 달러의 순이익을 기록했다. 더 놀라운 것은 블랙록은 전 세계에 2만 명이 넘는 직원을 보유하고 있지만, 테더사는 불과 100여 명의 직원으로 경이로운 이익을 기록하고 있다는 점이다.

테더사는 전 세계에서 가장 큰 스테이블코인 기업이다. 기관투자자가 테더사에 달러를 가져가면 테더사는 달러를 받고 USDT라 불리는 달러 연동 스테이블코인을 제공한다. 기관투자자는 USDT를 시장에 유통시키거나 USDT를 활용해 직접 트레이딩에 참여하고, 테더사는 받은 달러로 미국 국채 등을 매수해 이자 수익(준비금 수익)을 얻는다. 이 과정을 통해 테더사가 보유하게 된 미국 국채 규모는 한국이나 독일을 뛰어넘

92

을 정도로 커졌다.

심지어 테더사는 고성장을 이어가고 있다. USDT에 대한 수요가 지속적으로 증가하면서 테더사가 발행하는 USDT의 시가총액은 지난 1년간 약 40퍼센트 증가했다. 이와 함께 테더사가 매수하는 미국 국채의 규모도 지속적으로 늘어나고 있다. 테더사는 블록체인 스타트업을 넘어 전 세계를 대상으로 국가급의 영향력을 행사하고 있는 셈이다.

테더사와 경쟁을 시도하는 다양한 스테이블코인 사업자들도 등장하고 있다. USDC를 제공하는 서클Circle은 테더사 대비 더 투명한 준비금 관리와 미국 기업이라는 점을 강점으로 내세우고 있으며, USDS를 제공하는 스카이 프로토콜Sky Protocol, 전 메이커다오은 중앙화된 기업이 아닌 탈중앙화된 조직이 디지털 자산을 기반으로 달러 스테이블코인을 발행한다는 점을 차별화 요소로 제시하고 있다.

또한 USDe를 발행한 에테나Ethena는 준비금 운용 수익을 발행사가 독점하는 것이 아니라 스테이블코인 보유자에게 분배한다는 점을 내세운다. 트럼프 대통령의 가족 회사로 알려진 WLFI월드 리버티 파이낸셜 역시 USD1이라는 스테이블코인을 발행하며 시장에 뛰어들었다. 파트2에서는 스테이블코인이 무엇인지, 최근에 왜 주목받고 있는지, 현재는 어떻게 사용되고 있고, 미래에는 어떻게 사용될지 더 자세히 살펴보겠다. 더불어 스테이블코인 시장 성장에 따른 투자 전략과 관련 종목에 관해 분석하겠다.

순이익
BlackRock
tether
<
미 국채 보유량
tether
<

테더사 비즈니스 모델

기관투자자
달러
USDT
tether
코인
거래소
크립토
세계(온체인)
현실
세계
달러
국채
미국
중앙은행

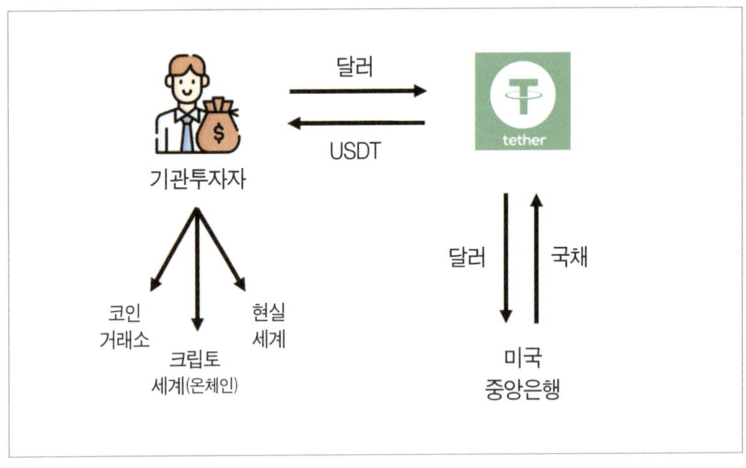

2

스테이블코인 해부:
코인에 안정성이 더해지다

스테이블코인은 명목화폐 또는 기타 실물자산에 가치를 연동하여 가격 안정성을 유지하도록 설계되고, 블록체인 네트워크 위에서 발행되고 거래될 수 있는 토큰화 금융수단이다. 스테이블코인의 '스테이블'은 구조적인 가치 안정성을, '코인'은 블록체인 네트워크를 사용하는 것을 뜻한다.

스테이블코인의 구성

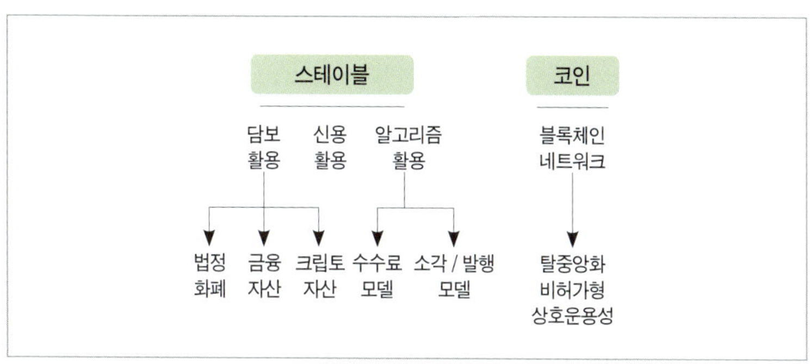

1달러를 1달러로 지키는 구조

여기서 구조적인 가치 안정을 만들기 위해서는 첫째, 담보를 활용할 수 있다. 코인 발행 시 법정화폐, 금융 자산 등 크립토 자산을 담보로 설정해 발행하는 방식이다. 이는 가장 보편적인 방식이며, 주로 달러에 가치를 연동시킨다.

둘째, 신용을 활용할 수 있다. 발행량의 일부만 담보로 설정하고 나머지는 플랫폼의 신용 한도를 활용하는 것이다. 이는 높은 자본 효율성을 가지지만, 플랫폼에 대한 신용 리스크가 상존한다.

셋째, 알고리즘을 활용하는 것이다. 스테이블코인 가격이 기준선보다 높으면 발행량을 늘리거나 이자율을 낮추고, 기준선보다 낮으면 발행량을 줄이거나 이자율을 높이는 등 다양한 알고리즘을 코드로 설계한다.

현재까지 구조적인 가치 안정을 구축하기 위해 다양한 형태의 스테이블코인이 시도되었지만, 시장에서 신뢰를 받은 스테이블코인은 담보를 통해 가치 안정을 제공한 유형이었다. 크립토 시장은 가격 변동성이 높고 자금 유출입 속도가 빠르므로, 확실한 담보를 제공하지 않은 코인은 사용자의 신뢰를 얻기 어려웠기 때문이다.

블록체인 위에서 움직이는 돈

이 외에도 스테이블코인은 블록체인 네트워크를 필수적으로 사용해야 한다. 이를 위해 스테이블코인 관련 데이터는 정부나 은행과 같은 중앙화된 기관이 관리하는 서버가 아니라, 수많은 검증인이 탈중앙화된 방식으로 운영하는 블록체인 네트워크에 기록되어야 한다. 자산의 이동, 소유, 기록 등 신뢰의 주체가 중앙 기관에서 네트워크로 이동한다는 뜻이다.

중앙은행이 발행하는 CBDC_{Central Bank Digital Currency}는 구조적인 가치 안정성을 제공하지만, 중앙은행이나 국가가 통제하는 네트워크를 사용하고 신뢰의 주체가 중앙 기관이라는 점에서 스테이블코인으로 보기는 어렵다. 참고로 미국 정부는 지니어스 법안을 통해 스테이블코인을 '지급 또는 결제 목적으로 설계되고, 미국 달러에 대해 안정적인 가치를 유지하며, 1:1로 달러로 상환 가능한 디지털 자산'으로 정의하고 있다. 이는 미국 표준의 스테이블코인을 의미한다. 따라서 현재 규제 체계하에서는 한국 기업이 발행하는 원화 스테이블코인은 미국 내에서 스테이블코인으로 인정되지 않는다.

스테이블코인 합산 시가총액은 전년 대비 70퍼센트 증가했다. 스테이블코인 합산 시가총액은 2022년 초부터 크립토 시장 침체, 테라·루나 사태에 따른 알고리즘 스테이블코인의 퇴출, 실리콘밸리은행 파산으로 인한 USDC 디페깅 등 다양한 이슈로 부진했지만, 2023년 하반기부터는 지속적인 성장세를 보이고 있다.

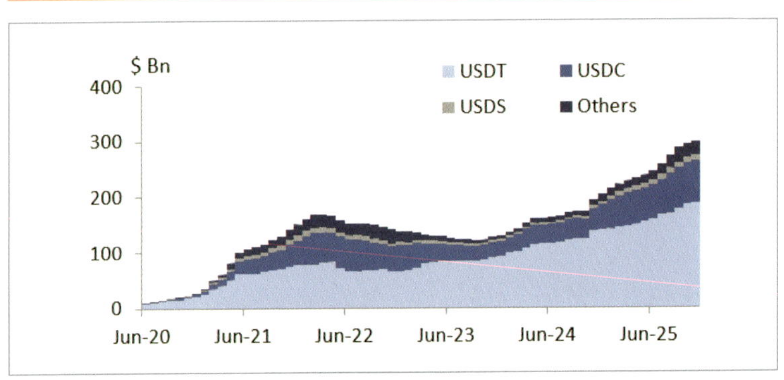

2026년 1월 기준, 스테이블코인 시장은 USDT(점유율 63퍼센트)와 USDC(점유율 25퍼센트)가 지배하는 가운데, 이자를 지급하는 USDe(점유율 2퍼센트)와 트럼프 가족 회사가 밀어주는 USD1(점유율 1퍼센트)이 빠르게 성장하고 있다.

USDT의 시장 지배력이 10년째 지속되고 있지만, 다양한 콘셉트의 신생 스테이블코인이 등장해 빠르게 성장하면서 USDT의 시장 점유율은 2017년 100퍼센트에서 2025년 63퍼센트로 하락했다. 다만 크립토 시장의 변동성이 높아지거나 약세장이 시작돼 중소 스테이블코인이 신뢰를 잃는다면, USDT의 점유율은 다시 높아질 수 있다. USDT는 지난

10년간 각종 위기와 논란을 이겨내며 신뢰를 축적해 왔고, 경쟁 스테이블코인 대비 상대적으로 탈중앙화되어 있으며 가장 보편화된 코인이기 때문에 가치 저장 수단으로 사용될 가능성이 높다.

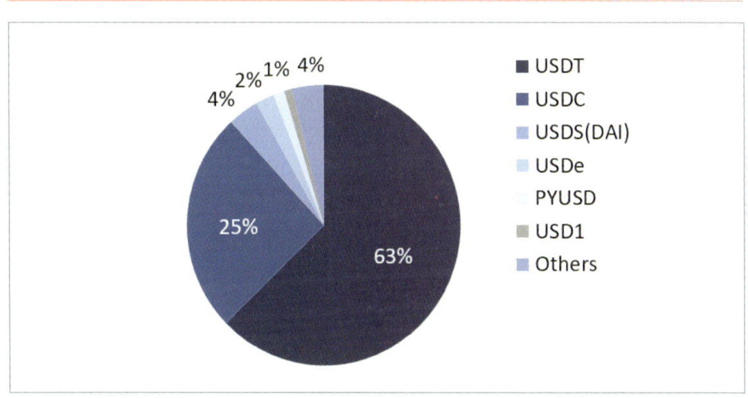

스테이블코인 점유율

주요 스테이블코인

스테이블코인	발행량(시가총액, 단위: 달러)	특징
USDT	1,880억	테더사가 발행한 글로벌 1위 스테이블코인
USDC	760억	서클사가 발행한 규제 준수 중심 스테이블코인
USDe	66억	수익형 스테이블코인
PYUSD	39억	페이팔PayPal + 팍소스Paxos가 발행하는 스테이블코인
USD1	27억	트럼프 계열사 WLFI가 발행한 스테이블코인

블록체인 네트워크 기준으로 가장 많은 스테이블코인이 발행된 네트워크는 이더리움ETH과 트론TRON이다. 전체 스테이블코인의 80퍼센트 이상이 이더리움과 트론 네트워크에서 발행되어 있다. 하지만 스테이블코인 송금의 절반 이상은 솔라나와 BNB 네트워크에서 이루어지고 있으며, 이더리움과 트론의 점유율은 10퍼센트에 불과하다.

이더리움은 네트워크의 역사가 길고 탈중앙화 수준이 높아 신뢰도가 높기 때문에 스테이블코인을 통한 가치 저장 용도로는 활용되지만, 네트워크의 높은 가스비와 느린 처리 속도로 인해 실사용 빈도는 낮다. 반면 솔라나와 BNB 네트워크는 빠른 처리 속도와 저렴한 가스비 덕분에 스테이블코인 발행량은 상대적으로 적지만 높은 사용성을 보인다. 솔라나는 주로 북미 지역 이용자가 많고, BNB는 아시아 지역에서 많이 사용되고 있다. 따라서 향후 스테이블코인의 사용처가 확대되고 현실 세계

네트워크별 스테이블코인 발행량 추이

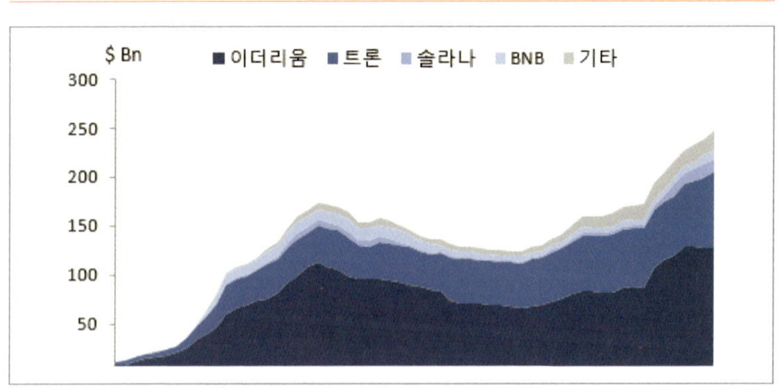

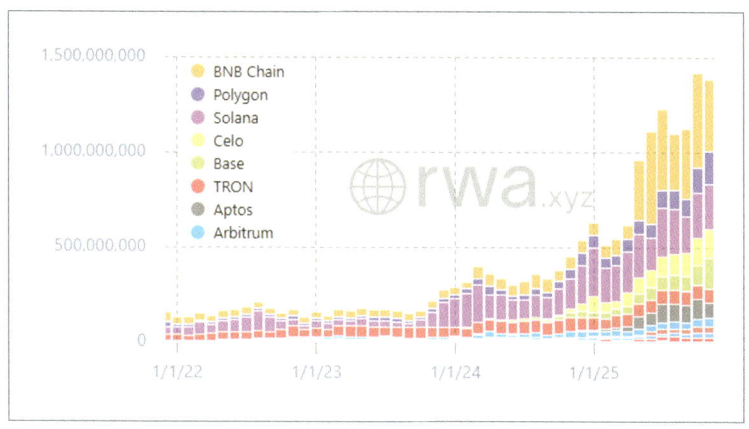

와의 연계가 강화된다면, 수혜를 받는 네트워크는 솔라나와 BNB가 될 가능성이 있다.

스테이블코인 대중화의 문턱

전 세계 크립토 이용자 수는 5~6억 명으로 추산된다. 전 세계 인구 80억 명 가운데 6~8퍼센트가 블록체인을 사용하거나 코인에 투자한다는 의미다. 이 중 스테이블코인을 월 1회 이상 사용하는 이용자는 약 3,000만 명으로 추정된다. 크립토 이용자 수 대비 스테이블코인 이용자가 적은 이유는 세 가지가 있다.

첫째, 대부분의 이용자가 코인 투자 수익을 목적으로 업비트, 바이낸스 등 중앙화된 거래소만 이용하고 있기 때문이다. 둘째, 블록체인 지갑을 이용하기 위해서는 해당 지갑이 사용하는 블록체인 네트워크의 가스비(수수료)가 필요한데, 이 가스비를 스테이블코인이 아닌 네트워크 토큰으로 지불해야 한다. 셋째, 스테이블코인이 현금이나 신용카드에 비해 제한적인 사용처만을 보유하고 있다.

하지만 이러한 불편함은 빠르게 개선되는 중이다. 중앙화 거래소보다 더 많은 혜택을 제공하는 탈중앙화 거래소 이용자가 증가하고 있으며, 플라즈마Plasma 등 스테이블코인 전용 블록체인 네트워크가 출시되고 있어 단순 송금에는 가스비가 없거나 USDT를 가스비로 낼 수 있게 될 예정이다. 더불어 다수의 스테이블코인 기반 신용카드와 QR 결제 서비스가 출시되면서 사용처도 확대되고 있다.

따라서 스테이블코인 이용자는 빠르게 증가할 것이며, 이러한 이용자를 대상으로 스테이블코인 서비스를 제공하는 기업과 웹3Web3 프로젝트는 폭발적인 성장을 이룰 것으로 보인다.

3

달러 패권의 새로운 패러다임: 스테이블코인에 베팅하는 트럼프

도널드 트럼프와 스테이블코인

스테이블코인의 등장은 벌써 10년이 넘었지만, 최근 들어 급격히 주목받고 있다. 그 이유는 미국의 '도널드 트럼프 대통령' 때문이다. 지금까지 대부분의 국가는 크립토와 스테이블코인을 배척해 왔다. 각종 규제를 통해 크립토가 실물 경제로 침투하지 못하도록 막고, 블록체인 기술을 투기나 자금 세탁과 연결 지으며 대중에게 부정적인 인식을 심어 왔다. 이로 인해 스테이블코인 시장이 성장했음에도 불구하고 대중은 이를 체감하지 못했던 것이다.

하지만 트럼프 대통령이 당선된 이후 크립토에 대한 정책 기조를 완전히 전환하고, 스테이블코인 법안을 빠르게 통과시키며 미국 주도의 스테이블코인 산업을 구축하고 있다. 트럼프 대통령의 스테이블코인 지원은 단순히 표를 얻기 위함이나 미국 국채의 수요처를 늘리기 위함만은 아니다. 오히려 달러 패권에 대한 새로운 패러다임을 제시하고 있다는 점에 더 주목해야 한다.

미국 재무부 자문위원회는 스테이블코인 시장이 향후 3년간 2조 달러 규모로 성장해 현재보다 8.3배 확대될 것이라고 밝혔다. 3년간 8.3배 성장하기 위해서는 매년 두 배 이상 성장해야 한다. 현재 성장률이 70퍼센트 수준임을 감안하면, 앞으로 성장 속도는 지금보다 더 가팔라질 것이라는 의미다.

스콧 베센트Scott Bessent 재무장관은 "스테이블코인을 통해 미국 달러 사용을 전 세계로 확대할 것이다"이라며, "달러의 기축통화 지위에 대한 의문은 역사적으로 반복돼 왔지만, 새로운 흐름이 등장할 때마다 항상

미국 재무부의 스테이블코인 시장 전망

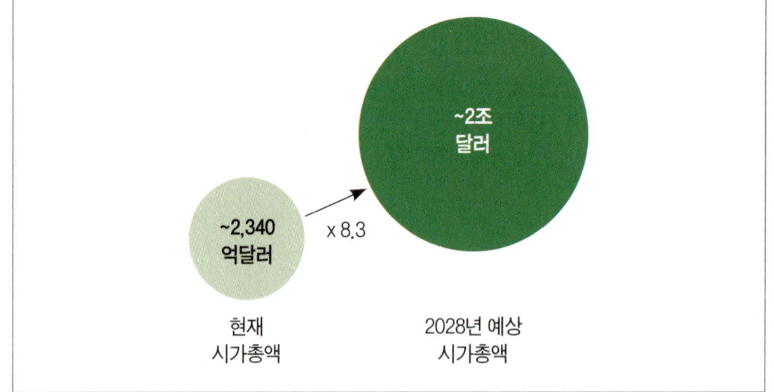

달러의 위상은 강화돼 왔고, 트럼프 행정부 역시 달러의 기축통화 지위를 강화하는 데 전념하고 있다"고 덧붙였다.

현재 달러는 기축통화 입지를 위협받고 있다. 달러를 대체할 수 있는 통화가 당장 등장하는 것은 아니지만, 미국에 대한 신뢰가 낮아지고 자국 우선주의가 확산되면서 달러를 자국 통화로 대체하려는 움직임이 나타나고 있기 때문이다. 실제로 전 세계 중앙은행은 외환 보유고 내 달러 비중을 꾸준히 줄이고 있으며, 그 자리를 금으로 대체하고 있다. 특히 2022년 우크라이나 전쟁 이후 중앙은행들은 금 매입량을 두 배가량 늘리며 금 가격 상승을 이끌고 있는 상황이다.

달러는 오랫동안 국제 무역의 결제 통화로 사용돼 왔고, 각국은 달러 결제 인프라로 스위프트SWIFT망을 표준으로 활용해 왔다. 스위프트망의 본사는 벨기에에 위치해 있지만, 사실상 미국의 규제 영향 아래 운영돼 왔다. 그러던 중 우크라이나 전쟁을 계기로 러시아가 스위프트망에서 배제되었고, 이를 지켜본 각국은 달러 기반 무역과 스위프트망에 대해 의구심을 품게 되었다.

미국과 분쟁이 발생한다면 언제든 스위프트망에서 배제돼 국제 결제망에서 고립될 수 있으며, 보유하고 있던 달러 자산이 동결될 가능성도 존재하기 때문이다. 이러한 이유로 각국은 달러 대신 금을 축적하기 시작했고, 중국과 러시아 등 일부 국가는 자체적인 국제 결제망을 구축하고 있다.

전 세계 중앙은행들의 달러 보유 비중

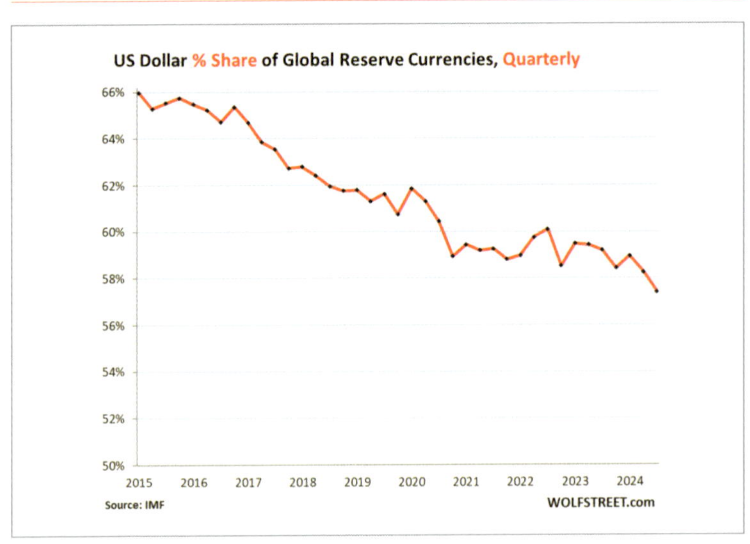

출처: https://www.emeafinance.com/live/actual/news/3239-how-will-the-swift-sanctions-affect-russia

패트로 달러에서 디지털 달러로

미국은 시대적 흐름에 따라 달러 패권 전략을 강화해 왔다. 미국의 전략은 역사적으로 '경제적-군사적 결합의 축'을 기반으로 한다. 이 양대 축을 통해 달러의 기축통화 지위를 유지해 온 것이다.

[1944~1971년, 금-해군력의 시대]

제2차 세계대전으로 전 세계가 혼란스러웠던 시기에 각국 정부와 부유층은 금을 안전하게 보관하기 위해 미국으로 보내고 있었다. 미국은 전 세계 금의 약 60퍼센트를 흡수하며 금융의 중심지로 부상했다. 이 시기 미국은 브레튼우즈 협정을 체결해 '금 1온스를 35달러'로 고정하고, 모든 통화를 달러에, 모든 달러를 금에 연결하는 새로운 국제 질서를 확립했다.

또한 항공모함으로 지지되는 강력한 해군력을 바탕으로 해상 교통로를 지배하며 글로벌 해상 무역의 안전망을 제공했다. 이를 종합하면 달러는 금으로 환산 가능한 신용을 주었고, 해군력은 그 신용을 전 세계로 확산시키는 실물 무역망을 공급한 것이다. 그 결과 달러의 기축통화 시대가 개막됐다.

[1971~2024년, 석유-공군력의 시대]

미국은 베트남전으로 인한 대규모 재정 적자로 달러 가치에 대한 의구심이 커지며 심각한 금 유출을 겪고 있었다. 이에 리처드 닉슨^{Richard Nixon} 대통령은 달러와 금의 연결을 해제했다. 달러 가치가 하락하면서 달러를 금으로 교환하려는 수요를 감당할 수 없었기 때문이다. 달러의 담보 자산이던 금이 한순간에 사라진 것이다.

미국은 달러의 신용을 확보하기 위해 '금'을 대체할 자산을 찾아야 했고, 그 대안으로 '석유'를 선택했다. 1974년 미국과 사우디아라비아는 '모든 석유 거래를 달러로만 결제한다'는 협약을 체결했다. 미국은 사우디와 걸프 국가들에 공군력을 통한 군사적 보호와 인공위성 및 첩보력을 활용한 정권 보호를 제공했다.

당시 석유는 전 세계 2차 산업을 지탱하는 핵심 자원이었으며, 미국은 2차 산업을 석유에, 석유를 달러에 연결하는 새로운 국제 질서를 제시했다. 나아가 석유 수출로 대규모 달러를 축적한 사우디아라비아와 걸프 국가들이 해당 달러를 미국 국채에 재투자하도록 유도하는 금융 순환 구조도 구축했다.

[2024년 이후, 디지털-기술 패권의 시대]

2020년 코로나19 팬데믹으로 전 세계의 공장과 무역이 멈췄다. 이에 석유 가격은 폭락했고, 미국은 내수시장을 부양하기 위해 천문학적인 규모의 달러를 공급했다. 시장에는 과도한 달러가 갈 곳을 찾지 못한 채 쌓였고, 세계는 빠르게 디지털화되었다. 실제로 2020년 3월 두 차례의 긴급 금리 인하로 미국의 기준금리는 0.00~0.25퍼센트로 낮아졌고, 무제한 양적 완화가 시행됐다.

같은 해 4월 마이크로소프트 실적 발표에서 사티아 나델라^{Satya Nadella} CEO는 "팬데믹 두 달 동안 2년 치 디지털 전환이 이뤄졌다"고 언급했다. 이후 디지털과 관련된 테크 기업 전반의 주가가 급등했고, 2022년 11월 오픈AI의 챗GPT가 등장하며 AI 혁신이 본격화됐다.

현재의 세계는 더 이상 '석유'로 운영되는 공장이나 '무역'으로 움직이는 실물 경제가 아니다. 디지털화된 사회에서는 AI를 기반으로 한 기술

패권이 핵심이 되고 있다. 스테이블코인은 디지털화된 달러다. 서비스 공급자는 디지털 플랫폼에 달러 스테이블코인 결제 수단을 연동해 누구나 손쉽게 결제하도록 만들 수 있고, 서비스 이용자는 달러 스테이블코인을 통해 다양한 디지털 플랫폼에 접근할 수 있다. 나아가 AI 에이전트 간 거래, AI 학습용 데이터 제공 등 다양한 디지털 활동이 달러 스테이블코인을 기반으로 중개될 가능성이 크다.

미국은 달러 패권을 유지하기 위해 자국 기술을 기반으로 구축된 디지털 공간의 결제 수단으로 달러 스테이블코인을 채택하도록 압박할 수 있다. 더불어 달러 스테이블코인을 미국 단기 국채와 연동해, 이를 축적한 디지털 사업자가 달러를 디지털 공간에서 지속적으로 보유하면서 미국 국채에 재투자하도록 유도하는 금융 순환 사이클을 구축할 수 있다.

연도	실물 기반	군사 기반	기축 통화 구조
1944~1971	금	해군력	브레튼우드 시스템
1974~2024	석유	공군력	패트로달러 시스템
2024~ 현재	디지털	기술패권	디지털달러 시스템

엔비디아, 마이크로소프트, 구글, 아마존, 메타, 오라클 등 미국의 기술 기업들이 전 세계의 디지털 공간을 장악하고 있다. 적대국에 대해서

는 엔비디아 GPU 수출도 통제하고, 틱톡과 같은 디지털플랫폼도 미국 기업에 매각하도록 강제하는 상황에서, 달러 스테이블코인 사용을 금지할 수 있는 국가가 얼마나 있을지 의문이다. 미국은 통화 패권 전략을 업그레이드하는 큰 전환기에 있으며, 그 중심에는 스테이블코인이 있다. 우리가 조금 더 넓은 시야를 가지고 미래를 전망하며 전략적으로 대응한다면, 혼란의 시대에 오히려 큰 기회를 잡을 수 있을 것이다.

스테이블코인의 다섯 가지 얼굴: 투자부터 송금까지

그렇다면 스테이블코인은 현재 어떻게 사용되고 있을까? 주요 리서치 기관의 연구 자료와 주요 디파이 플랫폼의 스테이블코인 예치금을 조사하여 스테이블코인의 사용처를 크게 '트레이딩, 가치저장, 결제,

전 세계 중앙은행들의 달러 보유 비중

분류	비중(퍼센트)	기능	대표 프로젝트(티커)
트레이딩	60	해군력	바이낸스(BNB), 업비트, 코인베이스(COIN), 하이퍼리퀴드(HYPE)
가치저장	30	인플레 회피, 달러 저축 등	USDT, USDC, 서클(CRCL), 이더리움(ETH)
페이먼트(결제)	3	상품 구매, 해외 결제 등	USDT, USDC, PYUSD, 페이팔(PYPL), 솔라나(SOL), BNB(BNB)
RWA	3	국채 · MMF 투자 등	USDC, 서클, 이더리움, 아발란체(AVAX)
송금	1.5	해외 송금 등	USDT, USDC, 트론(TRX), 플라즈마(XPL)
기타	2.5	수수료, 오프램핑 등	

출처: ARK Point, IMF, BCG, Glassnode, Chainalysis, DefiLlama

RWA, 송금'으로 분류했다. 이 사용처들에 관해 하나씩 자세히 분석해 보겠다.

트레이딩: 블록체인 세상의 기축통화

스테이블코인이 가장 많이 사용되는 곳은 트레이딩이다. 비트코인, 이더리움 등 메이저 코인의 가격이 장기 우상향하고 있고, 주식보다 높은 변동성을 지니고 있어 코인에 투자해 자본 차익을 얻고자 하는 투자자들이 많기 때문이다.

코인을 거래할 수 있는 거래소에서도 스테이블코인을 적극 활용한다. 업비트나 빗썸과 같은 국내 거래소는 법정화폐KRW를 기준 통화로 한 거래 쌍을 제공하고 있지만, 국내 거래소보다 더 많은 거래량을 보유한 글로벌 거래소와 스마트 컨트랙트로 운영되는 탈중앙화 거래소는 USDT, USDC와 같은 스테이블코인을 기준 통화로 한 거래 쌍을 사용하고 있다.

글로벌 거래소들이 법정화폐 대신 스테이블코인을 사용하는 가장 큰 이유는 규제 회피, 효율성 확보, 유동성 통합이다. 크립토 거래소는 전 세계 유저를 대상으로 서비스를 제공한다. 따라서 각국의 법정화폐를 수취하기 위해서는 각종 라이선스를 취득하고 복잡한 규제를 충족해야

출처: 업비트 캡처

전 세계 중앙은행들의 달러 보유 비중

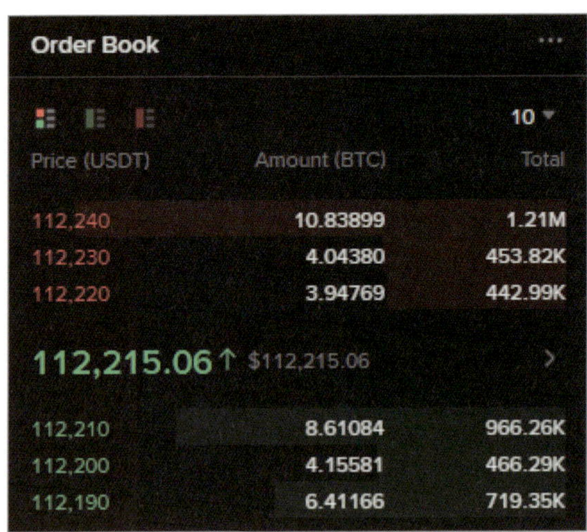

출처: 바이낸스 캡처

한다. 하지만 크립토 거래소는 은행 계좌를 개설하는 것조차 쉽지 않은 것이 현실이다. 많은 국가에서 크립토 관련 규제가 완비되지 않았기 때문이다. 이에 크립토 거래소들은 법정화폐 대신 이를 대체할 수 있는 스테이블코인을 수취해 서비스를 제공하고 있다.

운영 효율성을 확보하고자 하는 이유도 있다. 블록체인 네트워크는 멈추지 않고 24시간 작동된다. 이는 '24시간 내내 거래가 가능하다는 의미'이기도 하다. 실시간 정산이 가능하기 때문에 별도의 정산 시간도 없고, 주말이나 휴일도 없다. 여기에 법정화폐를 적용하는 것은 쉽지 않다. 각 은행은 밤 12시 전후로 정산 시간이 있어 송금이 불가능하다. 또한 국외 거래소로 자금을 송금하는 경우에도 수일의 처리 기간이 필요하다.

스테이블코인은 블록체인의 시간을 따르기 때문에 24시간 쉬지 않고 모든 거래를 즉각적으로 처리하지만, 법정화폐는 은행의 시간을 따르기 때문에 멈추는 시간이 존재하고 복잡한 거래를 처리하는 데 상당한 시간이 소요된다는 뜻이다.

마지막으로 가장 중요한 이유는 유동성 통합이다. 거래소가 유저들에게 원활한 거래 환경을 제공하기 위해서는 충분한 유동성이 있어야 한다. 큰 규모의 코인을 쉽게 사고팔 수 있는 환경을 만들어야 한다는 것이다. 이를 위해서는 전 세계 유저들의 매매를 하나의 오더북으로 통합할 필요가 있었다. 유저가 한국인이든, 중국인이든, 미국인이든 동일한 화폐로 거래하도록 만드는 것이다. 결국 세계적으로 가장 큰 유동성을 보유하고 있고 안정적인 가치를 유지하고 있는 달러가 채택되었고, 글로벌 거래소들은 달러 스테이블코인을 기반으로 코인 거래를 제공하게 된 것이다.

가치 저장: 블록체인에 보관하는 디지털 달러

"우리는 신흥국 국민들이 자국 정부로부터 자신의 자산을 안전하게 지킬 수 있는 대안을 만들어 주고 있다"라고 파올로 아르도이노^{Paolo Ardoino} 테더사 CEO는 말했다.

모든 정부는 2퍼센트 내외의 인플레이션을 원한다. 물가가 조금씩 오르면 경기가 활성화되기 때문이다. 물가가 완만하게 상승하면 사람들은 '지금 사야 유리하다'는 인식을 갖게 되어 소비가 활성화되고, 돈의 가치가 점진적으로 하락하면 기업은 차입을 통해 투자를 늘리게 된다. 하지만 특별한 위기가 찾아오거나 정치적인 목적으로 시중에 과도한 유동성이 풀리는 일도 있다.

지난 10년간 미국, 유럽, 한국의 인플레이션율을 살펴보면 0~2퍼센트 내외로 안정적인 모습을 보였다. 그러나 코로나19 이후 각국 정부가 대규모 유동성 공급 정책을 펼치면서 인플레이션율은 3~8퍼센트 수준까지 상승했다. 대부분 2022년에 고점을 찍고 안정화되고 있으나, 한 번 커진 재정 지출과 소비 성향을 쉽게 줄이기는 어려울 수 있다.

신흥국의 인플레이션은 선진국과 비교할 수 없을 정도로 심각하다. 남미는 만성적인 재정 적자와 통화 신뢰 붕괴로, 아프리카는 지나치게 높은 수입 의존도로, 동유럽은 전쟁으로 인해 만성적인 인플레이션에 시달리고 있다. 터키, 베네수엘라, 아르헨티나와 같이 물가가 두 배 이상 오르는 하이퍼인플레이션을 겪고 있는 국가도 존재한다. 이러한 상황에서 신흥국의 국민들은 달러 스테이블코인을 통해 자산 가치를 지키고 있다. 실물 달러는 구하기 어렵고 접근성이 떨어지며, 인출해 보관한다면 분실이나 도난의 우려가 있지만, 달러 스테이블코인은 스마트폰만

국가별 화폐 변동성에 따른 장기 GDP 손실

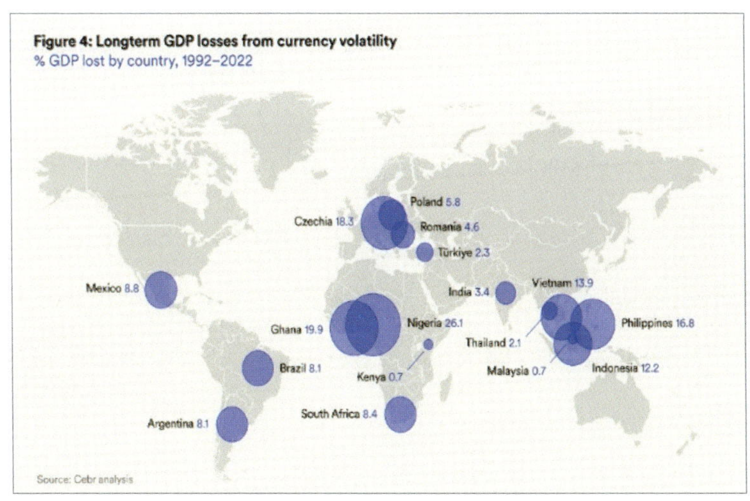

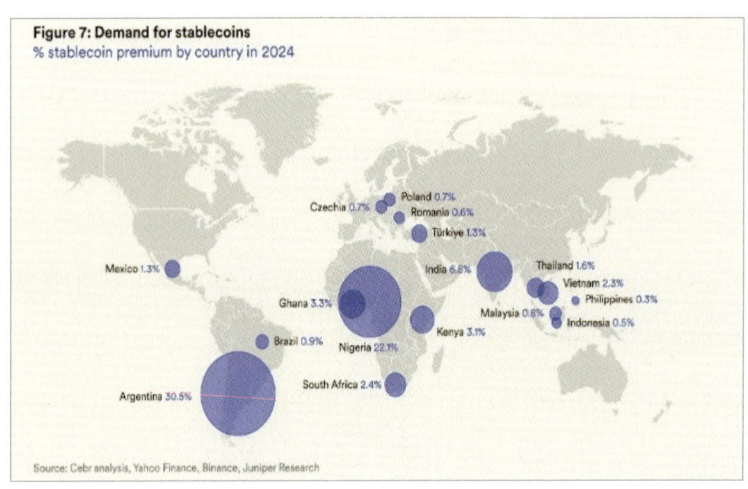

으로도 손쉽게 관리할 수 있고 정부의 통제에서 벗어나 직접 자산을 보관할 수 있다는 장점이 있기 때문이다. 실제로 인플레이션으로 인해 화폐 가치가 급락하는 국가들에서는 달러 스테이블코인을 웃돈을 주고 구매하는 현상도 생긴다.

정부 기관에 대한 신뢰도가 낮은 국가에서도 스테이블코인이 사용되고 있다. 금융 기관은 정부의 규제를 받으므로 일부 국가에서는 정부가 개인이 은행에 보관하고 있던 자산을 몰수하는 일이 발생하기 때문이다. 블록체인 지갑을 통해 자산을 보관한다면, 네트워크를 해킹하지 않는 한 자산을 몰수할 방법이 없다.

전쟁 중인 국가나 치안이 불안한 국가에서도 스테이블코인이 사용되고 있다. 전쟁 상대국이 은행이나 금융망을 해킹할 위험이 있고, 실물 금이나 달러를 보관하는 데 따르는 리스크가 크기 때문이다. 우크라이나는 전쟁 자금을 모집하기 위해 전 세계를 대상으로 비트코인, 이더리움, USDT 모금 캠페인을 진행한 이력도 있다. 과거 우크라이나가 비트코인과 같은 디지털 자산을 결제 수단으로 활용해서는 안 된다는 입장을 밝혔음에도 불구하고, 전쟁으로 국가가 위기에 빠지자 전 세계를 대상으로 모금을 진행할 수 있는 사실상 유일한 방법인 블록체인 지갑과 디지털 자산을 채택한 것이다.

이 외에도 온라인 뱅킹이 낙후된 국가에서도 스테이블코인이 사용된

우크라이나 정부 트위터: 코인 모금 캠페인

다. 은행이 없어도 스마트폰만 있다면 스테이블코인을 송금하고 보관할 수 있기 때문이다. 세계은행은 전 세계 성인 인구 17억 명이 은행 계좌를 보유하지 않고 있다고 발표했다. 이는 성인 인구의 24퍼센트에 해당하는 높은 수치다.

대표적으로 나이지리아의 은행 계좌 보유율은 50퍼센트 미만이다. 이에 텔레그램이나 바이낸스 거래소, 블록체인 지갑을 통해 USDT를 주고받으며 경제 활동을 수행하는 것이 일상화되어 있다. 필리핀에서는 도심 지역에서 벗어난 농촌 지역에 거주하는 사람들은 은행 계좌가 없어 온라인 뱅킹 서비스를 이용하지 못하고 있으며, 이에 스테이블코인을 활용해 경제 활동을 수행하고 자산을 저축하고 있다.

페이먼트(결제): 현실 세계로의 연결고리

스테이블코인 사용처 중 페이먼트는 비중이 3퍼센트에 불과하지만, 우리의 실생활과 맞닿아 있고 가장 잘 체감되는 분야다. 과거에는 스테이블코인을 사용해 구매할 수 있는 물건이 NFT와 같은 소수의 디지털 상품에 국한됐으나, 현재는 사용처가 크게 확대됐다.

스테이블코인 결제를 지원하는 온라인 플랫폼이 늘어나고 있으며, 일부 호텔은 스테이블코인으로 보증금을 납부하거나 객실, 식사 등의 결제가 가능하다. 심지어 지난 1년간 비자와 마스터카드는 스테이블코인 기반 신용카드를 100개 이상 출시했다. 삼성은 삼성넥스트VC를 통해 미국의 스테이블코인 카드 핀테크 업체에 투자를 집행하기도 했다.

스테이블코인은 페이먼트 시장에 큰 혁신을 일으킬 수 있다. 전통적인 페이먼트 대비 수수료가 낮고(1~3퍼센트⇒1퍼센트), 정산 속도가 빠르며(1~6일⇒수초), 연중무휴 24시간 거래가 가능하고, 접근성(간편한 가입)이 뛰어나며, 스마트 컨트랙트 기반의 프로그래밍이 가능하기 때문이다. 아래의 이미지를 통해 전통적인 국제 결제 과정과 스테이블코인을 활용한 결제 프로세스를 비교해 보자.

전통적인 국제 결제 방식

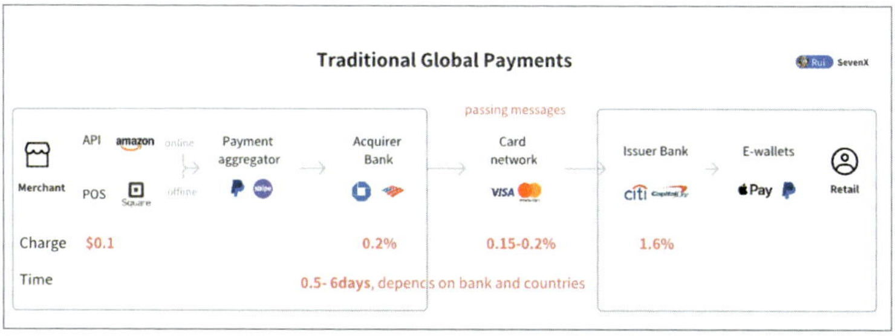

출처: SevenX medium

전통적인 국제 결제 시스템은 여러 금융 기관과 네트워크가 중첩된 다층 구조를 가지고 있다. 소비자가 상품을 구매하면 결제 요청이 온라인 결제 게이트웨이(페이팔 등)나 POS 단말기(스퀘어 등)를 통해 가맹점은행으로 전달된다. 가맹점 은행은 이를 카드 네트워크(비자, 마스터카드 등)로 전송해 승인을 요청하며, 발급 은행(씨티은행 등)이 고객의 계좌에서 자금을 인출한다.

이렇게 결제 정보가 여러 기관을 거치는 동안 국가와 은행 간 정산 절차에 따라 결제 완료까지 1~6일이 소요되고, 각 단계마다 수수료가 발생한다. 합산 수수료는 2~3퍼센트에 달한다. 가맹점은 거래당 고정 수수료(예: 0.1달러)와 0.2퍼센트의 결제 대행 수수료를 부담하고, 카드 네트워크는 0.15~0.2퍼센트, 발급 은행은 1.6퍼센트의 수수료를 가져간다. 특히 외화 결제는 환전 수수료가 추가되며, 소액 결제나 신흥국 상점은 일부 카드 결제를 수용하지 못하는 일도 있다.

이처럼 전통적 결제 시스템은 안전성과 신용 인프라를 기반으로 발전해 왔지만, 지나치게 복잡한 구조와 높은 수수료, 느린 정산 속도가 구조적 한계로 지적된다. 각 기관이 자신들의 시스템을 유지하는 동안 자

스테이블코인 결제 방식

출처: SevenX medium

금은 실제로 며칠간 움직이지 못한 채 '디지털 장부' 속에서만 이동한다. 이는 국경을 초월한 결제 환경에서 비효율성을 낳았고, 블록체인 네트워크와 같은 새로운 대안 결제 인프라의 필요성을 부각시키고 있다.

스테이블코인 결제는 일부 중개 기관이 제거된 직접 정산형 결제 구조다. 소비자가 상품을 구매하면 결제 요청은 가맹점의 API나 POS 기기를 통해 블록체인 지갑과 연결되고, 지갑은 이를 블록체인 네트워크에 전송한다. 구매자가 거래를 승인하면 결제 금액이 스테이블코인(USDC, PYUSD 등)의 형태로 즉시 이체되는 방식이다. 가맹점은 결제된 스테이블코인을 자신의 지갑으로 수령하며, 별도의 카드 네트워크나 은행 승인 절차가 필요하지 않다. 이 과정이 블록체인 네트워크에서 검증되기 때문에 승인과 정산이 동시에 이루어진다.

이 구조의 가장 큰 장점은 비용과 속도다. 거래당 수수료는 블록체인 네트워크의 가스비로 대체되며, 보통 0.01~0.2퍼센트 수준으로 카드 결제 대비 10분의 1 이하다. 또한 블록체인의 특성상 결제는 실시간으로 처리되며, 네트워크에 따라 수초 내 정산이 완료된다. 별도의 은행 영업 시간이나 국가 간 송금 규제가 적용되지 않으므로, 전 세계 어디서나 동일한 속도와 비용으로 결제가 가능하다.

이러한 효율성 덕분에 스테이블코인 결제는 단순한 암호화폐 송금을 넘어 국경 없는 디지털 결제 인프라로 진화하는 중이다. 가맹점은 스테이블코인을 직접 보유하거나 거래소를 통해 현금화할 수 있다. 스테이블코인 결제는 기존 결제망의 복잡한 승인·정산 구조를 하나의 블록체인 트랜잭션으로 대체한 금융의 혁신이라고 할 수 있다.

참고로 한국의 결제 구조는 국외의 것과는 다소 다르다. 한국은 카드사가 카드 발급, 승인, 정산 기능을 모두 수행하는 통합형 구조를 가지고 있다. 하지만 국외는 결제 네트워크를 운영하는 역할의 카드 네트워크와 카드를 발급하거나 가맹점을 모집하는 역할의 은행이 분리되어 있지만, 한국은 카드사가 카드를 직접 발급하고 카드사를 중심으로 가맹점과 정산이 진행된다. 따라서 이 과정에서 발생하는 대부분의 수수료도 카드사가 수취한다. 예를 들어 소비자가 온라인 플랫폼에서 100만 원짜리 물건을 구매한다고 가정해 보자. 플랫폼은 약 1퍼센트의 수수료를, 결제창을 띄워 주는 PG사는 약 0.3퍼센트의 수수료를, 카드사는 최대 약 2퍼센트의 수수료를 수취한다.

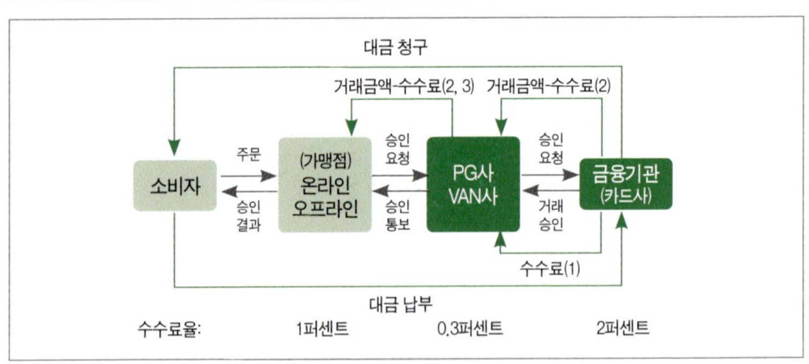

한국의 법정화폐 결제 방식

출처: 아크포인트, 하이투자증권

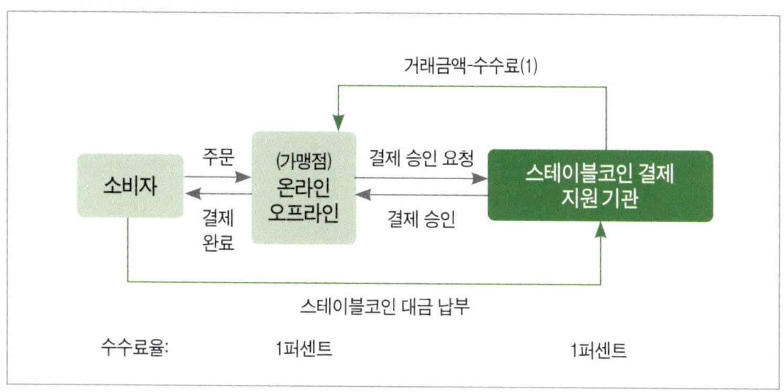

출처: 아크포인트, 하이투자증권

이 과정이 스테이블코인 결제로 대체된다면 수수료가 크게 절감될 수 있다. 기존 PG사와 카드사의 역할을 스테이블코인 결제 지원 업체가 수행할 수 있기 때문이다. 대금 청구, 거래 승인 요청, 결제 승인, 정산 등의 과정이 단순해지면서 중간에서 발생하던 수수료를 낮출 수 있게 된다. 그리고 스테이블코인 결제 지원 업체는 새로운 결제 패러다임을 제시하며 결제 산업 내에서 새로운 주도권을 쥘 가능성이 있다.

현재 한국의 PG사들은 이 역할을 담당하기 위해 블록체인 지갑 회사를 인수하거나 크립토 거래소와 협력하는 등 다양한 전략을 취하고 있다. 이 시도가 성공한다면 PG사들은 거래액 대비 수수료율을 기존 0.3퍼센트에서 최대 1퍼센트까지 높일 수 있을 것으로 예상된다.

한국의 간편결제사와 페이먼트사도 스테이블코인 주도권 확보를 위해 노력 중이다. 고객들은 대부분의 자산을 은행에 보관한 채, 꼭 필요한 만큼이나 소액만 간편결제사나 페이먼트사에 이체해 사용해 왔다. 그러나 스테이블코인이 활성화되고 간편결제사와 페이먼트사가 블록체인 지갑 서비스를 제공한다면, 고객들은 상당량의 자산을 블록체인 지갑으로 관리할 가능성이 있다. 이 때 단순 결제를 담당하던 간편결제사와 페이먼트사는 고객의 계좌까지 담당하는 것으로 밸류체인을 확장하고, 이를 유보 자금 운용, 데이터 기반 신용 평가, 대출, 보험 등 다양한 신사업과 접목시킬 수 있을 것이다.

사실 한국은 이미 스테이블코인과 유사한 일종의 '프로그래머블 머니'를 매년 만들고 있다. 바로 지역 화폐와 소비 쿠폰이다. 지역 화폐와 소비 쿠폰은 특정 지역, 특정 조건을 만족하는 매장에서만 사용 가능하도록 프로그래밍돼 있기 때문이다.

기존 지역 화폐와 소비 쿠폰이 스테이블코인 형태로 블록체인 네트워크를 통해 발행된다면, 정부의 보조금 집행 구조는 압도적으로 투명화·효율화될 것이다. 기존에는 지자체, 카드사, 결제 대행사 등을 거쳐 발행과 정산이 이루어졌기 때문에 예산 전달 과정이 복잡하고 시간이 지연됐다. 그러나 스테이블코인은 스마트 컨트랙트로 자동 발행과 송금이 이루어져 복잡한 행정 절차 없이 실시간 집행이 가능하다. 또한 모든 거래 내역이 블록체인에 기록되기 때문에 예산 누수나 부정 사용을 방지할 수 있고, 회계 감사도 실시간으로 검증될 수 있다.

더 나아가 많은 데이터가 민간에 실시간으로 공개돼 어떤 시장의 어떤 가게가 정부 정책의 수혜를 얻고 있는지 추적할 수 있으며, 이를 통해 다양한 인사이트를 도출할 수 있다. 장사가 잘되지 않는 매장은 장사가 잘되는 매장을 벤치마킹할 수 있고, 민간 연구 기관과 지역 전문가들은 소비자들이 어떤 소비 패턴을 보이는지 분석해 창의적인 아이디어와 인사이트를 제공할 수 있을 것이다.

스테이블코인은 정책의 정밀도를 높이고 경제 순환 효과를 강화한다. 스마트 컨트랙트로 사용처를 지역 가맹점으로 제한하거나 특정 기간·업종에서만 유효하도록 설계할 수 있어, 정부가 의도한 소비 촉진 효과를 정교하게 구현할 수 있다. 이러한 구조에서는 거래 데이터가 즉시 축적돼 정책 효과를 실시간으로 분석할 수 있고, 은행 계좌가 없는 사람도 블록체인 지갑만 있으면 손쉽게 지역 화폐나 소비 쿠폰을 받을 수 있다. 중개 기관이 줄어들기 때문에 결제 수수료도 낮게 유지할 수 있을 것이다.

결국 스테이블코인은 국가 예산의 '디지털화'와 정책 집행의 '효율화'를 동시에 실현할 수 있는 새로운 형태의 공공 디지털 화폐 인프라다. 참고로 한국은 매년 20~30조 원 규모의 지역 화폐와 소비 쿠폰을 발행하고 있다. 이것이 단 한 해라도 원화 스테이블코인으로 발행된다면, 원화 스테이블코인은 글로벌 스테이블코인 순위 3~4위를 기록할 수 있을 것이다.

RWA: 블록체인에 올라가는 실물 자산

스테이블코인이 주식, 부동산, 채권 등 전통 금융 상품과 연결되는 지점은 RWA^{Real World Asset}이다. RWA란 실물 자산을 토큰화해 온체인으로 거래 가능하게 만드는 것을 의미한다. 예를 들어 미국 국채에 투자할 수 있는 상품을 토큰화한다면, 스테이블코인으로 자금을 모집하고 블록체인 지갑을 통해 계약에 서명하며, 블록체인 네트워크를 통해 스테이블코인으로 이자를 분배받는 구조다.

한국에도 RWA와 유사한 개념으로 토큰증권^{ST, Security Token}이 있다. 한국은 자본시장법상 투자계약증권과 수익증권을 토큰증권으로 만들 수 있지만, 정부의 규제와 예탁결제원의 총량 관리 등 중앙화된 기관의 통제를 따른다. 이 과정에서 스테이블코인은 사용되지 않는다. 따라서 한국의 토큰증권은 'RWA'보다는 '증권'에 가깝다고 볼 수 있다.

현재 글로벌 시장은 RWA를 중심으로 성장하고 있다. 토큰증권은 복잡한 규제와 불편한 투자 방식을 가지고 있어 일반적인 금융 상품 대비 큰 경쟁력을 확보하지 못했다. 반면 RWA는 낮은 규제 강도와 간편한 투자 방식, 깔끔한 UX로 인해 많은 자금이 유입되고 있다.

RWA 시가총액은 전년 대비 265퍼센트 증가한 225억 달러를 기록했다. 국채, 원자재, 사모 대출, 부동산 등 다양한 자산이 RWA로 토큰화될 수 있는데, 이 중 가장 큰 비중을 차지하고 있는 것은 미국 국채다. 미국 국채의 토큰화 수요가 높은 이유는 명확하다. 전 세계에서 가장 안전하다고 여겨지는 '무위험 수익률' 자산이면서도 의미 있는 금리를 제공하고, 기존 금융권이 이미 담보·현금성 자산으로 광범위하게 사용해 온 상품이기 때문이다. 이를 토큰화하면 디파이 프로토콜, 거래소, DAO 등이 24시간 전 세계 어디서나 동일한 국채 수익률에 접근할 수 있고, 결제·담보 설정·상환을 스마트 컨트랙트로 자동화할 수 있다. 이 외에도 사모 대출 토큰화는 흥미로운 영역이다. 사모 대출은 은행이 아닌 주체가 직접 기업이나 개인에게 대출을 제공하는 방식인데, 이를 토큰화한 것이다. 채권자가 플랫폼에 USDC를 예치하면 플랫폼이 대출을 실행하고, 스마트 컨트랙트를 통해 이자 수익을 배분받는 구조다.

자산군별 RWA 시가총액 추이

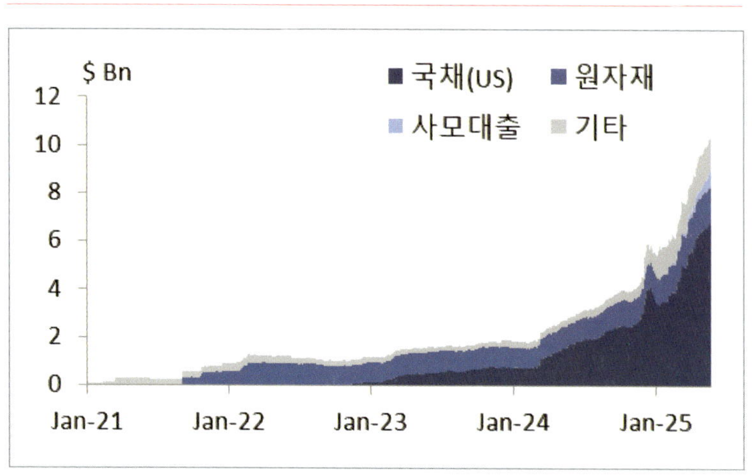

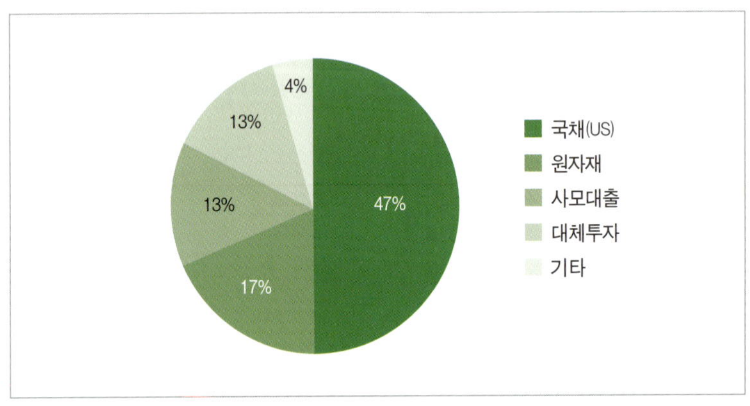

전통 금융사가 RWA를 활용하는 방식도 있다. 세계 최대 자산운용사 블랙록은 블록체인 파트너 시큐리타이즈와 함께 미국 국채 상품을 토큰화하고, 블록체인 네트워크를 통해 수익을 매일 배분하는 기관 전용 RWA 토큰 BUIDL을 발행했다.

BUIDL 펀드는 모집한 자금으로 미국 단기 국채, 환매조건부채권 등을 매수하고, 약 4퍼센트의 이자를 매일 지급한다. 투자자가 환매를 원한다면 USDC-BUIDL 풀에서 BUIDL 토큰을 USDC 스테이블코인으로 교환해 즉시 현금화할 수도 있다. 기존에는 펀드 환매와 자금 수령까지 5일 이상 소요되던 복잡한 절차를 하루 이내로 단축한 것이다.

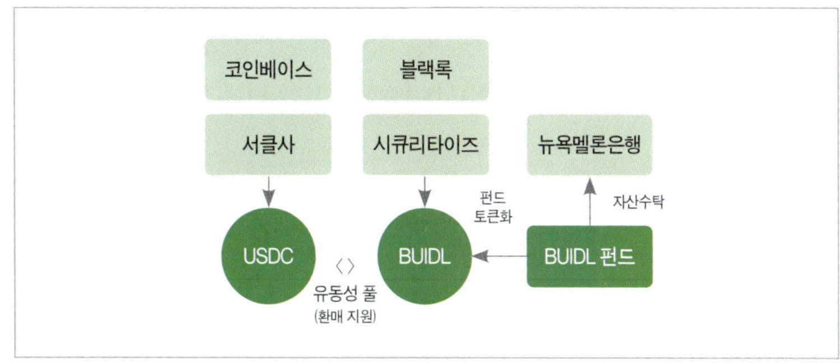

출처: 아크포인트, 유진투자증권

송금: 은행 없이 가치를 전달하다

스테이블코인의 1.5퍼센트 정도가 송금에 사용되고 있다고 추정된다. 한국에서도 '외국인 노동자들이 월급을 스테이블코인으로 요구한다'는 내용의 뉴스를 본 적이 있을 것이다. 물론 고용노동부가 근로기준법상 월급은 법정 통화인 원화로 지급해야 한다고 밝혔다. 하지만 외국인 노동자들이 월급을 스테이블코인으로 요구하는 상황은 단지 우리나라뿐 아니라, 전 세계에서 발생하고 있는 현상이다. 외국인 노동자들이 스테이블코인을 원하는 이유는 바로 '송금' 때문이다. 기존의 금융망으로 자국에 송금한다면 과도한 수수료와 느린 속도 등 단점이 많은데, 스테이블코인으로 송금하면 1달러 미만의 가스비를 제외하면 별도의 수수료가 들지 않고, 몇 초면 송금이 완료되기 때문이다. 실제로 이러한 요구를 반영하여 스케일AI, 리모트 등 기업에서는 외국인 계약직이나 일부 직원들에게 스테이블코인으로 급여를 지급하는 옵션을 제공하고 있다.

스테이블코인 송금의 장점으로 '낮은 수수료'와 '빠른 속도'가 강조되고 있지만, 각 국가별로 스테이블코인을 다시 법정화폐로 바꾸는 과정에서 추가적인 비용과 시간이 필요하고, 새로 출시된 국제 송금망 와이즈Wise나 CHIPS망, 유럽의 SEPA, 브라질의 Pix, 인도의 UPI 등 빠른 속도와 낮은 수수료를 강점으로 내세우는 경쟁 네트워크들도 존재한다. 사실 스테이블코인 송금의 숨겨진 장점은 블록체인을 통한 '거래 추적'과 스마트 컨트랙트를 통한 '프로그래밍'에 있다.

블록체인을 사용하지 않는 디지털 공간의 재화는 복제가 가능하다. 복제가 가능하다는 것은, 디지털 파일처럼 한 번 만들어진 가치 단위가 무한히 복사될 수 있음을 의미한다. 예를 들어 이미지, 동영상처럼 디지털 정보는 복사해도 원본의 가치가 줄지 않는다. 그러나 화폐는 다르다. 돈은 한 번만 존재해야 하며, 동일한 금액이 동시에 여러 곳에서 쓰여서는 안 된다. 이 때문에 디지털 환경에서 '가치를 전송한다'는 것은 단순히 데이터를 전송하는 것과는 다른 차원의 복잡한 문제다.

이러한 한계 때문에 기존 금융 시스템은 가치 전송을 중앙 서버의 검증 절차에 의존해왔다. 누가 보냈는지, 수신자가 누구인지, 계좌 잔액이 충분한지, 중복 거래가 없는지 등을 은행, 결제망, 청산기관이 각각 확인하며 일련의 단계를 거친다. 이 과정에서 거래는 여러 금융기관을 거치며 검증될 때마다 지연이 발생하고, 수수료가 붙는다. 국제 송금은 하루 이상, 많게는 일주일까지 걸리기도 하며, 자금이 어느 중간 단계에 머물러 있는지도 실시간으로 확인하기 어렵다.

반면 스테이블코인은 블록체인 위에서 작동하기 때문에 이런 문제를 근본적으로 해결한다. 블록체인은 모든 거래 내역이 분산된 장부에 실시간으로 기록되고 누구나 검증할 수 있다. 이를 통해 한 번의 거래가 승인되면 전 세계 어디서든 즉시 확인되고, 자금의 이동 경로를 투명하게 추적할 수 있다. 또한 블록체인은 '이중 지불Double Spending' 문제를 합의 알고리즘을 통해 제거했기 때문에, 디지털 자산이 동시에 두 번 사용되는 일이 기술적으로 불가능하다.

결과적으로 스테이블코인은 디지털 공간에서도 실물 화폐처럼 '희소성과 단일성'을 가진 가치 단위로 기능할 수 있으며, 이를 기반으로 누구나 전 세계 어디로든 실시간으로 가치를 전송할 수 있게 된다. 다시 말해, 스테이블코인은 '복제가 불가능한 디지털 가치'의 개념을 기반으로 송금의 혁신을 이끌고 있는 것이다. 테슬라, 슬랙Slack 등 기술 기업 초기 투자로 유명한 벤처캐피털리스트 차마스 팔리하피티아Chamath Palihapitiya는 올인팟캐스트에서 스페이스X가 현지 통화로 결제를 받을 때, 이를 스테이블코인으로 변환하여 본국으로 송금하는 방식을 활용한다고 밝혔다.

5

AI x 스테이블코인:
프로그래머블 머니의 완성판

"AI의 발전 속도는 믿을 수 없을 만큼 빠르다. 일반인들은 그 속도가 얼마나 빠른지 체감할 수도 없을 것이다. AI는 거의 기하급수적인 속도로 성장하고 있다"라고 일론 머스크는 말했다.

AI는 빠르게 성장하고 있다. 특히 챗GPT를 필두로 한 생성형 AI는 인간의 언어를 이해하고 창의적인 결과물을 만들어 내며 산업의 패러다임을 바꾸었다. 그러나 생성형 AI는 어디까지나 '지시를 수행하는 도구'였다. 사용자가 명령을 내리면 생성형 AI가 이에 맞는 답변을 생성했지만, 스스로 목표를 세우거나 혼자서 업무를 처리하거나 다른 AI와 협력할 수는 없었다. 챗GPT에게 피자를 주문하는 방법은 물어볼 수 있지만, 사용자를 대신해 피자를 주문하지는 못했던 것이다.

하지만 이제는 그 한계를 뛰어넘는 새로운 단계, AI 에이전트Agentic AI의 시대가 도래하고 있다. AI 에이전트는 사용자의 질문에 답변하는 것을 넘어 스스로 의사 결정을 내리고 행동을 수행하며 다른 AI와 협력할 수 있다. 질문에 답하는 '비서'가 아니라, 주어진 목표를 달성하기 위해 행동하는 '행위자'로 진화하는 것이다.

AI 에이전트가 실제로 행동을 수행하고 다른 AI와 협력하기 위해서는 두 가지가 필요하다. 바로 '표준 언어와 표준 화폐'다. 마치 사람이 피자가게에서 원하는 피자를 주문하기 위해 한국어로 원하는 피자를 말하고 신용카드나 현금으로 피자 값을 지불해야 하는 것처럼, AI 에이전트도 표준 언어로 원하는 것과 지불할 수 있는 금액을 말하고 AI가 사용할 수 있는 화폐로 비용을 지불해야 한다.

현재 AI 에이전트가 사용할 수 있는 '표준 언어'로는 앤스로픽Anthropic의 MCPModel Context Protocol, 구글의 A2AAgent-to-Agent Protocol, 마이크로소프트의 오픈 에이전틱 웹Open Agentic Web과 같은 프로토콜이 공개되고 있으며, AI 에이전트가 사용할 수 있는 '화폐'로는 스테이블코인이 유력하게 떠오르고 있다.

AI용 화폐로 스테이블코인이 주목받는 이유는 기술 구조상 가장 합리적인 선택이기 때문이다. AI 에이전트는 법인격이 없다. 따라서 주민등록증도 없고 은행 계좌를 만들 수도, 신용카드를 발급받을 수도 없다. 하지만 AI 에이전트는 데이터를 사고팔고 API를 호출하며, 다른 AI 에이전트나 플랫폼에 업무를 요청하는 등 현실 세계의 경제 활동을 수행해야 한다. 이때 법적 신분증 대신 블록체인 지갑 주소를 사용하고 스마트 컨트랙트를 적용하면 코드 기반의 스테이블코인 결제가 가능해진다.

스테이블코인은 프로그래밍이 가능한 화폐이기 때문에 '데이터가 유효하면 100퍼센트 지급, 유효하지 않으면 50퍼센트만 지급'과 같은 조건부 지급과 '그림 1픽셀 생성당 0.0001달러 지급'과 같은 초소액 결제가 가능해진다. 이는 기존 금융망에서는 구현할 수 없는 혁신적인 구조다.

AI 에이전트는 디지털 공간에서 24시간 활동한다. 하지만 전통 금융은 은행 정산 시간, 국가별 송금 지연, 결제망 차이 등으로 인해 AI 에이전트의 연속적인 활동을 지원하기 어렵다. 반면 스테이블코인은 어떤 국가에서도 멈추지 않고 즉시 송금과 정산이 가능하다.

스트라이프Stripe는 2024년 인수한 스테이블코인 플랫폼 브리지Bridge와 블록체인 지갑 회사 프리비Privy를 통해 스테이블코인 기반 글로벌 결제 계좌Stablecoin Financial Account를 출시해 테스트 중이다. 코인베이스는 x402 프로토콜을 발표하며 AI가 웹상에서 콘텐츠에 접근할 때 자동으로 소액 결제를 수행할 수 있는 구조를 제안했다. 구글 역시 금융 전용 블록체인 네트워크 GCULGoogle Cloud Universal Ledger과 AI 결제 규약 AP2Agent Payments Protocol를 발표하며 이 시장에 뛰어들었다.

스테이블코인의 미래는 AI에 있다. 데이터와 API, 에이전트가 상호작용하는 새로운 디지털 경제에서 표준 언어가 AI 간 협업의 가능성을 열어 준다면, 표준 화폐는 그 협업을 실제로 수행하게 하는 원동력이 된다. 24시간 멈추지 않는 정산, 조건부 지급과 초소액 결제, 코드로 보장되는 신뢰는 오직 스테이블코인만이 제공할 수 있는 기능으로, 전통 금융과는 완전히 차별화된다. 이제 스테이블코인을 모르는 기업은 미래 금융에서 낙오될 것이다.

6

스테이블코인 시대 투자 지도: 화폐·원자재·기업·코인·스테이블코인

스테이블코인의 시대는 이미 열려 있다. 스테이블코인은 디지털 공간에서 안정적인 가치를 저장할 수 있고, 누구에게나 쉽게 전송할 수 있는 혁신적인 기술이다. 100여 개의 스테이블코인 스타트업이 전 세계 최대 자산운용사보다 많은 돈을 벌고, 한국보다 더 많은 미국 국채를 보유하고 있는 것으로 볼 때, 스테이블코인 비즈니스 모델은 이미 증명됐다. 세계 최강대국인 미국도 달러 패권을 유지하기 위해 스테이블코인을 지원하고 있으며, AI 에이전트의 경제 활동이 스테이블코인으로 연동되는 시대에 우리는 어떻게 투자해야 할까?

스테이블코인의 시대, '화폐, 원자재, 기업, 코인, 스테이블코인' 등 다섯 가지 핵심 투자처의 투자 전략을 분석해 보겠다.

화폐: 디지털 세상은 달러를 선택했다

스테이블코인의 99퍼센트는 달러로 구성되어 있다. 시장이 디지털 공간에서의 교환 매개로 달러를 선택했기 때문이다. 과거에는 지역별 금융 규제로 자본의 이동이 어렵고 복잡했다. 하지만 스테이블코인의 등장으로 자본 이동은 쉽고 빠르게 진행되고 있다. 이에 세계적으로 가장 보편화된 화폐인 달러를 저장하거나 사용하려는 사람들은 더욱 많아질 것이다. 세상이 더 디지털화될수록 달러의 가치는 다른 화폐 대비 높아질 수 있다는 의미다.

이에 달러에 투자하는 것은 좋은 전략이 될 수 있다. 달러를 기반으로 하는 미국 국채에 투자하는 것도 가능하다. 만약 달러 스테이블코인에

달러인덱스 추이

투자해 블록체인 지갑에 보유한다면, 전쟁이나 은행망 오류 등 비상 상황이 발생하더라도 자산을 안전하게 지킬 수 있고, 필요하다면 디파이 플랫폼이나 RWA 상품을 통해 추가적인 이자를 얻을 수도 있다.

한국 거래소에서 보관하는 것도 좋은 방법이 될 수 있다. 글로벌 크립토 시장이 폭락할 때, 선물 투자자들은 선물 포지션 청산을 막기 위해 USDT를 구매해 증거금을 보충한다. 이때 한국 코인 거래소의 코인 가격이 국외 코인 거래소 대비 5~8퍼센트 높은 한국 프리미엄(일명 '김치 프리미엄')이 발생한다. 이에 USDT를 보유하고 있다가 시장 변동성이 커지며 한국 프리미엄이 생길 때, USDT를 한국 코인 거래소에 매도하는 전략을 사용할 수 있다.

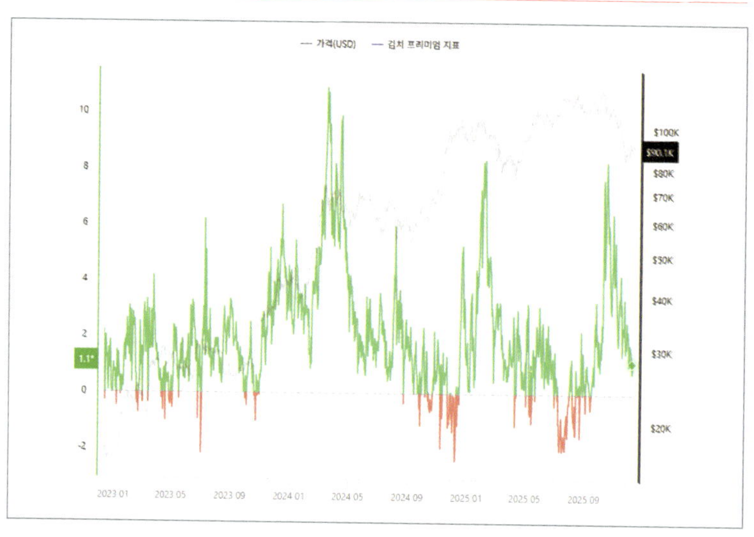

원자재: 금도 블록체인 지갑에 보관한다

원자재 중에서는 금에 대해 지속적으로 관심을 가져야 한다. 전 세계 중앙은행이 유동성 완화 정책을 취하고 있는 가운데, 통화량 증가로 발생하는 인플레이션을 헤지할 수 있는 가장 대중화된 자산이 금이기 때문이다.

ETF를 통해 금에 손쉽게 투자할 수 있지만, 거래 가능 시간이 짧고 위기가 있을 때 금 소유권에 대한 불안을 느끼는 투자자들이 많다. 위기가 생겨서 금값이 천정부지로 치솟거나 지정학적 위기가 발생한다면, 중앙화된 금융기관이 시장을 닫아 거래가 멈출 수도 있게 된다. 이에 실물 금을 매입하는 투자자들도 있다. 하지만 실물 금에는 과도한 수수료와 부가가치세가 붙고, 보관도 어렵다.

대안으로는 금 스테이블코인이 있다. 팍소스와 테더사는 각각 팍스골드PAXG, 테더골드XAUT 토큰을 발행해 실물 금과 1:1로 연동함으로써 디지털 자산의 편리성과 유동성을 제공하고, 실물 금을 직접 보관해야 하는 번거로움을 없앴다. 팍스골드와 테더골드는 발행사 계정 개설·본인 확인KYC·최소 금액 확인 후 '실물 인출'을 신청하면 지정된 장소에서 실물 금으로 교환할 수 있다. 팍스골드는 런던 보관 금고UK vaults로, 테더골드는 스위스 내 주소로 물리적 금을 인도해 준다. 소량은 시장에서 매도하거나 리셀러나 브로커를 통해 처분하는 것이 일반적이다.

금 가격의 역사적 상승률

기간	수익률(달러)	수익률(원화)
3년	+44퍼센트	+50퍼센트
5년	+36퍼센트	+30퍼센트
10년	+125퍼센트	+140퍼센트
20년	+470퍼센트	+700퍼센트
30년	+535퍼센트	+850퍼센트

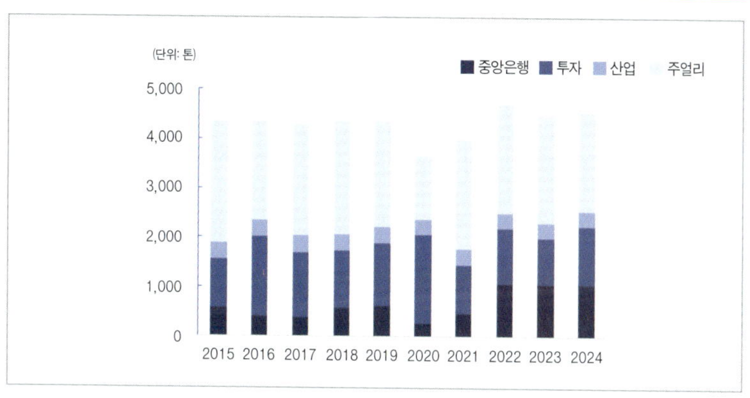

기업: 새로운 도전과 끊임없는 혁신에 투자한다

스테이블코인 시장은 본질적으로 글로벌 경쟁 시장이며, 미국 기업들이 한발 앞서 있는 상황이다. 미국은 '금지된 것만 금지한다'는 네거티브 규제 원칙을 채택해 새로운 기술이 등장하더라도 원칙적으로 다양한 시도가 가능하다. 반면 한국은 '허용된 것만 허용한다'는 포지티브 규제에 가깝기 때문에, 동일한 여건에서도 신사업의 속도와 폭이 제약되기 쉽다.

이러한 차이가 누적되면서 미국의 테크 기업들은 스테이블코인 발행과 인프라 구축, 그에 수반되는 운영·규모화 노하우를 빠르게 축적했고 시장 주도권을 선점했다. 해당 시장의 트렌드, 기업의 기술력 등 펀더멘털 요소를 기반으로 종목을 선정하고 투자 전략을 구사할 수 있다. 다만 한국 기업은 규제 영향을 크게 받기 때문에, 기업 자체의 요소보다 정부 규제를 더 크게 고려해야 하며 그만큼 불확실성이 높다.

스테이블코인 성장의 대표적 수혜주로는 서클사(Circle, 티커: CRCL)를 꼽을 수 있다. 서클사는 글로벌 2위 달러 스테이블코인 USDC와 국가 간 지급결제 인프라 CPN_{Circle Payment Network}을 보유하고 있다.

USDC는 준비금 구성·공시·감사 등에서 규제 친화적으로 설계되었으며, 서클이 개발한 CCTP_{Cross-Chain Transfer Protocol}를 통해 주요 블록체인 네트워크 간 USDC를 1:1 소각·발행 방식으로 전송할 수 있어 네트워크 간 유동성을 단일화한다. 이를 통해 거래소·수탁·상거래·RWA 등 다양한 사용처에서 '디지털 달러'로서의 입지를 확장하고 있다. CPN은 금융기관이 스테이블코인을 활용해 국외 송금 등을 수행할 수 있도록 지원하는 블록체인 기반 국제 결제 및 송금 인프라다. CPN의 가치는 전통적인 환거래은행 기반 국제 지급결제 시스템의 병목을 스테이블코인 인프라로 해소한다는 것이다. 규제 요건을 준수하는 범위 내에서 송금 소요 시간을 수일에서 당일(또는 실시간)로 단축할 수 있고, 중개·정산 단계 축소를 통해 비용도 절감할 수 있다.

결과적으로 서클사는 '규제 친화 스테이블코인 + 크로스체인 전송 + 기관용 결제망'을 수직 결합한 플레이어로서, 스테이블코인의 글로벌 채택 확대에 따른 수혜를 누리게 된다. 다만 리스크 요인으로는 수익 구조에 구조적 변수가 존재한다는 점을 들 수 있다. 코인베이스와 체결한 USDC 유통 이자수익 분배 계약에 따라, 코인베이스가 보관·유통하는 물량에서 생기는 이자수익은 전액 코인베이스에 귀속되며, 그 외 잔여 이자수익도 50퍼센트를 코인베이스와 공유한다. 알려진 바에 따르면 초기 계약 만료 시점은 2026년 8월경이나 자동 연장 조항이 포함되어 있다. 재계약 과정에서도 분배 구조가 크게 개선되지 않을 때, 금리 하락 사이클과 맞물려 이익률 압박이 지속될 수 있다는 점을 고려해야 한다.

종합하면 투자 관점에서는 USDC 시가총액 증가 추세가 유지되는지, CPN의 실사용 사례가 확대되는지, 이자수익 분배 계약 재협상에서 우위를 확보하는지를 점검하며 투자하는 것이 합리적이다.

USDC 시가총액 추이

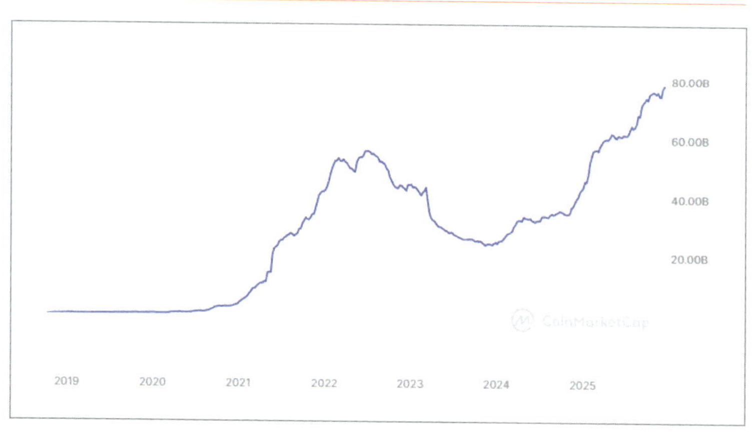

스테이블코인 성장의 또 다른 수혜주로는 코인베이스Coinbase, COIN 가 있다. 코인베이스는 코인 거래소, 커스터디, 온·오프램프, 기관 영업, 블록체인 인프라 등 블록체인 사업을 종합적으로 보유한 기업이다. 구조적으로는 서클과의 계약에 따라 코인베이스 내에서 보관·유통되는 USDC 준비금 이자수익은 전액 코인베이스에 귀속되며, 생태계의 잔여 이자수익도 50:50으로 분배된다.

더불어 이더리움 레이어2 기반으로 구축한 코인베이스의 블록체인 네트워크인 베이스Base 네트워크와 오픈소스 웹 결제 프로토콜 x402 비즈니스를 보유하고 있다. x402는 오랫동안 사용되지 않았던 HTTP 402 '결제 필요Payment Required' 상태 코드를 활용해 AI 에이전트가 스테이블코인 결제를 진행할 수 있도록 하는 표준화 프로토콜이다. 해당 프로토콜을 활용하면 별도의 전통 결제 게이트웨이 없이 요청-인증-지불-징산 과정을 한 번에 처리하거나, 조건부·구간별·사용량 기반 과금과 같은 프로그래머블 결제를 구현할 수 있다. 이 프로토콜을 코인베이스의 베이스 네트워크 위에서 조성할 때, 낮은 가스비와 빠른 속도를 기반으로 AI 에이전트 간 상거래와 초소액 결제가 가능해진다.

이 외에도 가맹점에 결제·정산·환전·커스터디·리워드 서비스를 엔드투엔드로 제공하는 코인베이스 페이먼츠^{Coinbase Payments}와 코인베이스 커머스^{Coinbase Commerce}도 한 축을 이룬다. 가맹점은 코인베이스를 통해 낮은 수수료, 24시간 운영, 즉시 정산이 가능한 스테이블코인 결제를 수취할 수 있으며, 이를 편리하게 환전·보관·리워드 프로그램 운영 등 다양한 서비스로 연계할 수 있다.

코인베이스는 USDC 파트너십, 베이스 네트워크, x402 결제 표준, 페이먼츠 인프라를 모두 보유한 대표적인 스테이블코인 수혜주다. 다만 매출에서 가장 큰 비중을 차지하는 거래소 사업은 시장 상황에 직접적인 영향을 받기 때문에, 크립토 시장이 약세장에 접어들 경우 거래량 급감으로 인한 수익성 저하와 주가 하락 가능성은 유념해야 한다.

전통 핀테크 기업 중 스테이블코인을 도입한 대표 사례로는 페이팔 **PayPal, PYPL**이 있다. 페이팔은 온라인 결제·송금 플랫폼으로, 전 세계 수억 개의 계정과 수천만 가맹점을 보유한 결제 네트워크를 운영 중이다. 페이팔은 블록체인 인프라 기업 팍소스^{Paxos}와 협력해 자사 스테이블코인 PYUSD를 발행하고, 이를 페이팔의 상거래 네트워크에 연결했다. 이를 통해 사용자는 페이팔 지갑 내에서 PYUSD를 구매·송금·결제에 활용할 수 있다.

페이팔은 전통 결제망과 블록체인 네트워크를 가장 자연스럽게 연결한 기업으로 평가된다. 특히 네트워크·지갑·가맹점을 모두 보유하고 있어, 스테이블코인 결제의 실제 사용처를 빠르게 확대할 수 있을 것으로 기대된다.

다만 리스크도 분명하다. 페이팔의 스테이블코인 모델은 준비금 이자수익에 의존하기보다는 가맹점 네트워크 내 결제 트래픽에서 수수료를 창출하는 구조다. 따라서 스테이블코인의 대중화가 지연되거나 온체인 결제의 실사용이 기대만큼 확장되지 않았다면 수익 레버리지가 제한될 수 있다. 경쟁 구도 역시 부담 요인이다. USDC는 플랫폼 중립성과 광범위한 통합을 강점으로 하는 반면, PYUSD는 '페이팔 생태계 중심'이라는 인식으로 인해 비가맹 파트너의 도입을 주저하게 만들 수 있다. 따라서 PYUSD의 시가총액이 지속적으로 증가하는지, 거래소·플랫폼·핀테크와의 광범위한 제휴를 통해 '페이팔 외부'로 확장되고 있는지를 꾸준히 점검해야 한다.

코인: 스테이블코인 특화 인프라에 주목한다

스테이블코인 시장의 성장은 각종 코인에도 호재로 작용할 것이다. 우선 스테이블코인이 활용되는 네트워크 인프라다. 스테이블코인이 가장 많이 발행되어 있는 이더리움, 스테이블코인이 활발하게 사용되는 솔라나와 BNB, 주요 금융 기관과 미국 주 정부가 선택한 아발란체, 테더 사가 스테이블코인 전용 네트워크로 채택한 플라즈마 등이 이에 해당한다. 더불어 스테이블코인을 기반으로 현실 세계와 블록체인 세계가 연결되는 과정에서, 현실 세계의 데이터를 블록체인으로 전달하는 체인링크, 피스 네트워크와 같은 오라클 역시 수혜를 받을 것이다. 이 외에도 스테이블코인 발행 플랫폼을 보유한 스카이 프로토콜, 에테나, 스테이블코인과 AI 에이전트를 연결하는 카이트AI 등이 있다.

우선 스테이블코인 인프라 수혜주로는 BNB 코인을 주목할 만하다. BNB는 글로벌 1위 거래소 바이낸스의 네이티브 토큰이자 BNB 네트워크의 기축 자산으로, 스테이블코인 활동이 집중되는 크립토 거래소와 블록체인 네트워크를 동시에 보유하고 있다. BNB 네트워크는 약 0.005달러 수준의 가스비와 0.75초의 블록 생성 시간을 제공하는 대표적인 초저비용·고속 인프라로, USDT 거래의 상당 부분을 담당하는 중이다. 이와 더불어 약 1억 명에 달하는 바이낸스 월간 활성 이용자를 기반으로 BNB 기반의 런치패드 참여권, 바이낸스 페이·카드 등 실물 결제 지원, 수수료 할인 등 다양한 사용처를 보유하고 있다.

특히 BNB의 토크노믹스는 네트워크 사용량이 증가할수록 BNB를 자동으로 소각하는 메커니즘을 갖추고 있다. 따라서 스테이블코인 사용 확대는 BNB 소각 증가로 이어지고, 이는 BNB 가격 상승의 선순환 사이클을 이끌어낼 수 있게 된다.

다만 노드 중앙화와 높은 바이낸스 의존도는 경계해야 한다. BNB 네트워크는 21개의 검증인 노드로 운영되고 있어 이더리움이나 솔라나 대비 탈중앙화 수준이 낮다는 지적이 있다. 또한 바이낸스 창시자 CZ(장평자오)가 BNB의 상당량을 보유하고 있고, 바이낸스 거래소와의 연결성이 높아 각국 정부의 거래소 규제 리스크가 BNB 토큰 가격에 영향을 줄수 있다. 다행히 2025년 10월 트럼프 정부가 CZ 사면을 하며, 바이낸스에 대해서도 우호적인 태도로 전환되고 있어 오너 리스크는 일정 부분

BNB 소각량: 전체 공급량의 1/4 이상이 소각되었음

출처: https://www.bnbburn.info/

완화가 되었다.

　기관 특화 메인넷 관점에서는 아발란체AVAX, Avalanche에 주목할 필요가 있다. 기업과 정부는 최신 블록체인 기술을 도입해 혁신을 추구하면서도, 기존 플랫폼과의 유기적 연동, 보안·규제 준수 등 통제 가능한 환경을 동시에 원한다. 이러한 요구를 충족하기 위해 자체 블록체인 네트워크를 구축하는 사례가 늘고 있으며, 이때 가장 널리 활용되는 솔루션 중 하나가 아발란체다.

　아발란체는 모듈러 아키텍처를 통해 기업과 기관의 규제 준수, 접근 제어, 거버넌스 요구를 체인 수준에서 설계할 수 있고, 아바클라우드를 통해 기업이 맞춤형 L1 네트워크를 손쉽게 구축할 수 있다는 강점이 있다. 현재 500개 이상의 L1 네트워크가 아발란체 기반으로 구축되고 있으며, 그랩페이(그로스보더 결제), KKR 사모펀드(금융 상품 토큰화), 넥슨 메

아발란체

이플스토리(Web3 게임), 산토리 그룹의 프리미엄 몰트 맥주(정품·소유권 확인) 등 다양한 기업의 레퍼런스가 축적되는 중이다. 최근에는 미국 와이오밍주와의 파트너십을 통해 주 정부 스테이블코인 발행에도 참여하며 입지를 강화하고 있다.

처음부터 스테이블코인 결제를 위해 설계된 블록체인 네트워크 플라즈마**Plasma, XPL**도 있다. 플라즈마는 2025년 9월 출시된 스테이블코인 결제 특화 레이어 1 블록체인 네트워크로, USDT 무료 전송(제로 가스비), 커스텀 가스비(메인넷 코인이 아닌 USDT로 가스비 지불) 등의 기능을 통해 글로벌 스테이블코인 결제 인프라의 혁신을 목표로 한다.

플라즈마의 핵심 경쟁력은 페이마스터 기술을 통한 무료 USDT 전송이다. 사용자는 가스비 없이 USDT를 송금할 수 있으며, 네트워크 수수료는 프로토콜이 대납한다. 이를 통해 블록체인 네트워크의 가장 큰 진입 장벽인 가스비를 제거해 신흥국 송금 시장에서의 우위를 점하겠다는 전략이다.

플라즈마는 강력한 우군을 확보하고 있다. 테더사 CEO가 직접 투자에 참여했으며, 테더사의 자매사인 비트파이넥스의 전폭적인 지원을 받고 있기 때문이다. 출시 첫날부터 바이낸스, 업비트 등 주요 거래소에 동시 상장하고, 하루 만에 20억 달러의 TVL**Total Value Locked**, 총 예치금을 달성했으며, 나온 지 5일 만에 50억 달러의 TVL을 돌파했다. 다만 출시 기간이 짧아 블록체인 네트워크 안정성에 대한 검증이 필요하고, 솔라나나 트론 등 경쟁 체인에서 플라즈마와 유사한 페이마스터 기능을 도입한다면 경쟁 우위가 약화될 수 있어 추가적인 모니터링이 필요하다.

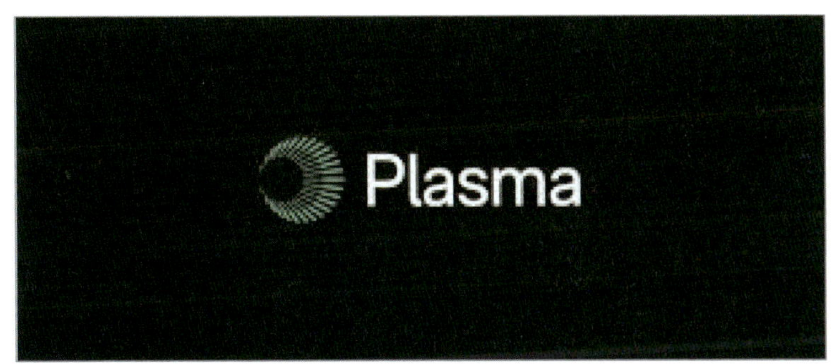

기술 영역에서는 오라클Oracle Corporation에 주목하기 바란다. 오라클은 블록체인 기반의 스테이블코인이 현실 세계와 연결되기 위해 꼭 필요한 기술이기 때문이다. 블록체인과 스마트 계약은 본질적으로 폐쇄된 시스템이다. 보안성과 불변성을 보장하기 위해 외부 세계와의 접점을 차단한 채 설계되었다. 하지만 바로 이 특징이 역설적으로 블록체인의 가장 큰 한계를 만든다. 현실 세계의 데이터가 블록체인에서 활용되려면 누군가 외부 정보를 블록체인 네트워크에 전달해 주어야 하는데, 이것이 바로 오라클의 역할이다. 오라클은 블록체인 세계와 현실 세계를 연결하는 다리로서, 주식 가격, 환율, 날씨 정보, 스포츠 경기 결과와 같은 오프체인 데이터를 온체인으로 전달하는 제3자 서비스다.

스테이블코인 생태계에서 오라클의 중요성은 아무리 강조해도 지나치지 않다. 달러 페그를 유지하는 스테이블코인은 정확한 환율 정보가 필수적이며, 담보 기반 스테이블코인은 담보 자산의 실시간 가치 평가 없이는 작동될 수 없다.

블록체인은 합의 메커니즘을 통해 스마트 컨트랙트의 무결성을 보장하지만, 외부 데이터의 정확성은 검증할 방법이 없다. 잘못된 데이터가 입력되면 '쓰레기가 들어가면 쓰레기가 나온다Garbage In, Garbage Out'는 원칙에 따라 스마트 계약 실행 결과도 오염된다. 예를 들어 한국에서 달러 스테이블코인을 특정 기관이 실시간으로 제공하는 달러 환율에 연동해 두었는데, 해당 기관이 해킹되어 달러 환율 데이터가 조작된다면, 한 기관의 해킹이 블록체인 네트워크 전체의 조작으로 확산될 수 있기 때문이다.

이를 해결하기 위해 등장한 것이 탈중앙화 오라클 네트워크다. 여러 독립적인 노드가 다양한 데이터 소스에서 정보를 수집하고 합의를 통해 최종 값을 결정함으로써 단일 실패점을 제거하고 데이터 조작 위험을 최소화한다. 이더리움 창시자인 비탈릭 부테린Vitalik Buterin이 "오라클이 없으면 스마트 계약은 그저 고립된 코드에 불과하다"고 말한 것처럼, 오라클은 블록체인이 실제 세계와 상호작용할 수 있게 하는 핵심 인프라다.

2026년 1월 현재, 블록체인 오라클 시장 규모는 약 30억~50억 달러로 추정되지만, 그 영향력은 단순 시장 규모를 훨씬 넘어선다. 디파이에서 오라클이 보호하는 총 가치Tvs.Total Value Secured는 1,000억 달러를 초과하며, 스테이블코인 공급량이 3,000억 달러를 넘어선 현재 오라클의 중요성은 더욱 부각될 것이다.

관련 프로젝트로는 체인링크Chainlink, LINK와 피스 네트워크Pyth Network가 있다. 체인링크는 100개 이상의 독립적인 노드 오퍼레이터가 여러 데이터 소스에서 정보를 수집하고 합의를 통해 최종 값을 결정한다. 이러한 설계는 단일 실패점을 제거하고 데이터 조작 위험을 최소화하며, 실제로 체인링크는 99.9퍼센트 이상의 가동률을 유지하면서 지난 수년간 주요 보안 사고 없이 운영되고 있다. 또한 체인링크가 개발한 CCIPCross-Chain Interoperability Protocol를 통해 20개 이상의 블록체인 네트워크 간 안전한 토큰 전송도 지원한다. 이는 이더리움 네트워크에 있는 크립토 자산을 다른 체인으로 이동시킬 수 있는 기술이다. 체인링크가 발행한 LINK 토큰은 오라클 서비스 이용료 지불, 노드 운영자 보상, 스테이킹을 통한 네트워크 보안 강화에 사용되고 있다.

피스 네트워크는 2021년 출시된 차세대 오라클 네트워크로, 전통적인 금융 기관과 암호화폐 거래소에서 직접 데이터를 공급받는 혁신적 모델을 구축했다. 이에 고빈도 거래와 파생상품 시장에서 피스 네트워크를 채택하고 있다. 체인링크가 탈중앙화와 보안성을 최우선으로 하며 여러 노드와 데이터 소스를 통한 집계로 단일 실패점 제거에 집중했다면, 피스 네트워크는 속도와 투명성을 강조하며 퍼블리셔가 직접 데이터를 제공하는 퍼스트 파티 모델로 지연 시간을 최소화하는 데 집중했다.

스테이블코인: 가지고만 있어도 수익이 배분된다

수익용 스테이블코인으로는 USDe에 주목해 보기 바란다. USDe는 에테나Ethena, ENA가 발행한 합성 달러 스테이블코인으로, 전통적인 법정화폐 준비금이나 과담보 없이 델타 중립 헤징 전략을 통해 연 4~10퍼센트의 이자를 지급한다. USDe는 출시 2년 만에 약 10조 원 규모로 성장하며 USDT, USDC에 이어 글로벌 3위 스테이블코인에 등극했다.

USDe의 핵심 메커니즘은 델타 중립 전략이다. 사용자가 스테이킹된 이더리움stETH이나 비트코인을 예치하면, 프로토콜은 동등한 가치의 영구선물 숏 포지션을 암호화폐 거래소(바이낸스, 바이비트 등)에서 오픈한다. 예를 들어 플랫폼에 1,000 ETH(약 400만 달러 상당)가 예치되면, 400만 달러 상당의 ETH 영구선물 매도 포지션을 취하는 방식이다. 이더리움 가격이 10퍼센트 상승하면 현물 보유로 40만 달러의 이익이 발생하지만, 숏 포지션에서 40만 달러의 손실이 생겨 순효과는 0이 된다. 반대의 경우에도 마찬가지로, 이더리움 가격 변동과 무관하게 총 자산 가치는 400만 달러를 유지하고, 이를 통해 USDe는 1달러 페그를 유지한다.

USDe 이자의 원천은 거래소 영구선물 시장의 펀딩비 수익, 코인 스테이킹 수익, 미국 국채 수익이며, 비중은 각각 50~70퍼센트, 10~25퍼센트, 10~15퍼센트 수준이다. 에테나는 사용자가 ETH나 BTC를 예치하면 동일한 금액의 영구선물 숏 포지션을 거래소에서 오픈하는데, 암호화폐 강세장에서는 선물 시장의 롱 포지션 보유자가 숏 포지션 보유자에게 펀딩비를 지급해야 한다. 이때 숏 포지션 보유자는 일반적으로 연 환산 10~15퍼센트 수준의 펀딩비를 수취할 수 있으며, 초강세장에서는 레버리지 롱 투자자가 급증하면서 펀딩비가 훨씬 높아질 수도 있다. 펀딩비 외에도 담보 자산에서 발생하는 스테이킹 수익과, 미국 국채 기반 스테이블코인에서 발생하는 단기 국채 이자 수익이 추가된다.

USDe 외에도 온도 파이낸스Ondo Finance의 USDY, 메이커다오MakerDAO의 sDAI 등 다양한 스테이블코인이 이자를 지급하고 있으며, USDT나 USDC를 디파이에 예치하는 방식을 통해서도 이자 수익을 얻을 수 있다.

III

디파이와 보안시장의
융합이 만드는 미래 금융 질서

1

디파이 시장의 구조적 진화와
새로운 금융 질서

2026년 디파이 대전망: 탈중앙 금융이 다시 성장하는 이유

디파이 시장은 암호화폐 시장에서 가장 성장 가능성이 높은 분야이며, 금융시장을 새롭게 혁신할 수 있는 영역으로 잠재 성장성이 매우 크다. 아직은 초기 시장 단계에 머물러 있지만, 시간이 지날수록 시장 규모는 더욱 확대될 전망이다.

프리시던스 리서치Precedence Research 보고서에 따르면, 디파이 시장은 2025년부터 2034년까지 연평균 성장률CAGR 53.80퍼센트로 성장할 것으로 예상된다. 해당 보고서는 2026년 디파이 시장 규모를 498억 달러, 2027년을 765억 달러, 2028년을 1,170억 달러로 전망했으며, 2033년을 기점으로 약 1조 달러 규모의 시장으로 성장할 것으로 예측했다.

디파이 시장은 블록체인 위에서 모든 수치가 정확하게 기록되기 때문에 성장 속도를 비교적 정밀하게 측정할 수 있다. 디파이 시장에는 TVLTotal Value Locked이라는 지표가 있다. 이는 디파이 시장에 예치된 암

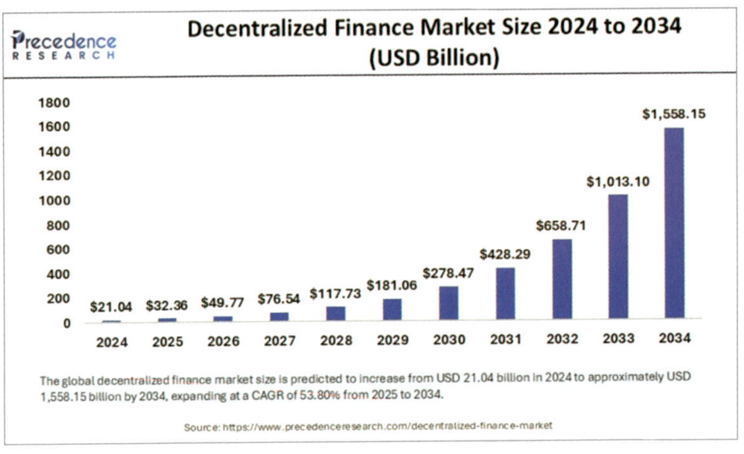

호화폐의 총 가치를 의미한다.

2025년 9월 기준 디파이 시장의 TVL은 1,540억 달러다. 2021년 TVL은 1,700억 달러에 달했으며, 2022년과 2023년에는 약 400억 달러 수준까지 감소했다. 이후 2024년에는 약 1,000억 달러 규모로 다시 성장했고, 2025년에는 1,500억 달러 수준까지 회복했다.

2021년 디파이 시장은 급격한 성장세를 보이며 TVL 1,700억 달러를 달성했지만, 성장 국면에 있던 시장은 테라·루나 사태를 계기로 전반적인 시장 침체와 함께 이른바 '크립토 겨울'을 맞으며 크게 위축됐다. 이후 급감했던 디파이 시장은 2022년 이후 점진적인 회복세를 보였고, 2025년에는 다시 1,500억 달러 규모까지 성장을 이루어 냈다.

디파이 시장은 아직 초기 단계에 있으며 해결해야 할 과제도 많다. 대중적으로 접근하기에는 여러 한계가 존재하지만, 꾸준한 성장을 이어가고 있으며 다양한 금융 혁신이 지속적으로 진행되고 있는 분야다.

디파이 시장 TVL, 디파이 라마

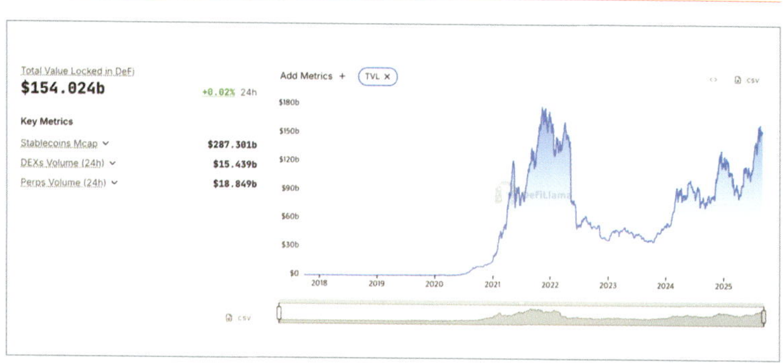

알트코인 시장에서 대장주는 이더리움이다. 이더리움은 탈중앙화된 스마트 컨트랙트 플랫폼이라는 키워드를 가지고 출발했다. 탈중앙화된 환경에서의 디지털 머니가 비트코인이라면, 이더리움은 탈중앙화된 환경에서 활용할 수 있는 다양한 애플리케이션을 의미한다. 이 애플리케이션은 지금 우리가 스마트폰에서 매일 활용하는 애플리케이션들을 블록체인 기반에서 사용할 수 있게 해주는 플랫폼을 말한다. 기존 애플리케이션들과 가장 큰 차이점은 중앙 관리 주체가 없어도 되며, 모든 기록이 블록체인에 투명하게 기록되고 관리된다는 점이다. 이러한 특징은 비용을 줄이면서도 투명한 환경에서 다양한 참여자들의 활동을 가능하게 한다. 아직 어떤 형태의 애플리케이션이 실제로 적용될지는 실험 단계에 있다.

디파이 시장은 그 첫 번째 실험 대상이다. 실험 시장이기는 하지만 실제 이윤이 창출되고 있으며, 생태계가 운용되고 발전하고 있다. 특히 전통 금융 시장에 비해 더 빠르고 저렴하며, 높은 금융 레버리지를 가능하게 한다. 중앙 관리 주체가 최소화되고 블록체인의 특징이 활용되면서, 더 빠르고 저렴한 구조와 최소화된 운용 비용으로 높은 금융 수익을 창출할 수 있는 플랫폼들이 계속해서 생기는 중이다.

디파이 시장의 변화는 TVL에 그대로 반영되어 그 흐름을 뚜렷하게 보여준다. 2021년 이후 디파이 시장은 폭발적인 성장을 보였고, 해킹과 테라 사태 등을 겪으면서 시장은 크게 조정되었다. NFT 시장 역시 엄청나게 성장하였지만, 과거만큼의 성과를 다시 보여 주지는 못하고 있다. 여전히 NFT 시장은 사라지지 않을 가치가 있는 시장임은 분명하지만, 디파이 시장에 비해 그 규모가 미미한 것은 사실이다. 디파이 시장이 큰 조정을 겪었음에도 불구하고 다시 살아나고 있는 수치는, 이 시장이 성장 가능성과 함께 실제 수익을 지속해서 창출할 수 있음을 보여 준다. 2025년까지 알트코인 시장과 디파이 시장은 지속적으로 검증받아 왔다. 시장이 상승할 때는 크게 오르지만, 급격한 변동성이 나타날 때는 디파이 시장이 더 큰 조정을 받는 일이 반복되었다. 그러나 시장에서 자리를 잡는 애플리케이션이 하나둘씩 등장했고, 스테이블코인 시장이 미국 규제와 함께 성장하면서 디파이 시장은 과거와는 다른 양상을 보이고 있다. 여기에 기관들의 참여 역시 중요한 변화 중 하나다. 탈중앙화된 금융 환경이지만, 미국이 규제를 마련하고 기관들이 참여하면서 탈중앙화 환경에 맞는 새로운 규제들이 형성되었고, 그 결과 기존에는 규제 부재로 리스크가 크게 보였던 디파이 시장이 기관과 일반 투자자 모두에게 보다 접근하기 쉬운 금융 서비스로 변화하고 있다.

2026년 디파이 시장은 이러한 변화의 초석을 바탕으로, 기존 디파이 시장에서 성숙해진 프로젝트들과 함께 시장의 크기가 커지고 보다 안정적이며 규모 있는 시장으로 전환되는 중요한 해가 될 것이다. 디파이 시장에서 1위로 자리 잡은 에이브, 유니스왑과 같은 대표 플랫폼들을 중심으로 점유율을 높이기 위한 치열한 경쟁이 예상된다. 선두를 차지한 서비스는 지속적으로 안정화와 고도화를 추진하며 시장 지위를 지키려 할 것이고, 새로운 신생 서비스들은 높은 이자율과 함께 기존 서비스가 해결하지 못한 과제를 풀어내며 새로운 강자로 떠오를 가능성이 크다.

이 과정에서 시장은 더욱 성숙하고 발전하며, 지금보다 더 안정적이고 규모가 큰 금융 서비스로 진화할 것이다. 다만 아직은 초기 시장이므로 신규 서비스뿐만 아니라 기존 서비스 역시 해킹 등 보안 취약점에 노출될 가능성이 있고, 기술과 시장 변화에 대응한 지속적인 발전이 요구된다. 전문 인력도 부족한 현실이어서, 더 많은 인재의 유입이라는 과제도 남아 있다. 투자자 입장에서는 초기 시장 특성상 변동성이 크고, 새롭게 등장하는 서비스를 공부하고 이해해야 하는 부담도 따른다.

지속적으로 출시되는 새로운 아이디어와 서비스를 이해하지 못하면 시장의 트렌드를 놓치게 되고, 투자 기회도 잃을 수 있다. 디파이 시장은 가장 빠르게 혁신이 일어나며 즉각적인 수익 기회를 제공할 수 있는 분야인 만큼, 꾸준한 학습이 수익으로 이어지는 시장이다.

2025년을 기점으로 2026년에 디파이 시장이 어떻게 변화하고 있는지를 이 책을 통해 전체적으로 이해한다면, 디파이 투자뿐만 아니라 암호화폐 시장 전반을 이해하는 데에도 큰 도움이 될 것이다. 암호화폐 시장은 빠르게 변한다. 디파이 시장의 변화 속도는 매우 빠르지만, 가장 기본적인 구조를 중심으로 2025년과 2026년을 기점으로 변화하는 디파이 시장의 중요한 요소에 관해 소개한다. 이를 통해 2026년 암호화폐 투자를 위한 기본기와 디파이 시장의 핵심 전략을 함께 얻을 수 있을 것이다.

2

2025년 혁신:
에테나와 펜들이 바꾼 디파이 패러다임

2025년 9월, 이더리움이 전 고점을 돌파하면서 디파이 시장은 2024년 대비 큰 성장을 기록했다. 특히 레이어1 시장은 2024년 9월을 기준으로 지난 1년간 뚜렷한 확장세를 보였다. 주요 체인의 TVL 변화를 통해 디파이 시장 전반의 성장을 확인할 수 있다.

이더리움은 1위 체인으로, TVL이 938억 달러에서 2,130억 달러로 증가했다. 솔라나는 89억 달러에서 291억 달러로 성장하며 2위를 차지했고, BSC는 53억 달러에서 117억 달러로 확대되어 3위를 유지했다. 2024년 4위였던 아발란체는 TVL이 12억 달러에서 31억 달러로 증가했다. 그러나 2025년 새롭게 부상한 하이퍼리퀴드가 빠르게 성장하며 아발란체를 제치고 4위에 올랐다. 하이퍼리퀴드는 TVL 80억 달러 규모로 시장의 새로운 주도 체인으로 자리 잡았다. 한편 2024년 5위였던 수이는 9억 달러에서 29억 달러로 성장하며 존재감을 확대했다.

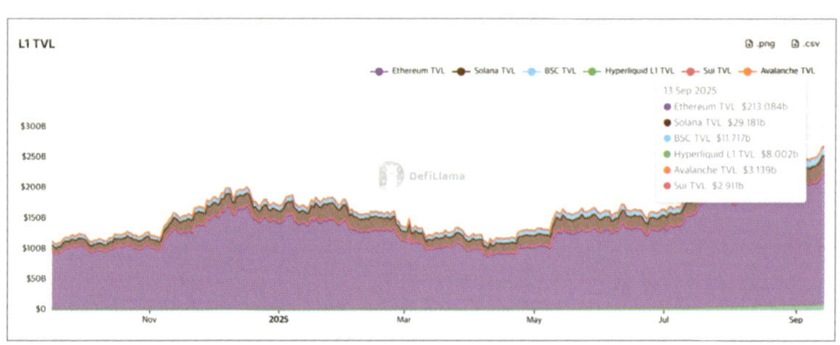

디파이 시장에서 TVL 상위 5개 레이어1 체인은 2024년 9월 대비 2025년 9월 기준으로 약 2~3배 성장했으며, 전반적인 순위 변화는 제한적이었다. 신생 체인인 하이퍼리퀴드가 급성장하며 상위권에 진입했지만, 기존 주요 체인들 역시 같은 기간 유사한 성장률을 기록했다.

레이어1 시장에서는 이더리움이 여전히 디파이 생태계의 핵심 축임을 보여주고 있으며, 솔라나는 지속적인 성장세를 유지하고 있다. 바이낸스 생태계를 기반으로 한 BSC 역시 꾸준한 확장을 이어가며 중앙화 거래소의 시장 영향력을 반영한다. 또한 아발란체와 수이도 2024년 9월 대비 약 3배 수준의 성장을 기록하며, 주요 레이어1 간 디파이 점유율 구조가 큰 변화 없이 유지되고 있음을 확인할 수 있다.

현재 레이어1 시장은 이더리움, 솔라나, BSC, 하이퍼리퀴드가 주도하고, 그 뒤를 아발란체와 수이가 추격하는 구도로 형성되어 있다. 솔라나와 수이를 제외하면 대부분 이더리움 기반의 EVM 체인이 시장을 차지하고 있으며, 디파이 인프라 역시 EVM 중심 구조가 여전히 지배적이다. 디파이 시장이 성숙 단계에 접어들었음에도 불구하고, 기술적 측면에서는 이더리움 생태계의 영향력이 여전히 독보적인 상황이다.

솔라나는 이미 의미 있는 시장 지위를 확보했으며, 수이 역시 새로운 기술을 기반으로 디파이 혁신을 시도하고 있다. 다만 해킹 리스크와 기술 안정성 측면에서는 추가적인 검증과 시간이 필요한 단계로 평가된다.

디파이 시가총액 10위권 서비스

Name	Category	TVL	Fees 1Y	Revenue 1Y	Earnings 1Y
1 Aave 17 chains	Lending	$42.362b	$686.37m	$113.76m	$49.87m
2 Lido 5 chains	Liquid Staking	$40.084b	$866.69m	$86.67m	$80.64m
3 EigenLayer 1 chain	Restaking	$19.782b	$127.68m	$0	
4 Binance staked ETH 2 chains	Liquid Staking	$15.923b	$235.62m	$3.5m	$3.5m
5 Ethena 1 chain		$13.609b	$413.93m	$44.38m	$44.38m
6 Pendle 10 chains	Yield	$12.675b	$37.92m	$36.87m	$2.52m
7 ether.fi 1 chain		$11.837b	$218.86m	$30.54m	$30.54m
8 Spark 2 chains		$8.547b	$130.11m	$9.82m	-$12.43m
9 Morpho 22 chains	Lending	$8.506b	$125.29m	$0	
10 Babylon Protocol 1 chain	Restaking	$6.735b			

출처: 디파이라마

레이어1 시장에서 디파이 TVL의 변화도 중요하지만, 실제 디파이 시장에서 어떤 서비스들이 성장하고 있는지를 살펴보는 것이 최근 시장 흐름을 이해하는 데 더 중요하다. 2025년 9월 기준 디파이 시장 TVL 상위 10위권 서비스는 현재 디파이 시장의 구조와 트렌드를 잘 보여준다.

TVL 1위는 에이브^{Aave}다. 대표적인 탈중앙화 랜딩 서비스로 예치와 대출이 가능하며, 이더리움을 포함한 대부분의 레이어1과 레이어2에서 활용할 수 있다. 에이브의 TVL은 약 423억 달러에 달한다.

2위는 라이도^{Lido}로, 이더리움 스테이킹 서비스의 절대 강자다. 일반적으로 이더리움 스테이킹을 위해서는 32 ETH를 보유하고 직접 검증인 노드를 운영해야 하지만, 이는 개인 투자자에게 높은 진입장벽이다. 라이도는 이러한 문제를 해결하기 위해 대신 노드를 운영하고, 사용자는 이더리움 수량과 관계없이 스마트 컨트랙트를 통해 스테이킹에 참여할 수 있도록 했다. 현재 이더리움 스테이킹 시장에서 라이도는 압도적인 점유율을 차지하고 있으며, 예치된 이더리움을 기반으로 다양한 수익 구조와 파생 서비스가 생기는 중이다.

TVL 3위는 아이겐레이어^{EigenLayer}다. 아이겐레이어는 이더리움 리스테이킹 서비스를 제공하며, 이미 스테이킹된 이더리움을 다시 한 번 디파이 생태계에서 활용할 수 있게 한다. 추가적인 수익 기회를 제공하는 대신 리스크도 증가하지만, 자본 효율성을 극대화하는 구조로 주목받고 있다.

4위는 바이낸스 스테이크 이더^{Binance Staked ETH}로, 리퀴드 스테이킹 자산에 해당한다. 리퀴드 스테이킹은 스테이킹된 이더리움을 토큰화해 언제든지 시장에서 거래할 수 있도록 만든 구조다. 이를 통해 사용자는 스테이킹 수익을 유지하면서도 탈중앙화 거래소나 디파이 서비스에서 유동성 공급 등 추가 활용이 가능하다. 일반적인 스테이킹 자산과 달리 언스테이킹 대기 기간 없이 즉시 매도가 가능하다는 점도 장점이다.

흥미로운 점은, 에이브를 제외한 TVL 2~4위 서비스가 모두 이더리움 스테이킹, 리스테이킹, 리퀴드 스테이킹과 관련된 자산이라는 점이다. 이는 디파이 시장이 여전히 이더리움 중심일 뿐만 아니라, 2025년 들어 '스테이킹된 이더리움'을 핵심 자본으로 하는 구조로 전환되고 있음을 보여주는 중요한 지표다.

디파이 시장 TVL 5위는 에테나Ethena다. 에테나는 2025년 디파이 시장에서 가장 빠른 성장을 기록한 프로젝트 중 하나다. 2024년 1월 약 1억 달러에 불과했던 TVL은 같은 해 12월 60억 달러까지 증가하며 1년 만에 약 60배 성장했다. 이후 2025년 1월 60억 달러에서 출발해 2025년 9월에는 130억 달러 규모로 확대되며, 1년이 채 되지 않는 기간에 두 배 이상 성장했다.

특히 주목할 점은 이 기간 동안 암호화폐 시장이 여러 차례 급등과 급락을 반복했음에도 불구하고, 에테나의 TVL은 전반적으로 우상향 흐름을 유지했다는 것이다. 이는 에테나가 단순한 시장 수혜 프로젝트가 아니라, 변동성 높은 환경 속에서도 자본을 지속적으로 끌어들인 역성장형 프로젝트였음을 보여준다.

에테나가 2024년 이후 꾸준히 성장한 가장 큰 배경은 달러 스테이블코인 시장을 겨냥한 전략이 성공적으로 작동했기 때문이다. 아직 에테

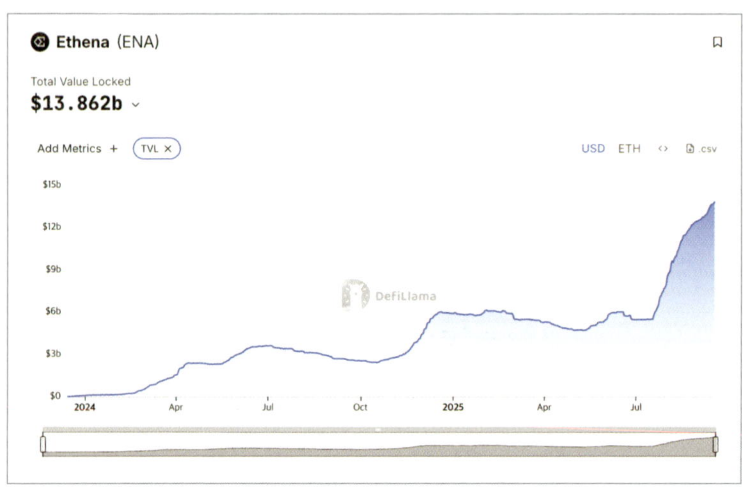

출처: 디파이라마

나 기반 스테이블코인인 USDe는 추가적인 검증이 필요하지만, 시가총액 기준 스테이블코인 시장 3위까지 성장했다는 점에서 단기적으로는 성공한 프로젝트로 평가할 수 있다.

테라 사태 이후 스테이블코인 시장은 한층 성숙해졌고, 담보 자산에 대한 시장의 기준도 이전보다 훨씬 보수적으로 바뀌었다. 달러나 미국 국채를 담보로 한 스테이블코인은 안정적인 수단으로 자리 잡았지만, 그 외 형태의 스테이블코인은 성장에 한계를 보였던 것이 현실이다.

이러한 환경에서 에테나의 USDe는 기존 스테이블코인과는 전혀 다른 접근 방식을 선택했다. USDe는 달러나 국채를 1:1로 담보하지 않는 합성 달러 스테이블코인으로, 이더리움과 비트코인 등 암호화폐 기반 자산을 담보로 활용하고 파생시장 구조를 결합해 가격을 유지한다. 선물 시장을 활용한 헤지 전략과 포지션 운용을 통해 펀딩비 수익을 창출하는 것이 핵심 구조다.

구체적으로 담보 자산은 비트코인, 이더리움, 스테이킹된 이더리움, 스테이블코인 등으로 구성되며, 여기에서 발생하는 스테이킹 수익과 파생시장 수익을 결합해 USDe를 발행·관리한다. 이 구조는 스테이블코인의 가격 안정성을 유지하면서 추가적인 수익 창출까지 가능하게 한다. 탈중앙화 환경에서 운영된다는 점에서 기존 DAI 스테이블코인의 구조를 한 단계 발전시킨 형태로 이해할 수 있다.

중요한 점은 에테나가 달러나 국채 기반 담보라는 기존 공식을 벗어나, 암호화폐의 특성에 맞춘 스테이블코인을 시장에 제시했고, 다양한 시장 환경 속에서 검증을 거쳐 시가총액 3위 스테이블코인으로 자리 잡았다는 것이다. 물론 여전히 극단적인 시장 변동성이나 예상치 못한 리스크를 견딜 수 있는지에 대해서는 추가적인 검증이 필요하다. 그럼에도 불구하고 공격적인 수익 전략을 선호하는 투자자들이 USDe를 적극 활용하면서, 에테나는 디파이 시장 TVL 기준 5위 프로젝트로 성장했다.

한편 디파이 시장 TVL 6위에 해당하는 펜들Pendle 역시 가파른 성장세를 보였다. 펜들의 TVL은 2025년 1월 약 44억 달러에서 2025년 9월 120억 달러까지 증가했다. 디파이 시장 전반이 성장한 점도 영향을 미쳤지만,

펜들의 성장은 단순한 시장 확대 이상의 의미를 가진다. 특정 수익 구조에 특화된 전략과 함께, TVL 5위 프로젝트인 에테나의 USDe를 적극적으로 활용한 점이 성장의 핵심 요인으로 작용했다.

펜들 디파이 성장 그래프

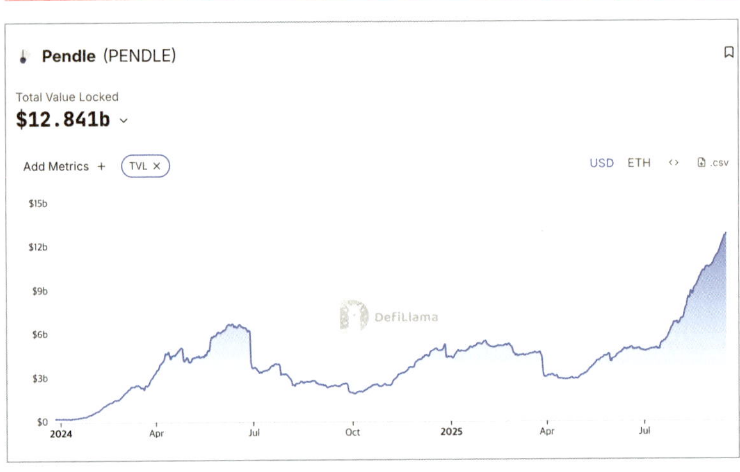

출처: 디파이라마

펜들Pendle은 이자 상품의 레버리지와 투자 효율을 극대화하는 디파이 전략 플랫폼이다. 이러한 구조는 에테나의 스테이블코인 USDe와 높은 결합력을 보인다. 다양한 이자 상품을 결합할 수 있고, 이더리움 스테이킹 시장이 본격화되면서 펜들은 직접적인 수혜를 받았다. 시장 변화를 빠르게 감지하고 이를 실제 전략에 즉시 반영한 점이 성장을 이끈 핵심 요인이다.

암호화폐 시장에는 에어드롭을 통해 유동성을 공급하고 초기 토큰을 확보하려는 참여자들이 형성한 별도의 시장이 존재한다. 펜들은 이러한 흐름을 적극 활용해 사용자와 다른 프로젝트들과 협업하며 추가적인 토큰 보상을 받을 수 있는 구조를 만들었다. 펜들의 성장은 단순한 상품 구조의 매력뿐 아니라, 변화하는 시장 환경을 신속하게 프로젝트에 결합한 전략적 대응에서 비롯되었다고 볼 수 있다.

디파이 시장은 매년 빠르게 변화한다. 레이어1 환경뿐 아니라 예금·대출 서비스, 탈중앙화 거래소 역시 지속적으로 진화하며, 그 위에서 새로운 서비스와 금융 상품이 끊임없이 등장한다. 반대로 한때 인기를 끌었던 프로젝트가 짧은 시간 안에 시장에서 사라지는 일도 적지 않다. 변화 속도가 매우 빠르기 때문에 트렌드를 따라가지 못하면 경쟁력을 유지하기 어렵다.

투자자 역시 이러한 특성을 인식하고, 자신의 포트폴리오가 이미 지난 트렌드에 머물러 있지는 않은지, 혹은 현재 시장을 주도하는 프로젝트와의 연계 가능성이 있는지를 지속적으로 점검해야 한다. 디파이 시장은 단독으로 존재하는 영역이 아니라 전체 암호화폐 시장의 흐름에 직접적인 영향을 미친다. 따라서 디파이에 대한 이해와 트렌드 변화를 놓치지 않는 것이 장기적인 암호화폐 투자 성과로 이어질 가능성이 높다.

3

전통금융의 합류와 RWA 시장의 확장: 블랙록과 온도파이낸스의 도전

RWA **Real World Assets** 시장은 전통 금융과 블록체인 기반 디파이가 결합될 수 있는 핵심 영역이다. 디파이 시장이 확대되면서 기존 금융 상품 역시 더 효율적인 구조로 활용될 수 있는 환경이 마련되고 있다. 부동산, 채권, 국채, 사모대출, 원자재, 지식재산권 등 현실 세계의 자산을 토큰화해 블록체인 상에서 유통할 수 있게 하는 것이 RWA 시장의 본질이다. 이는 기존 금융시장의 자산을 디파이 인프라 위에서 운용할 수 있게 만든다는 의미이며, 현재까지 발전해 온 디파이 서비스들이 그 기술적 기반이 된다.

아직 디파이는 초기 시장 단계에 있지만, 규모가 큰 전통 금융 자산이 유동성으로 유입되기 시작하면 시장의 성격은 근본적으로 달라질 수 있다. 신뢰할 수 있는 기관 자금과 대규모 유동성이 블록체인 기반 금융 서비스에서 활용되면, 암호화폐와 블록체인이 현실과 동떨어져 있다는 인식도 점차 해소될 것이다. 이는 디파이가 보다 일상적인 금융 영역으로 확장되며 실질적인 금융 혁신을 만들어낼 수 있는 출발점이 된다.

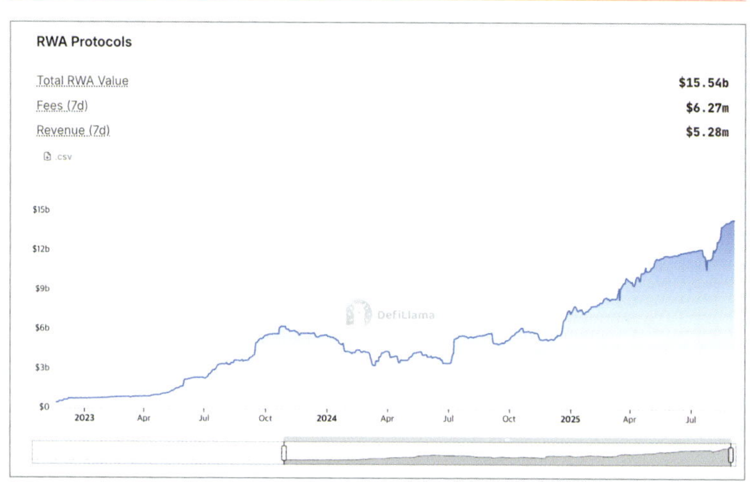

출처: 디파이라마

디파이라마DefiLlama 기준으로 살펴본 RWA 시장은 매우 가파른 성장세를 보이고 있다. 2023년 1월 약 7억 달러 수준이던 RWA TVL은 2024년 1월 50억 달러로 급증했고, 2025년 1월에는 75억 달러에 도달했다. 이후 9개월 만에 다시 두 배로 성장하며 2025년 9월 기준 약 155억 달러 규모까지 확대되었다.

RWA 시장에서 TVL 기준 점유율 1위는 시큐리타이즈Securitize로, 약 26억 달러 규모의 자산을 토큰화하고 있다. 이 가운데 가장 큰 비중을 차지하는 상품이 블랙록의 BUIDL 펀드로, 약 22억 달러 규모다. BUIDL 의 정식 명칭은 '블랙록 USD 기관 디지털 유동성 펀드BlackRock USD Institutional Digital Liquidity Fund'이며, 현금·미국 단기 국채·환매조건부채권 등 유동성이 높은 자산으로 구성된 기관 전용 머니마켓 펀드다.

이 펀드는 지분을 블록체인 상의 토큰 형태로 발행하며, 투자자는 해당 토큰을 통해 펀드 지분을 디지털 자산으로 보유한다. 토큰 가치 는 1달러 수준을 유지하도록 설계되어 있으며, 기초 자산에서 발생하는

RWA 시장 TVL 순위

Name		Asset Class	Total Assets
1	Securitize 10 chains	Treasury Bills +2	$2.652b
1	BlackRock BUIDL 7 chains	Treasury Bills	$2.221b
2	Blockchain Capital 1 chain	Private Equity	$234.99m
3	Apollo Diversified Credi... 6 chains	Private Credit	$111.92m
4	VanEck Treasury Fund 4 chains	Treasury Bills	$74.54m
5	Hamilton Lane Senior Cr... 3 chains	Private Credit	$9.27m
2	Ethena USDtb 1 chain	Treasury Bills	$1.818b
3	Ondo Finance 10 chains	Treasury Bills +2	$1.599b
4	Tether Gold 1 chain	Commodities	$1.385b
5	Centrifuge Protocol 6 chains	Private Credit	$1.135b
6	Paxos Gold 1 chain	Commodities	$1.067b

출처: 디파이라마

이자 수익은 배당 또는 리베이싱Rebasing 방식으로 투자자에게 제공된다. 일부 구조에서는 USDC 등 스테이블코인과의 스마트 컨트랙트 기반 교환 기능을 통해 유동성도 확보하고 있다. 다만 블랙록 BUIDL은 자격을 갖춘 기관 투자자만 참여할 수 있는 상품으로, 일반 개인 투자자의 접근성은 제한적이다. 따라서 현재 단계의 RWA 시장은 개인보다는 기관 중심으로 성장하고 있는 초기 국면으로 평가할 수 있다.

반면 TVL 2위인 에테나의 USDTb는 약 18억 달러 규모의 TVL을 보유하고 있으며, 일반 투자자도 참여할 수 있다. 시큐리타이즈의 블랙록 BUIDL과 구조적으로 유사한 RWA 상품은 TVL 3위인 온도 파이낸스Ondo Finance다. 온도 파이낸스는 일반 투자자가 디파이 환경에서 RWA 자산에 투자할 수 있도록 설계된 플랫폼이다. 한편 시큐리타이즈는 블랙록 BUIDL과 같은 기관 상품이 블록체인 상에서 토큰을 발행·관리할 수 있도록 지원하는 인프라 역할을 수행한다.

현재 RWA 시장은 크게 두 축으로 나뉜다. 하나는 블랙록 BUIDL을 중심으로 한 기관 중심 RWA 시장, 다른 하나는 온도 파이낸스를 대표로 하는 일반 투자자 참여형 RWA 시장이다. 블랙록 BUIDL은 미국 기관 투자자를 대상으로 구성된 규제 친화적 상품으로, 블랙록이라는 글로벌 금융기관이 주도한다는 점에서 안정성과 규모 측면의 강점이 크다. 반면 일반 개인 투자자의 접근성이 제한적이라는 한계가 존재한다.

온도 파이낸스는 블랙록 BUIDL에 비해 규제 강도는 상대적으로 낮지만, 글로벌 시장을 대상으로 한 디파이 친화적 RWA 상품을 제공한다. 누구나 비교적 쉽게 접근할 수 있다는 장점이 있는 반면, 아직 초기 시장 단계로 규제 명확성이 부족하다는 점은 리스크 요인으로 작용할 수 있다.

RWA 시장은 아직 초기 국면에 있으며, 기관과 일반 투자자가 동시에 시장 규모를 키워가고 있는 단계다. 암호화폐 시장 전반에서도 규제가 점진적으로 정비되면서 전통 금융 운용사들의 참여가 본격화되고 있다. 디파이와 RWA 시장은 기존 금융권 입장에서 아직은 이해와 적응이 필요한 영역이지만, 시간이 지날수록 암호화폐 시장의 핵심 축으로 성장할 가능성이 크다. 현재는 디파이 인프라, RWA 기술, 전통 금융기관이 결합하며 새로운 시장이 형성되는 초기 단계로, 이러한 흐름을 읽어내는 시점이라 할 수 있다.

4

비트코인의 새로운 실험,
바빌론과 비트코인 디파이의 부상

2025년 디파이 시장에서는 이더리움 리퀴드 스테이킹이 핵심 변화 축으로 작용했으며, 이에 더해 비트코인 디파이 시장의 확대가 또 하나의 중요한 전환점이 되었다. 비트코인은 기존의 가치 저장 수단을 넘어 탈중앙화 금융 생태계에 유동성을 공급하고, 예금·대출, 스테이킹을 통한 추가 수익 창출, 자산 토큰화 등 다양한 금융 활동에 활용되기 시작했다.

과거에는 비트코인 레이어2나 브릿지를 통해 이더리움 네트워크의 WBTC 형태로 디파이에 활용되는 것이 일반적이었다. 그러나 2025년 바빌론Babylon 서비스가 출시되면서 비트코인 네트워크 자체에서 직접적인 디파이 활용이 가능한 영역으로 확장되었다. 기존 WBTC 구조는 중개인이 필요했고, 비트코인 네트워크의 구조적 한계로 사용성과 보안 측면에서 제약이 있었다.

Chain	Protocols	DeFi TVL	7d Change	1m Change	Bridged TVL	Stables	24h DEXs Volume
Ethereum	1604	$95.394b	+2.94%	+11.33%	$523.945b	$161.476b	$3.861b
Solana	368	$12.762b	+8.21%	+38.16%	$57.299b	$12.487b	$3.534b
Bitcoin	81	$8.84b	+1.51%	+12.29%	-	-	$842,704
BSC	1014	$7.906b	+2.63%	+10.84%	$27.338b	$12.05b	$3.331b
Tron	46	$6.496b	+2.04%	+7.51%	$81.395b	$77.56b	$122.07m
Base	714	$5.179b	+3.12%	+7.52%	$22b	$4.456b	$1.603b

출처: 디파이라마

비트코인은 원래 스테이킹이 필요 없는 자산이지만, 바빌론 프로젝트는 비트코인 스크립트 기능을 활용해 스테이킹 개념을 접목했다. 사용자는 자산의 통제권을 외부에 위임하지 않은 상태에서 비트코인을 스테이킹할 수 있으며, 이렇게 스테이킹된 비트코인은 이더리움을 비롯한 탈중앙화 디파이 생태계에서 활용 가능한 기초 자산이 된다. 이는 제3자를 통한 브릿지 방식과 달리, 비트코인 사용자가 더 많은 권한을 유지한 채 디파이에 참여할 수 있도록 한 점에서 차별화된다.

이러한 구조를 통해 스테이킹된 비트코인을 담보로 다양한 디파이 상품을 설계할 수 있는 기반이 마련되었고, 비트코인이 이더리움을 포함한 탈중앙화 금융시장에 본격적으로 편입되는 초석이 다져졌다고 볼 수 있다.

2025년 9월 기준 디파이라마에 따르면, 비트코인 디파이 TVL은 88억 달러로 전체 3위를 기록했다. 1위 이더리움의 953억 달러에 비하면 아직 격차가 크고, 비트코인 전체 시가총액과 비교해도 작은 규모다. 그럼에도 디파이 전체 TVL 기준으로는 솔라나에 이어 세 번째로 높은 수치다. 2024년 이전까지 비트코인 디파이 TVL은 순위권에서 찾아보기 어려웠으나, 2025년 바빌론 비트코인 스테이킹 프로토콜 출시 이후 뚜렷한 변화가 나타났다.

비트코인 스테이킹 프로토콜은 바빌론이 처음 시장에 선보였지만, 유사하거나 더 발전된 구조의 서비스가 앞으로 등장할 가능성도 크다. 이는 비트코인을 활용한 탈중앙화 금융 시장의 확장 여지가 크다는 의미다. 비트코인은 디파이를 목적으로 설계된 자산은 아니지만, 제3자 신뢰 기관 없이 가치를 이전할 수 있도록 설계되었다는 점에서 가장 원초적인 형태의 디파이로 볼 수도 있다. 사토시 나카모토는 비트코인을 탈중앙화된 프로토콜 기반에서 자유롭게 주고받을 수 있도록 설계했다.

사용자는 지갑을 통해 비트코인을 송·수신할 수 있으며, 비트코인에는 '스크립트'라는 기초적인 프로그래밍 기능이 내장돼 있다. 복잡한 디파이를 염두에 두고 설계된 것은 아니기 때문에 기능과 확장성에는 한계가 있지만, 최소한의 디파이 기능은 구현 가능하다. 이러한 특성을 활용해 이더리움 기반 서비스와 연계하면 다양한 디파이 상품으로 확장할 수 있다. 실제로 비트코인을 잠금 처리하고, 이를 기반으로 외부에서 동일 가치의 자산을 발행해 디파이에 활용하는 구조는 이미 구현할 수 있는 영역이다.

암호화폐 시장에서 가장 유동성이 높고 안정적인 자산은 여전히 비트코인이다. 대부분의 알트코인은 비트코인에 비해 유동성과 안정성이 떨어진다. 디파이 시장에서는 안정적인 자산일수록 활용도가 높기 때문에, 비트코인은 예금·대출·유동성 공급 등 다양한 방식으로 활용될 수 있다. 단순 보유에 그치지 않고 추가 수익을 창출할 수 있는 구조가 안정적으로 작동한다면 활용 가치는 더욱 커진다. 물론 현재는 초기 단계로, 기술적 안정성과 리스크에 대한 검증이 더 필요하지만 시장이 성숙할수록 이러한 문제는 점진적으로 해소될 가능성이 크다. 이에 따라 비트코인 디파이 시장은 중·장기적으로 확대될 전망이다.

2025년 9월 기준 디파이 TVL 상위 서비스 가운데 비트코인 기반 프로젝트는 바빌론 프로토콜로, 전체 순위는 10위권이다. TVL 1위는 예금·대출 플랫폼 에이브이며, 2~4위는 이더리움 리스테이킹 및 리퀴드 스테이킹 서비스다. 5위는 USDe 스테이블코인 플랫폼 에테나, 6위는 펜들이다. 이어 ether.fi, 스파크, 모포가 뒤를 잇고, 10위에 바빌론 프로토콜이 위치한다. 바빌론의 TVL은 약 69억 달러다.

바빌론과 연계된 롬바드는 약 15억 달러 규모의 TVL을 기록하고 있다. 바빌론에서 스테이킹된 비트코인을 롬바드를 통해 유동화 자산으로 전환해 디파이에 추가 활용할 수 있다. 2024년이 유동화된 이더리움 자산의 성장기였다면, 2025년은 비트코인 스테이킹과 유동화된 비트코인

Chain	Protocols	7d Change	1m Change	DeFi TVL
Ethereum	1610	-12.63%	-11.55%	$85.875b
Solana	373	-12.62%	+2.85%	$11.037b
Bitcoin	83	-6.08%	-3.05%	$8.131b
BSC	1020	-2.75%	-1.86%	$7.62b
Tron	48	-6.25%	-3.88%	$6.012b
Base	720	-3.08%	+2.50%	$4.859b
Plasma	17	+7872297040%	-	$3.761b
Arbitrum	965	+3.29%	+24.19%	$3.278b
Hyperliquid L1	122	-22.96%	-7.01%	$2.121b
Avalanche	540	-10.35%	+6.39%	$2.042b

출처: 디파이라마

자산 활용성이 본격적으로 확대되는 시기로 볼 수 있다.

바빌론 프로토콜은 비트코인 네트워크에서 직접 비트코인을 잠금 처리하고, 스테이킹된 것과 동일한 효과를 바빌론 네트워크에서 구현한다. 비트코인 스크립트를 이용해 잠금 기능을 적용한 후, 바빌론 네트워크에서는 해당 비트코인을 스테이킹 가능한 토큰으로 사용할 수 있다.

브릿지와 유사하게 서로 다른 네트워크에서 자산을 활용할 수 있다는 점은 같지만, 기술적·개념적으로 차이가 있다. 핵심은 '비트코인을 비트코인 네트워크에서 관리하면서도 바빌론 네트워크에서 쓸 수 있다'는 점이다. 비트코인 홀더는 바빌론 네트워크에서 제공하는 스테이킹 기능을 써서 비트코인 잠금 처리 후 바빌론 토큰 형태로 추가 보상을 받을 수 있다.

바빌론 프로토콜 서비스는 2024년 10월 시작되었으며, 토큰은 2025년 4월 출시되었다. 2025년 9월 기준, 바빌론 토큰은 시가총액 약 400위권에서 거래되고 있다. 토큰 가격은 출시 후 조정을 받았지만, 바빌론 프로토콜에 스테이킹된 비트코인 TVL은 69억 달러로 꾸준히 상승하며, 비트코인 홀더들이 신뢰를 가지고 토큰을 활용하고 있음을 보여준다.

바빌론 프로토콜을 신뢰할 수 있다면, 비트코인 홀더는 단순 보유보다 스테이킹을 통해 추가 이자를 얻는 것이 유리하다. 현재 약 69억 달

비트코인 디파이 시장 TVL 순위

출처: 디파이라마

러 상당의 비트코인이 바빌론 프로토콜에 스테이킹되어 있어, 투자자들이 이를 적극 활용하고 있음을 보여준다.

비트코인 기반 디파이 시장은 아직 초기 단계지만, 점차 의미 있는 TVL을 기록하며 디파이 순위에서도 상위권에 자리 잡고 있다. 이더리움 중심의 디파이 서비스가 여전히 많지만, 유동성과 안정성이 높은 비트코인을 기반으로 한 디파이 서비스 역시 지속적으로 확장되는 중이다. 기술과 사용자 편의성도 향후 더 발전할 전망이며, 초기 단계의 한계를 극복하면서 디파이 시장에서 규모 있는 성장이 기대되는 분야다.

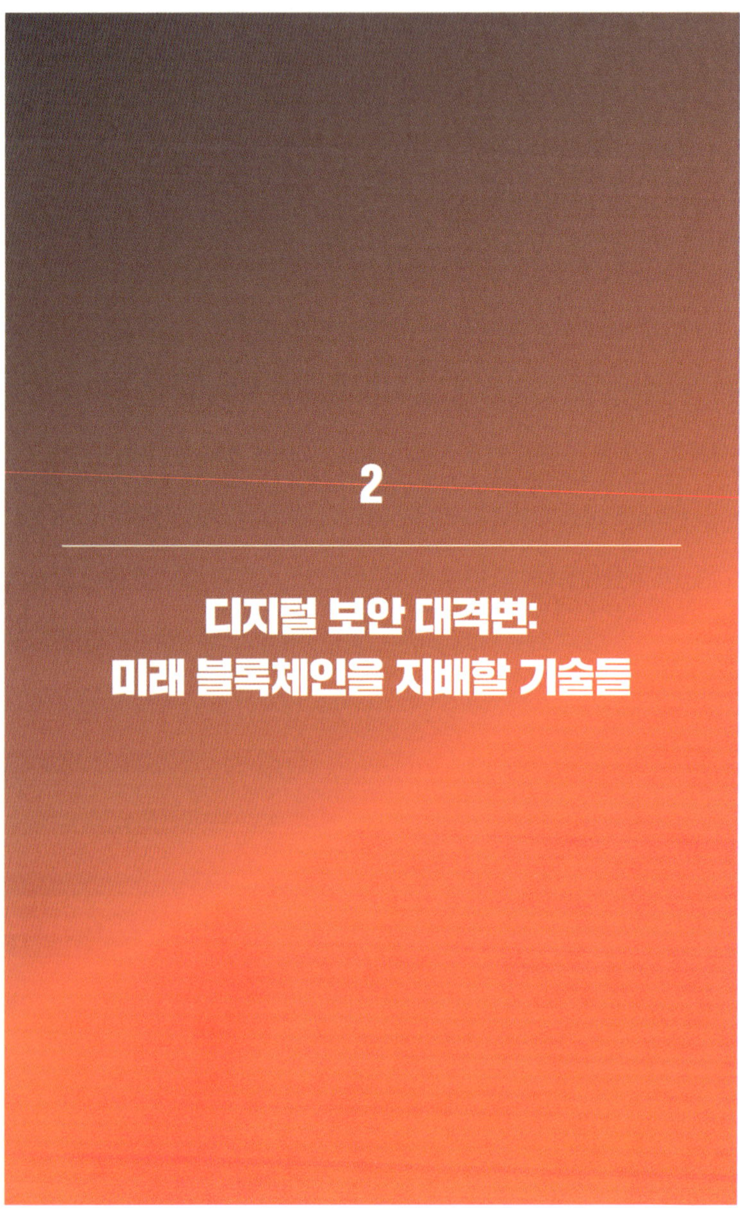

디지털 보안 대격변:
미래 블록체인을 지배할 기술들

1

레이어1의 기술 격차와
진화의 방향

레이어1L1 시장은 암호화폐 생태계에서 핵심 인프라 역할을 하며, 시장 성장과 미래를 좌우하는 중요한 포지션을 차지하고 있다. 따라서 L1 시장의 현황과 발전 방향을 이해하는 것은 암호화폐 시장을 전망하는 기본적 분석이라 할 수 있다.

레이어1은 거래 처리, 스마트 컨트랙트 실행, 탈중앙화 애플리케이션dApp 지원을 수행한다. 일부 L1은 스마트 컨트랙트 기능이 제한적이며, 대표적으로 비트코인이 해당된다. 스마트 컨트랙트 실행에 최적화된 대표 레이어1은 이더리움으로, 2025년 시장 규모는 약 577억 달러이며, 2030년까지 1.4조 달러로 성장할 전망이다. 이 성장은 확장성Scalability, 보안Security, 탈중앙성Decentralization이라는 '트릴레마'를 해결하기 위한 노력에서 비롯된다. 트릴레마는 세 요소를 동시에 달성하기 어려운 딜레마로, 각 L1은 접근 방식에 따라 장·단점이 존재한다.

주요 L1에는 비트코인, 이더리움, 솔라나, BNB 체인, 아발란체, 카르다노, 니어, 수이, 앱토스 등이 있으며, 시장 점유율과 기술 혁신 면에서 선두를 달리고 있다. 그러나 기술 격차는 여전히 크다. 예를 들어, 비트코인은 보안이 강하지만 속도가 느리고, 솔라나는 고속 처리에 강하나 네트워크 안정성과 관련한 문제가 있다.

비트코인은 암호화폐의 원조이자 가장 안정적인 L1으로, 작업증명PoW 합의 알고리즘을 사용하며, TPS는 약 7에 불과하다. 이는 보안을 최우선으로 설계했기 때문이다. 디지털 금으로 불릴 만큼 가치 저장 기능이 뛰어나며, 라이트닝 네트워크 같은 레이어2 솔루션으로 거래 확정성을 보완한다. 2025년 9월 기준 시가총액 약 2.18조 달러, 고유 주소 1.39억 개를 보유하고 있다. 단점은 에너지 소비가 높고 스마트 컨트랙트 지원이 제한적이라는 점으로, 현대적 디앱dApp 활용에는 한계가 존재한다.

이더리움은 레이어1의 표준으로 자리 잡았다. 작업증명 합의 알고리즘에서 지분증명 합의 알고리즘으로 전환 후 TPS는 약 119로 여전히 낮지만, 레이어2 롤업과 샤딩을 통해 확장성을 높이고 있다. 시가총액은 2025년 9월 기준 4,850억 달러로 2위이며, 디파이 TVL은 50퍼센트 이상 (약 516억 달러)을 점유하고 있다.

EVMEthereum Virtual Machine 호환성은 개발자 생태계를 폭발적으로 키웠으며, 3,180개의 고유 주소와 6,200명 이상의 기여자를 보유하고 있다. 이더리움의 모듈러 설계는 AI나 RWA 통합에 강점을 가지지만, TPS

가 낮아 중앙화 위험이 따르는 레이어2 의존도가 높다. 솔라나의 모놀리식(통합) 구조와 대비되며, 이는 이더리움이 유연성을, 솔라나가 속도를 우선하는 차이점으로 볼 수 있다.

솔라나는 고속 처리의 대명사다. POH^{ProOf Of History}와 POS를 결합한 매커니즘으로 TPS가 65,000에 달하며, 병렬 처리와 빠른 블록 시간을 자랑한다. 베이스^{Base}와 함께 AI 테마에서 선두를 달리고 있다. 그러나 네트워크 다운타임 이력과 벨리데이터 집중으로 인한 중앙화 우려가 약점이다. 이더리움의 모듈러 접근과 달리 솔라나의 모놀리식 구조는 애플리캐이션이 빠르게 실행될 수 있도록 최적화되어 있지만, 안정성에서는 격차가 있다.

BNB 체인은 실용성을 강조한다. PoSA^{ProOf Of Staked Authority}로 TPS 2,222를 달성하며, EVM 호환으로 DeFi, NFT, 게임파이^{GameFi} 생태계를 구축했다. 바이낸스 거래소 의존으로 탈중앙화는 약하지만, 규제 준수와 기업 적용에 강점을 가진다. 이더리움과 유사하지만 TPS가 높아 속도와 생태계 균형 측면에서 중간 수준을 유지한다. 다만 중앙화 거래소 중심 구조는 탈중앙화가 강한 솔라나, 아발란체 등과 대비되는 중요한 차이점이다.

아발란체는 유연성을 무기로 한다. SnowMan^{POS 변형} 매커니즘으로 TPS 4,500을 달성하며, 서브넷(커스텀 체인) 기능을 통해 기업용 커스터마이징이 가능하다. RWA 테마 및 B2B 시장에서 강점을 가지며, 모듈러 구조로 인터체인 연결이 우수하다. 그러나 유동성 분산과 밸리데이터 규모 부족이 약점이다. 이더리움의 샤딩과 유사하지만, 아발란체는 프라이빗 환경을 강조해 기관 투자자 유치에서 차별화된다.

카르다노는 우로보로스**Ouroboros** 지분증명 합의 알고리즘을 사용하며, TPS 1,000, 히드라 레이어2 상태 채널을 통해 확장성을 보완한다. 보안이 강하고 투명성이 우수하지만, 개발 속도가 느려 다른 레이어1에 비해 디앱 생태계 발전이 느리다.

니어 프로토콜은 초고속과 AI 통합에서 돋보인다. TPOS**Thresholded POS**로 TPS 12,000, 거래 최종성 1.2초, AI 에이전트 지원이 핵심이다. 생태계 성숙도는 아직 부족하지만, 확장성 측면에서는 솔라나를 능가한다. 레이어1 테마 중 AI를 가장 먼저 활용한 체인이다.

수이는 병렬 실행의 혁신자다. DPoS**Delegated PoS**로 TPS 297,000을 달성하며, Move 언어 기반 개발로 고속 처리 구현이 가능하다. 디파이 시장 TVL은 17억 달러 규모이며, 아직 초기 기술이라 성숙도가 낮고, 디파이 시장에서 다양한 보안 취약점에 취약한 측면이 있다.

앱토스는 수이와 유사하면서 RWA 특화 시장을 공략한다. BFT 기반 PoS로 TPS 160,000을 달성하며, Move 언어와 병렬 실행을 통해 고속 처리한다. RWA 시장 규모는 3.3억 달러이며, 네트워크 안정성 문제는 있으나, 다각화된 포트폴리오로 점유율을 확대해 나가고 있다.

Chain ⇕	Protocols ⇕	7d Change ⇕	1m Change ⇕	DeFi TVL ⇕
Ethereum	1612	-5.43%	-6.71%	$88.636b
Solana	373	-3.62%	+6.53%	$11.398b
Bitcoin	83	-0.27%	+3.12%	$8.486b
BSC	1022	+1.82%	+3.47%	$7.917b
Tron	48	-0.41%	+1.48%	$6.172b
Plasma	19	+10363675119%	-	$5.458b
Base	722	+3.13%	+6.34%	$5.055b
Arbitrum	966	+13.47%	+31.05%	$3.468b
Hyperliquid L1	123	-8.34%	-0.26%	$2.179b
Avalanche	541	-4.71%	+14.34%	$2.153b

출처: 디파이라마

레이어1 시장의 기술력과 향후 발전 및 현재 수준을 파악하기 위해 디파이 TVL을 참고하면 시장에서 주목받는 레이어1을 구별할 수 있다.

2025년 9월 기준 TVL 1위는 이더리움으로 858억 달러이며, 2위는 솔라나로 110억 달러다. 이더리움에 비해 수치가 크게 차이 난다. 비트코인 네트워크를 제외하면 4위는 BSC 체인으로 76억 달러, 5위는 트론으로 60억 달러다. 6, 7, 8위는 레이어2로, 각각 베이스 48억 달러, 플라즈마 37억 달러, 아비트럼 32억 달러 규모다. 9위는 신생 체인이자 무기한 탈중앙화(선물) 거래소인 하이퍼리퀴드이며, 10위는 아발란체로 TVL

20억 달러 규모다.

디파이 시장은 레이어1의 현재 상황과 추후 발전을 가늠할 수 있는 지표를 제공한다. 레이어2는 이더리움의 확장 체인이므로 이더리움 TVL과 함께 분석할 수 있다. 시장 점유율이 가장 높은 이더리움과 이더리움 확장 체인인 레이어2가 차지하는 디파이 시장 규모가 크며, 이더리움을 포함한 레이어2는 EVM^{Ethereum Virtual Machine}을 활용해 DApp^{Decentralized Application, 탈중앙화 애플리케이션}이 운용된다. EVM 시장은 이더리움의 시장 지배력을 가장 정확하게 보여주는 지표다. 디파이 시가 총액 순위에서 솔라나를 제외하면 BSC, 하이퍼리퀴드, 아발란체 모두 EVM 기반으로 운용된다. 트론은 EVM과 거의 유사하지만 약간의 차이가 있다. 따라서 디파이 TVL 10위권의 주요 레이어1 및 레이어2는 이더리움 호환성이 높은 EVM 기반으로 구성되어 있다.

시장에서 이더리움의 경쟁 체인으로 볼 수 있는 솔라나와 수이는 EVM 기반 시장이 아니다. 이는 이더리움 기반 EVM에서 디앱을 개발한 개발자가 다른 EVM 체인에서는 자신이 만든 디앱을 쉽게 배포하고 운영할 수 있지만, 솔라나와 수이 계열에서는 어렵다는 의미다. 솔라나 생태계와 수이 생태계는 성장에 시간이 오래 걸리며, 다른 EVM 기반 시장에서 빠르게 성장한 서비스를 접목하려면 많은 시간이 필요하다.

솔라나 생태계는 시장에서 비교적 안정적인 위치를 확보하고 있으며, 생태계도 성숙한 편이다. 그러나 수이처럼 신생 체인이면서 시장의 관심이 높은 체인은 성장과 안정화에 더 많은 시간이 필요하다. 2026년 1월 기준, 이더리움을 포함한 EVM 계열과 솔라나는 생태계가 활성화되어 있고 개발자 인력도 풍부하다. 반면 수이 생태계는 기대와 관심은 크지만, 실제 성장과 안정화에는 시간이 더 걸릴 것이다. EVM 기반을 선택하지 않은 레이어1 시장은 성숙까지 시간이 필요하며, 경쟁에서 뒤처지지 않기 위해 더 많은 개발자 확보와 빠른 성장이 필수적이다.

2

하이퍼리퀴드,
탈중앙 파생상품 거래소의 새로운 가능성

하이퍼리퀴드는 탈중앙 파생상품 거래소이면서 자체 블록체인 인프라를 갖춘 프로젝트다. 2025년 암호화폐 시장에서 가장 주목받으며 혁신과 시장의 내러티브를 이끈 프로젝트 중 하나다. 기존 시장은 레이어1과 탈중앙 거래소가 분리된 구조였는데, 이를 결합했으며 벤처캐피털 중심의 투자로 인해 일반 투자자들이 알트코인 시장에서 소외되던 부분을 혁신적으로 개선했다.

기존 디파이 프로토콜은 블록체인과 거래소 로직이 각각 분리되어 설계되는 일이 많았다. 하지만 하이퍼리퀴드는 거래 중심 기능을 레이어1에 내장한 구조다. 이로 인해 기존 탈중앙화 거래소에서 발생하던 거래 지연과 낮은 처리량 문제를 혁신적으로 개선했다. 레이어1이면서 탈중앙화 거래소의 장점을 극대화한 프로젝트다.

레이어1이면서 파생상품 거래소이기 때문에 합의 알고리즘을 갖추고 있다. 레이어1 시장에서 많이 활용되는 BFT 기반 합의 알고리즘을 사용하고 있으며, HyperBFT하이퍼BFT를 채택했다. 고속 합의와 낮은 지연성을 목표로 하며 중앙화 거래소 수준의 거래 응답 속도를 지향한다. 다만 BFT 합의 알고리즘은 시장에서 널리 활용되지만, 노드 수 제한 및 검증자 선정의 투명성 측면에서 리스크가 존재한다.

주문 방식에서는 AMM 방식이 아닌 전통적인 오더북 방식을 온체인으로 구현했다. 탈중앙화 거래소는 유니스왑과 같은 AMM 방식이 주류이기 때문에 중앙화 거래소에 익숙한 사용자들에게는 사용이 어려운 경우가 많다. 하이퍼리퀴드는 이러한 문제를 해결했다. 트레이더의 주문을 체인 위에 직접 기록하고 매칭하는 구조다.

시장에 가장 널리 활용되는 EVM 기반 스마트 컨트랙트를 사용한 점도 많은 사용자를 유입한 중요한 요소 중 하나다. 레이어1이면서 자체 블록체인 기술을 보유하고 있음에도, 최종 사용자가 가장 익숙하게 활용하는 EVM 기반 스마트 컨트랙트로 탈중앙화 거래소를 구현했다. 이는 향후 업그레이드와 시장 호환성 측면에서 유리한 위치를 확보할 수 있게 한다.

이 외에도 프로토콜 볼트 기능을 통해 유동성을 제공하고 청산을 집행하는 전략 자동화 수단을 갖추고 있다. 커뮤니티가 참여 가능한 마켓 메이킹 및 청산 구조로, 이익의 일부를 재분배한다. 마진과 레버리지 청산 역시 파생상품 거래소에서 활용되는 기능 대부분을 지원한다. 격리

마진과 교차 마진을 지원해 사용자 자금을 효율적으로 배치하고 다양한 리스크에 대비할 수 있도록 한다. 다만 레버리지 및 가격 청산 과정에서 오라클의 정확성과 슬리피지 위험이 중요하며, 이러한 부분은 중앙화 거래소 대비 추가적인 개선이 필요하다.

탈중앙화 거래소의 특성상 오라클을 통해 외부 가격을 가져와 온체인에 반영하는 과정에서 오차가 생길 수 있다. 중앙화 거래소는 가격을 즉각적으로 반영하지만, 탈중앙화 거래소는 외부 가격과의 괴리가 일부 생길 수 있다. 시장 변동성이 급격히 커지거나 유동성이 낮은 알트코인은 외부 거래소와의 가격 차이로 인해 의도하지 않은 청산이 발생하거나 가격 괴리로 인한 불편을 겪을 수 있다. 이는 탈중앙화 거래소가 극복해야 할 과제 중 하나다.

하이퍼리퀴드는 기술적 혁신뿐만 아니라 실제 시장에서 에어드롭을 통해 실사용자에게 많은 물량을 배분했으며, 수수료 수익의 상당 부분을 다시 HYPE 토큰 매수에 활용하는 구조로 설계되어 거래소의 선순환 구조를 형성하고 있다. 기존 시장과의 가장 큰 차별점은 표면적으로 벤처캐피털 물량이 토큰 이코노미에 포함되어 있지 않다는 점이다.

초기 에어드롭으로 배포된 물량은 31퍼센트이며, 핵심 개발팀에 할당된 물량은 23.8퍼센트다. 나중에 커뮤니티 보상 등으로 할당된 물량은 38.89퍼센트이며, 팀 운영 및 예산으로 6퍼센트, 커뮤니티 그랜트로 0.3퍼센트, 나머지는 HIP-2 프로포절 할당 물량으로 0.012퍼센트다. 다

출처: 디파이라마

시 말해 대부분의 물량이 에어드롭 및 커뮤니티 물량으로 배분되었고 VCVenture Capital, 벤처캐피털-스타트업 등 초기 투자자는 없으며, 핵심 개발팀 물량은 23.8퍼센트다. 공식적인 물량 구조는 이와 같지만, 실제 핵심 개발팀 물량에 일정 부분 VC나 MM 팀의 물량이 포함되어 있을 가능성도 완전히 배제할 수는 없다. 중요한 점은 공식적인 투자 유치 없이 실제 사용자들에게 할당된 에어드롭과 사용을 기반으로 시장에서 시가총액 20위권까지 오른 유일한 프로젝트라는 사실이다. 더불어 시장에서 내러티브를 형성하며 주요 플레이어들이 하이퍼리퀴드를 좇아 '제2의 하이퍼리퀴드'를 표방하는 탈중앙화 선물 거래소 프로젝트들이 다수 출시되었다.

레이어1 시장 디파이 TVL 순위

Chain ⇕	Protocols ⇕	7d Change ⇕	1m Change ⇕	DeFi TVL ⇕
Ethereum	1612	-5.43%	-6.71%	$88.636b
Solana	373	-3.62%	+6.53%	$11.398b
Bitcoin	83	-0.27%	+3.12%	$8.486b
BSC	1022	+1.82%	+3.47%	$7.917b
Tron	48	-0.41%	+1.48%	$6.172b
Plasma	19	+10363675119%	-	$5.458b
Base	722	+3.13%	+6.34%	$5.055b
Arbitrum	966	+13.47%	+31.05%	$3.468b
Hyperliquid L1	123	-8.34%	-0.26%	$2.179b
Avalanche	541	-4.71%	+14.34%	$2.153b

출처: 디파이라마

3

리스테이킹 혁명:
이더리움이 만드는 보안 경제의 새로운 질서

이더리움 네트워크에서 리스테이킹Restaking은 기존 스테이킹Staking의 확장된 형태로, 사용자가 이미 스테이킹된 ETH를 추가적인 보안 서비스나 다른 프로토콜에 재사용할 수 있게 하는 메커니즘이다. 이는 이더리움의 PoSProof Of Stake 합의 메커니즘을 기반으로 하며, 스테이킹된 자산을 '재스테이킹'해 Avs.Actively Validated Services라고 불리는 다양한 네트워크 서비스(제시 예:: 오라클, 브리지, 데이터 가용성 레이어 등)의 보안을 강화한다. 리스테이킹은 2023년경 아이겐레이어EigenLayer의 등장으로 본격화되었으며, 디파이DeFi 생태계에서 가장 빠르게 성장하는 분야 중 하나로 자리 잡고 있다. 이 시장은 스테이킹 수익률을 높이는 동시에 네트워크 보안을 공유하는 '공유 보안Shared Security' 모델을 통해 이더리움의 확장성을 강화하지만, 동시에 새로운 위험 요소도 존재한다.

리스테이킹의 주요 이점은 스테이킹된 자산의 효율성을 극대화하는

데 있다. 예를 들어 사용자는 ETH를 스테이킹한 후 해당 자산을 리스테이킹해 추가 수익을 얻을 수 있으며, 이는 LRT^{Liquid Restaking Token} 형태로 유동성을 유지한 상태에서도 가능하다. 그러나 이 과정에서 슬래싱^{Slashing} 위험, 자산 손실 가능성이 증가할 수 있다. 2025년 10월 기준, 리스테이킹 시장의 TVL^{Total Value Locked}은 287억 달러 수준이다.

이더리움 리스테이킹 시장은 아이겐레이어^{EigenLayer}, 심바이오틱^{Symbiotic}, 카락^{Karak} 등의 프로토콜이 주도하고 있으며, 초기 아이겐레이어의 독점적 지위에서 치열한 3강 경쟁 구도로 진화했다. 이들 프로토콜은 모두 이더리움 기반으로, 스테이킹된 이더를 재활용해 다양한 Avs.를 지원한다.

아이겐레이어는 리스테이킹의 선구자로, 2025년 10월 기준 리스테이킹 시장 점유율 1위를 차지하며 TVL 190억 달러를 기록하고 있다. 아이겐레이어는 네이티브 이더 리스테이킹과 아이겐팟^{EigenPods}을 제공하며, 이더가 TVL의 대부분을 구성한다. 이 프로토콜은 약 1,500명의 운영자를 유치하며 안정적인 성장을 보이고 있으며, EIGEN 토큰의 강력한 토크노믹스와 디파이 통합으로 인해 2025년의 '파워하우스'로 평가된다.

심바이오틱은 아이겐레이어의 대안으로 부상한 프로토콜로, 보다 유연한 리스테이킹 옵션을 제공한다. 심바이오틱은 다중 자산 지원(ETH 외 다른 토큰도 가능)과 낮은 진입 장벽으로 중소형 사용자에게 인기가 있으며, 2025년 시장 점유율이 빠르게 증가하고 있다. 2025년 10월 기준

TVL은 12억 달러로 아이겐레이어의 TVL 190억 달러에 비해 규모는 작지만, 리스테이킹 시장에서 비트코인 계열 바빌론^{Babylon}을 제외하면 2위에 해당하며 잠재 성장성이 높다.

리스테이킹 시장에서 TVL 10억 달러 이하 규모의 프로토콜로는 펠 네트워크^{Pell Network}가 약 5억 달러, B14G가 3억 달러, 카락^{Karak}이 2억 달러 수준으로, 이들 프로젝트 역시 리스테이킹 시장 점유율 확대를 위해 경쟁하고 있다.

리스테이킹 시장의 성장을 측정하는 핵심 지표는 TVL이다. 2025년 10월 기준 리스테이킹 전체 시장 규모는 TVL 기준 287억 달러다. 리스테이킹 시장을 주도하는 아이겐레이어의 경우, 전체 시장에서 189억 달러 규모의 TVL을 보유해 약 65퍼센트의 비중을 차지하고 있다. 아이겐레이어는 초기 시장을 선도하며 리스테이킹 시장을 형성했으나, 2025년에 등장한 바빌론 중심의 비트코인 리스테이킹 시장이 점유율을 확대하고 솔라나 등 다양한 체인으로 리스테이킹이 확장되면서 시장 점유율은 다소 감소했다. 리스테이킹 시장 전체 TVL의 변화와 아이겐레이어 TVL의 변화를 살펴보면 차트 흐름이 유사한 것을 확인할 수 있다. 이는 실제 시장을 주도하고 있는 프로젝트가 아이겐레이어임을 보여 주며, 이를 통해 다른 체인과 시장에서 리스테이킹 영역을 점차 추격하고 있는 현황을 알 수 있다.

리스테이킹 시장은 이더리움의 보안을 확장하는 핵심 기술이자, 시

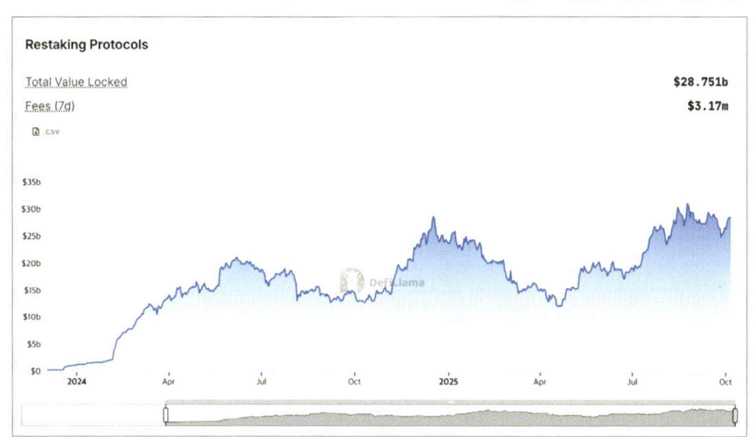

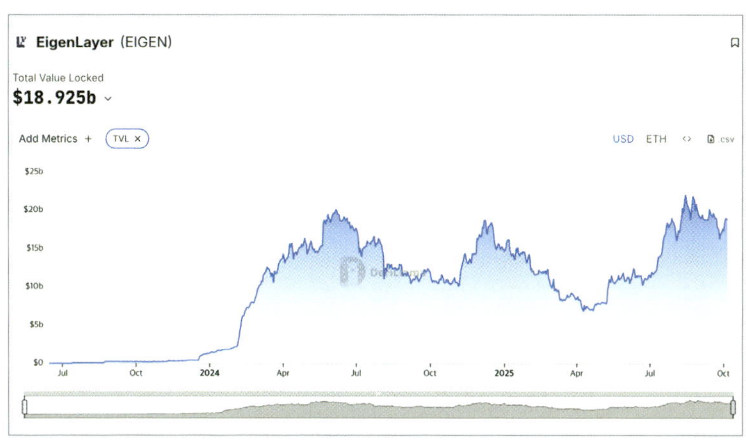

출처: 디파이라마

장에서 스테이킹된 이더 자산을 보다 자유롭게 활용할 수 있게 하는 혁신적인 상품이다. 그러나 분명한 리스크도 존재한다. 높은 수익률과 기회에는 항상 리스크가 따르므로, 투자자는 리스테이킹이 전통적인 이더리움 스테이킹보다 기본적으로 더 높은 위험을 수반한다는 점을 인지해야 한다.

기본적인 리스크로는 이더리움 스테이킹과 동일하게 슬래싱^{Slashing} 위험이 존재한다. 리스테이킹은 재스테이킹된 자산이므로, 기본적으로 기존 스테이킹과 동일한 슬래싱 위험을 내포한다. 보유 자산은 토큰 형태로 표시되지만, 해당 토큰을 구성하는 실제 메커니즘에는 스테이킹 개념이 적용되기 때문이다. 스테이킹 검증인의 활동에 따라 슬래싱이 생길 수 있으며, 전통적인 이더리움 스테이킹에 비해 리스테이킹은 프로토콜 구조가 다양하고 검증인을 직접 확인하기 어려운 상황이 많아 투자자 입장에서는 슬래싱 위험이 다소 증가한다. 하나의 Avs. 실패가 전체 구조에 영향을 줄 수 있는 형태이기 때문에, 슬래싱 위험은 전통적인 이더리움 스테이킹보다 더 확대될 수 있다.

게다가 디파이^{DeFi} 리스크가 기본적으로 존재한다. 라이도^{Lido} 스테이킹 플랫폼과 마찬가지로 스마트 컨트랙트를 활용한 디파이 서비스이기 때문에, 코드 결함으로 인한 스마트 컨트랙트 취약점 공격에 노출될 가능성이 있다.

마지막으로 시장 유동성 변동에 따른 가격 디페깅^{Depegging} 이슈가 있다. 기본적으로 가격은 이더리움을 스테이킹한 자산과 동일한 수준을 유지하지만, 시장에서 급격한 유동성 변화가 발생한다면 일시적인 가격

페깅 붕괴가 나타나 이더리움과의 가격 차이가 생길 수 있다. 이는 라이도의 스테이킹된 이더에서 발생하는 가격 페깅 현상과 유사하지만, 변동성은 더 클 수 있다. 이더리움 자체는 가격 디페깅 개념이 존재하지 않으며, 전통적인 방식으로 스테이킹한 이더 역시 가격 디페깅이 생기지 않는다. 그러나 디파이를 활용한 라이도의 스테이킹된 이더를 포함해 리스테이킹 시장에서 활용되는 모든 이더 자산에는 가격 디페깅 가능성이 존재한다. 시장 상황에 따라 일시적인 디페깅이 발생할 수 있으며, 급격한 변동성 장세에서는 이러한 가격 디페깅 현상이 더욱 확대될 수 있다.

결론적으로 이더리움 리스테이킹 시장은 이더리움을 디파이 시장에서 활용하는 효율을 극대화하는 장점이 있다. 이더리움을 단순히 보유하는 것보다 이더리움 스테이킹 자산을 보유하는 것이 수익률 측면에서 유리하며, 이보다 더 높은 수익률을 기대할 수 있는 방식이 리스테이킹된 이더를 보유하는 것이다. 단순히 보유하는 것만으로도 해당 자산을 활용하는 프로젝트의 보안을 강화하는 효과를 제공하며, 그에 따른 보상으로 더 높은 수익률을 얻을 수 있다.

반면 이렇게 활용되는 자산은 리스테이킹 시장을 이끄는 서비스 주체들이 어떤 보안 취약성을 지니고 있는지에 따라 리스크 요인으로 작용하게 된다. 시장에서는 누구나 리스테이킹 서비스를 제공할 수 있기 때문에, 보안 리스크가 큰 서비스를 다수의 사용자가 이용할 때 이더리움 리스테이킹 시장 전체에 위협이 될 수 있으며, 이러한 위협은 궁극적으로 이더리움 시장 전반에까지 영향을 미칠 수 있다. 전통 금융 시장의 레버리지 상품으로 이해할 수도 있지만, 수익 측면에서는 레버리지 상품의 성격을 지니는 반면, 이더리움 프로토콜의 관점에서는 보안을 강화하는 서비스로도 해석할 수 있다. 기술적 관점에서는 보안을 강화하지만, 그 보안 강화가 무분별하게 이루어진다면 오히려 시장에 위협적인 요소로 작용할 수 있는 양면성을 지닌 기술이다.

자본 효율을 극대화하는 것은 분명한 장점이지만, 그 수준이 과도해진다면 오히려 자본 효율의 극대화가 이더리움의 근본적인 메커니즘 자체에 위협이 될 수도 있다. 현재 시장에서는 이더리움을 스테이킹한 자산과 이를 한 단계 더 활용한 리스테이킹 시장까지를 심각한 위협으로 인식하지는 않는 분위기다. 그러나 이보다 더 높은 레버리지를 활용하거나 무분별하게 높은 이자와 수익만을 목표로 설계된 프로젝트는 시장에 실질적인 위험 요인이 될 수 있다. 보안과 시장 효율 사이의 적정한 균형 속에서, 이더리움 리스테이킹 시장은 비트코인을 포함한 다른 레이어1 시장에서도 자본 효율을 극대화하는 동시에 보안을 강화하는 방향으로 발전해 나갈 것으로 기대된다.

양자 컴퓨터의 위협과
블록체인의 방어 전략

블록체인은 수학 위에 세워진 신뢰의 체계다. 사람을 믿지 않아도, 중앙 기관이 없어도 시스템이 유지될 수 있었던 이유는 바로 암호학 덕분이었다. 블록체인의 모든 거래는 암호 서명으로 보호되며, 개인 키를 가진 사람만이 자산의 소유권을 증명할 수 있다. 타원곡선 서명**ECDSA**과 같은 암호 방식은 현재의 컴퓨터로는 사실상 풀 수 없는 난제를 기반으로 만들어졌고, 이 덕분에 지금까지 블록체인은 수십억 달러 규모의 가치를 안전하게 지켜 왔다. 그러나 이 견고한 전제가 흔들리기 시작했다. 그것이 바로 양자컴퓨터의 등장이다.

양자컴퓨터는 기존의 디지털 컴퓨터와는 완전히 다른 원리로 작동한다. 우리가 사용하는 컴퓨터는 0과 1이라는 두 상태 중 하나만을 가지는 비트**Bit**로 정보를 처리한다. 반면 양자컴퓨터는 0이면서 동시에 1인 상태를 가질 수 있는 '양자 비트**Qubit**'를 이용한다. 이러한 특성 덕분에 양자컴퓨터는 동시에 수많은 계산을 병렬로 수행할 수 있다. 아직 완전한 형태의 양자컴퓨터가 상용화되지는 않았지만, 이미 IBM, 구글, 리게티 Rigetti와 같은 기업들이 100큐비트 이상의 양자 칩을 개발하고 있다. 문제는 이러한 계산 능력이 단순한 속도 향상을 넘어, 현재 우리가 사용하는 암호 체계의 기반 논리를 무너뜨릴 수 있다는 점이다.

1994년 수학자 피터 쇼어Peter Shor는 양자컴퓨터로 기존 암호를 무너뜨릴 수 있는 알고리즘을 제시했다. 이른바 쇼어 알고리즘Shor's Algorithm이다. 이 알고리즘은 타원곡선 서명이나 RSA 암호가 의존하는 이산 로그 문제와 소인수 분해 문제를 훨씬 빠른 시간에 풀어낼 수 있다. 지금까지 수천 년이 걸릴 것으로 여겨졌던 암호 연산이 양자컴퓨터에서는 몇 초 또는 몇 분 안에 해결될 수 있다는 뜻이다. 만약 충분히 강력한 양자컴퓨터가 등장한다면 블록체인의 개인 키를 역산하는 것이 가능해진다. 그 순간 블록체인의 모든 지갑과 거래 기록은 위조를 할 수 있다. 이렇게 되면 지금까지 불변이라고 믿어 온 블록체인의 신뢰는 단 한 번의 연산으로 무너질 수 있는 것이다.

이것이 바로 '양자 위협Quantum Threat'이다. 블록체인의 신뢰는 수학적 보안 위에 세워져 있다. 그러나 그 수학이 깨지면 신뢰도 함께 붕괴된다. 이 문제는 단순히 먼 미래의 기술적 우려가 아니다. 블록체인은 과거의 거래가 미래에도 검증 가능해야 하는 시스템이다. 지금 기록되는 모든 거래는 10년, 20년 뒤에도 여전히 유효해야 한다. 하지만 양자컴퓨터가 실용화된다면 과거의 거래조차 안전하다고 장담할 수 없게 된다.

이러한 위협에 대응하기 위해 전 세계의 암호학자들은 새로운 해법을 모색하기 시작했다. 그것이 바로 '포스트양자 암호Post-Quantum Cryptography, PQC'다. 포스트양자 암호는 양자컴퓨터로도 풀기 어려운 새로운 수학적 구조를 기반으로 설계된다. 기존 암호가 소인수 분해나 이산 로그 문제에 의존했다면, PQC는 격자Lattice 문제, 다항식 계산, 해시 트리 등 양자 병렬 연산이 효과적으로 작동하지 않는 영역을 활용한다.

미국의 표준기술연구소NIST는 2017년부터 차세대 암호 표준화를 추진해 왔고, 그 결과 4개의 핵심 알고리즘이 선정되어 있다. 카이버Kyber는 빠른 속도와 작은 키 크기로 암호화 부문에서 높은 효율성을 보이며, 딜리튬Dilithium과 팔콘FALCON은 블록체인에서 사용할 수 있는 서명 알고리즘으로 평가받고 있다. 스핑크스 플러스SPHINCS+는 해시 기반으로 가장 높은 보안성을 가진 서명 구조다. 이들은 모두 '양자 내성Quantum Resistance'을 보장하기 위해 설계되었다.

그러나 문제는 간단하지 않다. 이러한 알고리즘들은 서명 크기가 기존보다 수십 배 커지고, 검증 속도도 상대적으로 느리다. 블록체인처럼 초당 수천 건의 거래를 처리해야 하는 시스템에서는 성능 저하가 불가피하다. 그럼에도 불구하고 이 새로운 암호 구조는 반드시 도입되어야 한다. 이는 신뢰를 유지하기 위해서다. 이 과정에서 일부 프로젝트들은 기존 블록체인을 유지하면서도 양자 내성을 확보하기 위한 새로운 접근을 시도하고 있다.

그중 하나가 '퀀텀 레지스턴트 레저Quantum Resistant Ledger, QRL'다. QRL
은 세계 최초로 양자 저항형 블록체인을 표방한 프로젝트다. 이 블록체
인은 XMSSeXtended Merkle Signature Scheme라는 해시 기반 서명 방식을 사용
해 양자컴퓨터의 공격에도 안전한 구조를 가진다. 특히 QRL은 주소를
일회용으로 사용하도록 설계해 개인 키가 노출될 가능성을 원천적으로
차단했다. 트랜잭션이 완료되면 해당 주소는 더 이상 재사용할 수 없기
때문에, 과거의 서명이 공격받는 상황을 막는다. QRL은 블록체인 세계
에서 포스트양자 암호를 실제로 구현한 최초의 사례로 평가된다.

또 다른 예가 알고랜드Algorand다. 알고랜드는 고속 합의 알고리즘으
로 유명하지만, 최근에는 포스트양자 구조로의 전환을 준비하고 있다.
2023년부터 일부 블록 증명State Proofs에 FALCON 서명 알고리즘을 적용
해 양자 보안성을 강화했다. 기존의 타원 곡선 서명과 포스트양자 서명
을 혼합한 하이브리드 모델로, 점진적 전환을 실험하고 있는 셈이다.

사물인터넷 결제 네트워크로 시작한 아이오타IOTA도 초기에 윈터니
츠Winternitz 서명이라는 해시 기반 방식을 도입해 양자 보안을 실험했다.
다만 서명 재사용이 불가능하다는 제약으로 이후 개선이 이루어졌지만,
블록체인보다 가벼운 DAG 구조에서 양자 내성 서명을 시도한 첫 프로
젝트라는 점에서 의미가 있다.

또 하나 흥미로운 프로젝트는 셀프레임Cellframe이다. 러시아 카잔 국

립대 연구진이 개발한 이 프로젝트는 러시아 표준 암호 알고리즘과 포스트양자 암호를 결합한 구조를 채택하고 있다. 셀프레임은 단순한 블록체인이 아니라 양자 보안을 지원하는 멀티체인 인프라 플랫폼을 목표로 한다. VPN과 스마트 컨트랙트, 통신 시스템까지 양자 보안을 적용해 양자 시대의 분산 인프라를 실험하는 중이다.

이처럼 새로운 세대의 프로젝트들은 이미 포스트양자 시대를 향해 한 발짝 나아가고 있다. 그렇다면 기존의 대표 블록체인들은 어떻게 대응하고 있을까? 비트코인은 현재 ECDSA 서명 방식을 사용 중이다. 양자컴퓨터가 등장한다면 가장 직접적인 위협을 받는 구조다. 비트코인 커뮤니티는 이를 인식하고 두 가지 대응 방향을 논의하고 있다.

첫 번째는 하드포크를 통해 PQC 서명 알고리즘으로 전환하는 방법이다. 두 번째는 공개된 주소에서 새로운 주소로 코인을 옮겨 개인 키 노출을 최소화하는 '주소 재생성 운동'이다. 이미 MIT DCI와 비트멕스 리서치BitMEX Research 등은 비트코인을 '양자 대응형Bitcoin Quantum-Ready'으로 전환하기 위한 기술적 시뮬레이션을 진행 중이다.

이더리움은 구조적으로 더 유연하다. 지분 증명PoS 전환 이후 이더리움은 암호 알고리즘을 모듈화해 필요할 때 교체할 수 있도록 설계되어 있다. 따라서 이더리움 재단과 연구자들은 포스트양자 서명 알고리즘을 스마트 컨트랙트나 레이어2 환경에서 실험하고 있다. 특히 영지식 증명 zk-SNARKs과 PQC를 결합하는 연구는 양자 시대의 프라이버시 보안 모델로 주목받고 있다. 비탈릭 부테린Vitalik Buterin은 "양자컴퓨터의 등장은 피할 수 없지만, 교체할 수 있는 구조를 갖추는 것이 진정한 대비다"라고 언급했다.

솔라나는 초당 수천 건의 거래를 처리하는 초고속 블록체인이지만, 역시 Ed25519 서명 구조로 인해 양자 공격에 취약하다. 솔라나랩스는 이미 팔콘FALCON과 딜리튬Dilithium 서명 알고리즘의 호환성을 검증하는 테스트망을 가동했다. 게다가 데이터 압축 기술을 이용해 서명 크기가 커지는 문제를 보완하려는 연구도 병행하고 있다. 솔라나는 현실적 성능을 유지하면서 PQC 전환을 시도하는 대표적인 고속 체인이다.

포스트양자 전환은 단순히 암호 알고리즘을 바꾸는 일이 아니다. 기술적으로는 어렵지 않지만, 문제는 합의에 있다. 블록체인은 탈중앙화된 네트워크다. 하나의 결정이 전 세계 수만 명의 노드와 이해관계자에게 동시에 영향을 미친다. 새로운 서명 구조로 바꾸려면 모든 참여자들이 동의해야 하며, 그 과정은 정치적이고 사회적인 문제이기도 하다.

PQC 서명은 크기가 커지고 검증 속도가 느리기 때문에 거래 비용이 높아질 수밖에 없다. 블록체인의 핵심인 효율성과 보안 사이의 균형이 다시 논의될 것이다. 무엇보다 이미 존재하는 과거 블록체인의 공개키들은 양자 공격에 노출되어 있다. 그 기록을 되돌리거나 보호하는 것은 불가능하다. 결국 지금 필요한 것은 '언제 준비할 것인가'에 대한 선택이다.

양자컴퓨터가 언제 상용화될지는 아무도 모른다. 그러나 블록체인의 데이터는 영구히 남는다. 10년 뒤, 20년 뒤에도 지금의 거래가 검증되어야 한다면, 양자 대비는 지금부터 시작되어야 한다. QRL과 알고랜드는 이미 포스트양자 구조를 실험하고 있고, 이더리움과 솔라나는 기술적 전환의 준비를 마쳤다. 비트코인은 가장 느리지만, 세계에서 가장 큰 네트워크라는 이유로 논의의 무게감이 다르다.

양자컴퓨터의 위협은 단순한 기술적 문제를 넘어, 신뢰의 본질을 다시 묻는 질문이다. 블록체인의 신뢰는 '암호가 안전하다'는 믿음 위에 세워졌다. 그러나 이제 그 암호는 더 이상 절대적이지 않다. 포스트양자 시대의 블록체인은 단지 새로운 암호 방식을 도입하는 것이 아니라, 신뢰 그 자체를 다시 설계하는 과정이다.

결국 양자컴퓨터의 등장은 블록체인에 새로운 도전을 던지고 있다. 암호는 더 이상 단순한 보안 도구가 아니다. 그것은 미래의 신뢰를 구성하는 언어이며, 블록체인의 생명선이다. 앞으로의 블록체인은 '탈중앙화된 암호의 재창조'라는 새로운 방향으로 진화할 것이다. 신뢰는 여전히 암호 위에 서 있지만, 그 암호는 이전보다 더 강하고 유연하며, 양자 세대를 견뎌낼 수 있는 형태로 바뀌어야 한다.

양자컴퓨터가 언제 오든, 블록체인의 과제는 분명하다. 신뢰를 지키기 위해 암호를 다시 설계해야 한다는 것이다. 포스트양자 암호화는 단순한 기술 혁신이 아니라, 인류가 신뢰를 유지하기 위한 다음 단계의 진화다. 그리고 그 진화의 한가운데에 블록체인이 있다.

양자컴퓨터의 위협은 사실 블록체인에만 국한되어 있지는 않다. 금융과 국방 분야 모두 대비 중이다. 현재 사용 중인 암호화 방식 대부분은 양자컴퓨터 시대에는 무용지물이 되기 때문에, 블록체인 분야만 특별히 더 위협적인 것은 아니다. 결론적으로 양자컴퓨터의 실용화 이전에 기술적·제도적 대비가 이루어질 것이다. 각 분야마다 적용 과정에서 어떤 방식으로 문제를 해결하는지가 중요하다. 아직 현실화되지 않은 시점에서는 준비하면서, 점진적인 변화를 통해 대응하는 단계라고 볼 수 있다.

투자자 입장에서 자신이 투자하고 있는 암호화폐가 양자컴퓨터 시대에 대한 대응 전략을 가지고 있는지를 살펴보는 것은 중요하다. 비트코인과 이더리움, 주요 암호화폐 프로젝트들은 모두 각자의 대응 전략을 마련하고 있다. 결국 양자컴퓨터 시대의 승자는 단순히 빠른 기술을 가진 곳이 아니라, 변화에 선제적으로 대비하며 신뢰의 구조를 재설계할 수 있는 프로젝트가 될 것이다.

5

합성 자산의 역사적 전환점:
신세틱스에서 에레나로의 진화

합성자산Synthetic Asset은 블록체인 기술이 금융 구조를 재해석하는 과정에서 등장한 대표적인 개념이다. 합성자산이란 실물이나 금융자산을 직접 보유하지 않고도, 그 자산의 가격 변동을 온체인에서 그대로 재현할 수 있게 하는 프로토콜이다. 본질적으로는 '파생상품의 디지털화'이자 '가격 노출의 토큰화'다. 소유권이 아니라 노출Exposure을 거래하는 시장이 만들어진 것이다. 이 구조는 전통 금융의 파생상품과 유사하지만, 중개자 없이 스마트 컨트랙트와 담보 자산만으로 구현된다는 점에서 완전히 새로운 패러다임을 제시했다.

이 분야의 역사를 나누면 두 세대가 있다. 1세대는 신세틱스Synthetix로 대표되는 '담보 기반 합성자산 시스템'이며, 2세대는 에테나Ethena로 상징되는 '헤지 기반 합성자산 시스템'이다. 둘 다 합성자산이라는 같은 목표를 향하지만, 그 접근 방식은 전혀 다르다. 신세틱스는 오라클과 담보 비율을 이용해 가격을 복제하고, 에테나는 현물과 선물의 델타 헤지를 통해 가격을 고정한다. 하나는 블록체인 내부의 폐쇄형 구조고, 다른 하나는 온체인과 오프체인을 연결하는 개방형 구조다. 이 둘의 대비는 합성자산 시장이 기술적으로 어떻게 진화했는지를 명확하게 보여 준다.

신세틱스는 이더리움 초창기부터 등장한 합성자산의 원형이다. 기본 구조는 단순하지만 정교하다. 사용자는 SNX를 담보로 예치Stake하고, 프로토콜은 이 담보를 기반으로 sUSD, sBTC 같은 합성자산을 발행한다. 이때 합성자산의 가격은 오라클(체인링크 등)이 제공하는 외부 데이터에 따라 결정된다. 프로토콜은 담보와 발행량의 비율(Collateralization Ratio, 제시 예: 400퍼센트)을 유지하도록 설계되어 있으며, 사용자가 담보 비율을 맞추지 못하면 청산이 발생한다. 이러한 구조는 전통 금융의 마진 거래나 담보 대출과 비슷하지만, 모든 계산과 검증이 스마트 컨트랙트로 수행된다는 점에서 완전히 자동화되어 있다.

이 시스템은 블록체인 상에서 신뢰 가능한 가격 노출을 제공했다는 점에서 혁신이었다. 하지만 구조적 한계도 분명했다. 담보 자산의 변동성, 오라클 의존성, 담보 비율 과다 문제로 인해 자본 효율이 낮았다. 예를 들어 1달러의 합성자산을 만들기 위해 4달러 이상의 담보를 묶어야 했다. 또한 거래량이 늘어날수록 담보 관리와 수수료 조정이 복잡해졌다. 결국 이 모델은 기술적으로 안정적이지만 유동성이 비효율적인 구조였다.

이 한계를 보완하기 위해 신세틱스는 2024년부터 V3 업그레이드를 추진하고 있다. V3는 기존의 단일 담보 구조를 '모듈형 볼트^{Vault 시스템}'로 전환하고, 다양한 담보 자산(제시 예: ETH, USDC 등)을 허용한다. 더불어 거래소 역할을 분리해 합성자산의 발행과 거래를 독립된 레이어에서 처리하도록 설계하고 있다. 이는 합성자산의 핵심이 '가격 복제'에서 '시장 유동성 확보'로 이동하고 있음을 보여 준다. 신세틱스는 단순한 발행 프로토콜이 아니라, 합성자산이 거래될 수 있는 탈중앙 인프라로 진화 중이다.

반면 에테나는 전혀 다른 길을 선택했다. 에테나의 출발점은 "달러를 온체인에서 직접 만들어 낼 수 없을까?"였다. 그 결과 등장한 것이 USDe, 델타 헤지형 합성 달러다. 이 시스템은 SNX처럼 담보를 과잉 예치하지 않는다. 대신 ETH나 BTC를 예치받고, 동시에 중앙화 선물 거래소에서 해당 자산의 숏 포지션을 개설한다. 현물의 상승분과 선물의 하락분이 상쇄돼 전체 포지션의 가격 변동은 0이 된다. 이 상태에서 프로토콜은 그 가치를 달러로 환산하고, 이를 토큰화한 것이 바로 USDe다.

기술적으로 보면 신세틱스는 오라클을 통해 가격을 '외부에서 받아오는 구조'라면, 에테나는 선물 포지션을 통해 가격을 '시장 내부에서 스스로 만들어 내는 구조'다. 전자는 수동적이고 방어적인 모델, 후자는 능동적이고 수익 지향적인 모델이다. 에테나는 파생시장의 펀딩비^{Funding Rate}를 실시간으로 활용한다. 시장이 롱 포지션에 치우쳐 있을 때 숏 포지션을 유지하면 펀딩비를 받을 수 있고, 이 수익이 USDe 보유자에게 안정적인 수익률로 전달된다. 이 구조는 '파생상품 기반의 스테이블코인'이라는 완전히 새로운 개념을 실현했다.

이처럼 에테나는 담보 대신 시장 유동성 자체를 담보로 활용하는 구조다. 이는 온체인 파생상품 시장이 성숙했기에 가능한 모델이다. 2020년대 초반까지만 해도 온체인에서 파생 포지션을 자동으로 헤지하기란 불가능에 가까웠다. 하지만 지금은 중앙화 거래소^{CEX}와 온체인을 병행하며 실시간 헤지 전략을 구사할 수 있다. 에테나는 이 틈새를 정확히 파고들었다. 덕분에 스테이블코인 시장에서 전통적인 법정 화폐 담보형 USDT, USDC과는 다른 제3의 축을 만들었다.

그러나 이 구조도 완전하지는 않다. 선물 시장의 유동성에 과도하게 의존하기 때문에 거래소 리스크가 프로토콜 리스크로 전이될 수 있다. 더불어 펀딩비가 장기간 음수로 전환되면 시스템의 수익률이 역전돼 손실이 발생한다. 에테나는 이를 완화하기 위해 다양한 거래소에 포지션을 분산하고 리스크 모니터링 알고리즘을 적용하고 있지만, 여전히 오프체인 리스크를 완전히 제거하지는 못한다. 결국 에테나의 모델은 실시간 파생 포지션 관리 기술을 전제로 하는 고도의 시스템이다.

이 두 모델의 차이는 블록체인 기술이 금융 시스템을 어떻게 다루는가에 대한 철학적 차이로도 볼 수 있다. 신세틱스는 블록체인 내부에서 완전한 금융 세계를 구현하려는 폐쇄형 탈중앙 모델이다. 모든 거래, 담보, 청산이 스마트 컨트랙트 안에서 이루어지고 외부 개입이 최소화된다. 반면 에테나는 외부 시장과의 연결을 적극적으로 활용하는 개방형 하이브리드 모델이다. 합성자산을 온체인에서 발행하지만, 그 가격 안정화 메커니즘은 오프체인의 유동성에 의존한다. 기술적으로는 둘 다 합성자산이지만, SNX는 블록체인의 독립성, ENA는 블록체인의 연결성을 상징한다.

시장 관점에서 보면 신세틱스는 합성자산 시장의 인프라로 남아 있고, 에테나는 그 인프라 위에서 실질적인 유동성을 만들어 내는 프로토콜로 작동한다. 신세틱스의 구조가 없었다면 에테나의 설계도 존재할 수 없었다. 반대로 에테나의 성공은 신세틱스가 제시한 합성자산 개념이 현실적으로 작동할 수 있음을 증명했다. 기술적 진보는 종종 이런 식으로 '기초와 응용'의 세대 교체로 나타난다.

합성자산 시장은 앞으로 이 두 구조의 융합 방향으로 진화할 가능성이 높다. 신세틱스가 다루는 온체인 담보 시스템은 신뢰와 투명성을 제공하고, 에테나가 구현한 델타 헤지형 메커니즘은 효율과 수익을 제공한다. 이 두 가지가 결합되면 블록체인 위에서 자체 유동성을 확보하면서도 외부 시장과 연결되는 새로운 합성 금융 생태계가 완성된다. 장기적으로는 이러한 시스템이 전통 금융의 파생상품, 스테이블코인, 실물자산 토큰RWA을 모두 통합할 수 있는 구조로 발전할 수 있다.

결국 신세틱스와 에테나는 단순히 서로 다른 프로젝트가 아니라, 합성자산 기술의 진화 단계를 상징한다. 신세틱스는 데이터와 담보를 중심으로 한 정적 합성 구조를, 에테나는 시장과 헤지를 중심으로 한 동적 합성 구조를 대표한다. 하나는 안정성과 투명성을 극대화하고, 다른 하나는 효율성과 실시간성을 추구한다. 두 접근 모두 '가격 신뢰'라는 동일한 문제를 해결하려 하지만, 서로 다른 기술적 선택을 통해 이를 실현한다.

이제 합성자산은 단순히 금융 자산의 모방을 넘어선다. 그것은 온체인 경제의 유동성과 가격 신뢰를 유지하기 위한 핵심 기술이 되고 있다. 신세틱스는 그 근본적인 신뢰 구조를 세웠고, 에테나는 그 신뢰 위에서 실제 시장을 작동시켰다. 합성자산의 세대 교체란 기술의 철학이 완성의 형태로 옮겨 가는 과정이며, 그 흐름의 시작과 끝에는 여전히 신세틱스와 에테나, 두 이름이 나란히 놓여 있다.

이러한 변화는 단순한 기술 발전을 넘어 금융 언어의 전환을 의미한다. 합성자산은 블록체인이 만들어 낸 '가치 표현의 새로운 문법'이다. 기존 금융은 중앙기관이 신용을 보증하고, 은행이 자산의 보관과 결제를 맡았다. 그러나 블록체인에서는 신뢰가 코드로 대체되고, 담보가 네트워크 전체로 확산된다. 신세틱스는 이 신뢰의 언어를 수학적으로 구조화했고, 에테나는 그것을 시장 논리와 결합시켜 하나의 기능적 화폐로 만들었다.

합성자산이 흥미로운 이유는 그것이 '가격'과 '신뢰'를 분리시킨 첫 번째 기술적 사건이기 때문이다. 기존 금융에서는 중앙이 가격을 공시하고 시장 참여자는 이를 받아들이는 구조였다. 그러나 합성자산은 오라클, 파생계약, 담보 비율이라는 분산적 절차를 통해 가격이 합의의 결과물로 형성된다. 가격이 '결정되는 것'이 아니라 '계산되는 것'으로 변했다. 이 변화는 디지털 금융의 모든 기반을 바꾸는 사건이다. 신세틱스가 처음으로 그 수학적 구조를 세웠고, 에테나는 그것을 실시간 시장 데이터 위에서 작동시켰다.

이제 합성자산의 기술은 블록체인 안에서만 머물지 않는다. 국가 단위의 금융 인프라, 글로벌 스테이블코인 시장, 토큰화된 실물자산RWA과 점차 연결되고 있다. 중앙은행이 관리하는 화폐와 알고리즘이 유지하는 합성 달러는 서로 다른 기원을 가졌지만, 점차 같은 네트워크 위에 놓이게 된다. 합성자산이 안정화에 성공한다면, 그 위에서 발행되는 모든 자산은 '디지털 신용'이라는 새로운 형태를 띠게 될 것이다.

흥미로운 점은 이 흐름이 여전히 열린 진화 과정이라는 것이다. 신세틱스와 에테나는 하나의 완결된 모델이라기보다 다음 세대 합성자산 구조의 전환점으로 이해하는 것이 더 정확하다. 앞으로는 담보와 헤지의 이분법을 넘어, AI 오라클, 온체인 데이터 피드, 크로스체인 유동성 풀 등이 결합된 '자기 조정형 합성자산Self-Stabilizing Synthetic Asset' 구조가 등장할 가능성이 높다. 이는 시장 데이터에 따라 실시간으로 담보 비율을 조정하고, 다중 체인 유동성에 기반해 자동 헤지를 수행하는 완전한 온체인 파생 시스템이다.

이런 방향으로 본다면 신세틱스는 인류가 처음으로 '코드로 금융을 쓰는 법'을 배운 장면이고, 에테나는 그 코드가 '시장이라는 현실 속에서 작동하기 시작한 순간'이다. 합성자산의 역사는 결국 기술이 신뢰를 대체하는 과정이 아니라, 신뢰가 기술 속으로 스며드는 과정을 보여 준다. 그것이 이 기술이 단순한 코인 실험을 넘어 미래 금융 인프라로 평가받는 이유다. 그리고 이 이야기의 결말은 아직 쓰이지 않았다. 신세틱스가 남긴 수식 위에서, 에테나가 구현한 시스템 위에서 새로운 합성자산 프로토콜들이 태어나고 있다.

다음 세대의 합성 시스템은 더 이상 특정 토큰의 성공 여부가 아니라, 블록체인 전체가 하나의 거대한 파생 네트워크로 작동하는 시대를 열 것이다. 그때가 되면 우리는 더 이상 합성자산을 '복제된 가격'이라 부르지 않을 것이며, 그것은 현실 경제와 디지털 세계를 이어 주는 가치의 프로토콜인 블록체인 금융의 보편적 언어가 될 것이다.

6

ZK 롤업 기반 레이어2의 현재와 미래

블록체인 산업은 지금까지 수많은 혁신을 경험해 왔지만, 그 중심에는 언제나 한 가지 기술적 과제가 있었다. 바로 확장성 문제다. 블록체인이 신뢰성과 투명성을 유지하려면 모든 노드가 동일한 데이터를 검증해야 한다. 하지만 이런 구조는 필연적으로 속도를 희생하게 한다. 이더리움과 같은 퍼블릭 체인은 보안성과 탈중앙성을 유지했지만, 거래 처리량은 초당 10~15건 수준에 불과했다. 이 문제를 해결하기 위해 등장한 것이 바로 레이어 2**Layer 2**다. 레이어 2는 메인 블록체인 위에서 작동하면서 거래를 묶거나 압축해 효율성을 높이는 기술적 해법이다. 더불어 이 분야에서 가장 강력한 기술로 평가받는 것이 바로 영지식 롤업 **Zero-Knowledge Rollup, ZK Rollup**이다.

ZK 롤업은 기본적으로 오프체인**Off-Chain**에서 수많은 거래를 처리한 뒤, 그 거래들이 모두 유효하다는 사실을 하나의 증명**Proof**으로 요약해 메인 체인에 올리는 구조를 갖는다. 수천 건의 거래를 묶은 뒤 '이 거래들이 모두 정확하다'는 하나의 증명만 블록체인에 남기는 것이다. 이 증명은 영지식 증명Zero-Knowledge ProOf 기법을 이용한다. 영지식 증명은 거래 내용을 모두 공개하지 않고도 그 거래가 유효하다는 사실만 검증할 수 있는 기술이다. 따라서 블록체인에 모든 데이터를 올릴 필요가 없고, 결과적으로 수수료 절감과 빠른 처리 속도가 가능해진다.

ZK 롤업은 단순한 확장성 기술이 아니라 블록체인 신뢰 구조의 새로운 설계 방식이다. 거래의 유효성은 수학적 증명으로 보장되기 때문에 악의적 검증자나 오라클 오류로부터 자유롭다. 옵티미스틱 롤업 Optimistic Rollup 방식과 비교했을 때도 장점이 뚜렷하다. 옵티미스틱 롤업

아이겐레이어 TVL 규모

#	NAME	RISKS	PROOF SYSTEM	STAGE	TOTAL VALUE SECURED	PAST DAY UOPS
1	Arbitrum One		Optimistic / BoLD	STAGE 1	$21.22B ▲5.99%	40.70 ▲26.7%
2	Base Chain		Optimistic / OPFP	STAGE 1	$16.77B ▲9.89%	148.46 ▲12.1%
3	OP Mainnet		Optimistic / OPFP	STAGE 1	$4.03B ▲9.24%	18.32 ▲42.2%
4	Linea		Validity / Linea	STAGE 0	$2.41B ▲10.2%	1.73 ▼7.12%
5	ZKsync Era		Validity / Boojum	STAGE 0	$1.22B ▲5.62%	0.32 ▲3.74%
6	Unichain		Optimistic / OPFP	STAGE 1	$886.51M ▲13.5%	12.16 ▲28.6%
7	Starknet		Validity / Stone	STAGE 1	$859.40M ▲37.4%	11.34 ▲29.4%
8	Katana		Validity / SP1	STAGE 0	$576.43M ▲15.1%	0.79 ▼16.3%
9	Scroll		Validity / OpenVM	STAGE 1	$270.13M ▲8.01%	1.08 ▲27.9%
10	Abstract		Validity / Boojum	STAGE 0	$219.42M ▲11.3%	3.52 ▲22.4%

출처: L2BEAT

은 거래를 일단 유효하다고 가정하고, 일정 기간(챌린지 기간) 동안 이의 제기가 없으면 최종 확정하는 방식이다. 반면 ZK 롤업은 애초에 수학적으로 검증된 증명을 제출하기 때문에 챌린지 기간이 필요 없거나 매우 짧다. 이 덕분에 사용자들은 훨씬 빠르게 자금을 입출금할 수 있고, 서비스는 실시간에 가까운 응답성을 제공할 수 있다.

현재 ZK 롤업을 기반으로 한 레이어 2 체인은 빠르게 확산 중이다. 그중 대표적인 것이 zk싱크zkSync, 스타크넷StarkNet, 폴리곤 zkEVMPolygon zkEVM, 스크롤Scroll, 리네아Linea, 앱스트랙트Abstract 등이다. zk싱크는 '하이퍼체인Hyperchain' 구조를 통해 수백 개의 프로토콜을 연결하는 확장형 생태계를 구축하고 있으며, 자체 개발한 zk스택zkStack 프레임워크를 통해 누구나 자신만의 ZK 롤업을 구축할 수 있는 환경을 제공한다. 이 시스템은 탈중앙화와 확장성과 낮은 수수료를 동시에 추구하며, 장기적으로는 수많은 ZK 체인이 서로 연결되는 모듈형 생태게Modular Ecosystem를 목표로 한다.

스타크넷은 ZK 롤업의 또 다른 축이다. 스타크웨어StarkWare가 개발한 STARK Scalable Transparent Argument Of Knowledge 기술은 SNARKSuccinct Non-interactive Argument Of Knowledge보다 증명 생성 속도는 느리지만, 신뢰 설정Trusted Setup이 필요 없다는 장점이 있다. 스타크넷은 이미 자체 개발 언어인 Cairo카이로를 중심으로 독자적인 개발 생태계를 형성하고 있으며, 수십 개의 디앱과 디파이DeFi 프로토콜이 이 위에서 운영되고 있다. 스타크넷의 전략은 기술적 완성도를 바탕으로 장기적인 확장을 추구하는 것이다.

폴리곤 zkEVM은 이더리움 호환성에 초점을 맞춘다. 기존의 스마트 컨트랙트를 거의 수정 없이 ZK 롤업 환경에서 실행할 수 있도록 하는 것이다. 이 방식은 개발자 친화적이어서 기존의 이더리움 프로젝트들이 빠르게 이동할 수 있다. 폴리곤은 ZK 기술을 자체 생태계 전반에 통합해 메인넷과 서브체인, zkEVM을 하나의 다층 구조로 엮고 있다. 이 방향은 결국 ZK 롤업이 단순한 부속 기술이 아니라 멀티체인 연결의 핵심 엔진이 된다는 사실을 보여준다.

앱스트랙트**Abstract**는 요사이 주목받고 있는 ZK 롤업 기반 프로젝트다. 블록체인 확장을 하나의 서비스 레이어처럼 제공하려는 새로운 접근을 취하고 있다. 이 프로젝트는 ZK 싱크와 유사한 기술 스택을 기반으로 하면서, 개발자들이 별도의 체인 구축 없이 손쉽게 자신만의 맞춤형 롤업을 생성하고 운영할 수 있도록 설계되었다.

앱스트랙트는 ZK 롤업 기술을 단순한 인프라가 아니라 모듈형 플랫폼으로 확장해 애플리케이션 단위의 맞춤형 확장성을 구현한다. 이러한 구조 덕분에 프로젝트나 기업은 메인 체인의 보안성과 연결성을 유지하면서도 자체적인 처리 속도와 수수료 정책을 조정할 수 있다. 앱스트랙트는 향후 ZK 롤업 생태계가 다중 체인 간 상호운용성 중심으로 발전할 때, 이를 실제로 구현할 수 있는 서비스형 롤업 모델의 대표 사례로 평가된다.

이외에도 스크롤과 리네아 같은 zkEVM 프로젝트들은 경량화된 증명 생성, 가스비 절감, 개발 툴 개선 등을 통해 빠르게 성장 중이다. 스크롤은 구조적 단순함과 효율성을 내세우고 있으며, 리네아는 메타Meta, 구 ConsenSys가 개발한 zkEVM으로 인프라 신뢰성과 생태계 확장력을 동시에 추구한다. 현재 ZK 롤업 체인 간 경쟁은 기술의 정교함보다는 누가 더 많은 사용자와 개발자, 유동성을 확보하느냐에 달려 있다.

그러나 ZK 롤업 기술은 아직 완전한 단계에 이르지 못했다. 가장 큰 기술적 과제는 증명 생성 비용이다. 제로지식 증명을 생성하려면 복잡한 연산이 필요하며, 이 과정이 느리거나 비용이 크면 레이어2의 효율성 자체가 떨어진다. 이 문제를 해결하기 위해 개발자들은 회로 최적화, 병렬 증명, 하드웨어 가속 등을 시도하고 있다. 최근에는 증명 생성과 검증을 분리해 병렬화하는 방식이나, 증명자 네트워크를 분산화하는 시도도 등장했다. 일부 연구에서는 수십 개의 독립된 노드가 협력해 하나의 증명을 생성하는 분산 증명자Decentralized Prover 구조가 제안되었으며, 이는 장기적으로 ZK 롤업의 완전한 탈중앙화를 실현하는 방향으로 발전하는 중이다.

또 다른 과제는 데이터 가용성Data Availability 문제다. ZK 롤업은 거래 데이터를 요약 형태로만 L1에 기록하기 때문에, 원본 데이터를 어디에 두느냐가 보안과 직결된다. 모든 데이터를 온체인에 올리면 비용이 높아지고, 오프체인에 두면 검열이나 데이터 손실 위험이 있다. 이를 해결하기 위해 셀레스티아Celestia 아이겐DAEigenDA, 어베일Avail 같은 전용 데이터 가용성 레이어들이 등장했다. 이들은 블록체인의 상태 데이터만 보관하면서도 증명을 통해 데이터가 존재함을 확인할 수 있도록 한다. 앞으로는 ZK 롤업과 이러한 모듈형 데이터 가용성 레이어가 결합해 훨씬 더 유연하고 경제적인 확장 구조를 형성할 것으로 예상된다.

거버넌스와 토큰 이코노미 측면에서도 ZK 롤업은 여전히 초기 단계다. 대부분의 ZK 프로젝트들은 아직 토큰 유틸리티와 보상 구조가 완전히 정립되지 않았다. 이는 옵티미즘Optimism이나 아비트럼Arbitrum처럼 명확한 토큰 분배 및 인센티브 모델을 갖춘 체인들과 대비된다. ZK 롤업이 성숙해지려면 증명 생성자나 데이터 제공자, 유동성 공급자 등 각 참여자에게 경제적 동기를 제공하는 구조가 필요하다. 이런 점에서 ZK 기술의 기술적 혁신과 함께 경제 구조의 정교화가 함께 이루어져야 한다.

향후 ZK 롤업 생태계의 발전 방향은 여러 갈래로 나뉜다. 첫째, 레이어 3 구조의 도입이다. 많은 ZK 프로젝트들이 자체 서브 롤업L3을 계획하고 있다. 이는 특정 애플리케이션에 특화된 경량 롤업을 구축해 처리 효율을 높이려는 시도다. 둘째, ZK 롤업은 AI와 결합해 자동화된 증명 생성과 리스크 감지를 구현할 가능성이 있다. AI 모델이 트랜잭션 패턴을 분석해 증명 배치를 최적화하거나, 이상 거래를 탐지해 보안성을 강화하는 것이다. 셋째, 실물자산RWA과의 통합이다. ZK 롤업은 빠른 결제와 확실한 검증을 제공하기 때문에 전통 자산을 온체인으로 옮기는 과정에서 핵심 인프라가 될 수 있다. 이는 블록체인이 단순한 가상화폐 시스템을 넘어 전 세계 자본 시장의 백엔드 인프라로 진입할 가능성을 의미한다.

지금의 ZK 롤업 시장은 아직 초기지만 방향성은 명확하다. 과거 블록체인 기술이 탈중앙화와 보안에 집중했다면, 이제는 효율성과 신뢰를 동시에 달성하는 기술이 요구된다. ZK 롤업은 바로 그 두 요소를 모두 만족시키는 첫 번째 솔루션이다. 기술적으로 보면 이는 '수학으로 증명된 신뢰'를 시장 구조에 적용한 첫 사례다. ZK 롤업의 발전은 단지 더 빠른 거래를 의미하지 않는다. 그것은 블록체인이 금융, 결제, 데이터 관리 등 다양한 산업의 기본 신뢰 인프라로 발전할 수 있음을 보여준다.

향후 3~5년 내에 ZK 롤업은 이더리움의 핵심 확장 축으로 완전히 자리 잡을 것이다. 레이어 2의 경계가 점차 흐려지고 체인 간 메시징과 데이터 공유가 보편화되면, ZK 롤업은 '증명 계층Proof Layer'으로서 기능할 것이다. 사용자는 어떤 체인을 쓰는지조차 의식하지 않고, 단지 안전하고 빠른 거래를 경험하게 될 것이다. 그렇게 되면 ZK 롤업은 블록체인의 기술 중 하나가 아니라, 블록체인의 동의어가 될지도 모른다.

ZK 롤업의 진화는 결국 블록체인의 철학에 관해 다시 질문한다. 바로 '신뢰란 무엇이며, 검증은 어디에서 이루어져야 하는가'의 문제를 말이다. 과거에는 사람과 기관이 그 역할을 맡았다면, 이제는 수학과 코드가 그 자리를 대신한다. ZK 롤업은 그 전환의 최전선에 있으며, 지금 이 기술은 블록체인이 다음 10년을 향해 나아갈 길을 이미 보여주고 있다.

ZK 기술 진화의
현재와 경쟁구도

블록체인의 진화는 언제나 확장성에 대한 도전에서 시작되었다. 비트코인이 탈중앙화된 신뢰 구조를 만들었고, 이더리움이 그 위에 스마트 컨트랙트를 더했지만, 이러한 혁신에도 불구하고 블록체인 네트워크는 여전히 처리 속도와 비용이라는 벽 앞에서 멈춰 서 있었다. 특히 이더리움은 높은 보안성과 투명성을 유지했지만, 초당 거래 처리량이 낮고 가스비가 비쌌다. 이 한계를 극복하기 위해 등장한 것이 바로 레이어 2Layer 2 기술이며, 그중에서도 가장 주목받는 접근이 바로 영지식 롤업 Zero-Knowledge Rollup, ZK Rollup이다.

ZK 롤업은 거래를 모두 온체인에 올리는 대신, 여러 거래를 오프체인에서 묶고 그 유효성만을 증명으로 요약해 메인체인에 제출하는 방식이다. 이 증명은 영지식 증명Zero-Knowledge ProOf 기술을 이용해 생성된다. 거래의 세부 내용을 공개하지 않고도 거래가 올바르게 처리되었다는 사실만 검증할 수 있다. 이 과정 덕분에 거래 속도는 크게 향상되고 데이터 저장량이 줄어들어 가스비 역시 현저히 낮아진다. 결과적으로 ZK 롤업은 블록체인이 가진 보안성과 투명성을 유지하면서도 확장성과 효율성을 모두 충족시키는 기술로 평가받고 있다.

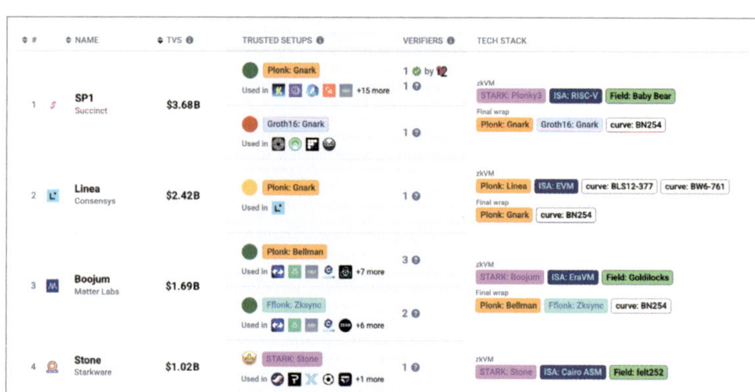

ZK 카탈로그(catalog)

출처: L2BEAT

L2BEAT이 제공하는 ZK카탈로그ZK Catalog는 이러한 ZK 기술을 기반으로 한 주요 프로젝트들을 한눈에 볼 수 있는 데이터베이스다. 이 목록에는 서로 다른 증명 시스템, 가상 머신 구조, 신뢰 설정 여부, 다양한 응용 목적을 가진 체인들이 포함되어 있다. 이를 살펴보면 ZK 기술이 단일한 형태의 솔루션이 아니라, 서로 다른 설계 철학과 기술적 선택들이 경쟁하고 공존하는 생태계임을 알 수 있다.

이 카탈로그에서 가장 두드러진 프로젝트 중 하나는 SP1^{Succinct Protocol 1}이다. SP1은 이미 여러 프로젝트가 공통적으로 사용하는 증명 인프라로 자리 잡았다. 이 시스템은 PLONK 기반의 증명 알고리즘과 그낙^{Gnark} 라이브러리를 결합해, 다양한 회로 구조에서도 빠르게 증명 생성이 가능하도록 설계되어 있다. SP1은 단일 블록체인에 종속되지 않으며, 여러 체인과 프로토콜이 동일한 증명 인프라를 공유할 수 있게 하는 범용 구조를 갖고 있다. 카타나^{Katana}, 블롭스트림^{Blobstream}, 벡터^{Vector} 등 다양한 프로젝트가 SP1의 기술을 활용하고 있으며, 이는 SP1이 이론적인 연구 단계를 넘어 실질적인 산업 인프라로 기능하고 있음을 보여준다.

물론 SP1에도 과제는 있다. 증명 생성 과정에 필요한 연산 자원이 많고, 이를 효율적으로 분산시키는 시스템 구축이 필요하다는 점이다. 하지만 이러한 문제는 오히려 SP1이 ZK 생태계의 표준 인프라로 자리 잡을 가능성을 높이는 요소로 볼 수 있다. 많은 프로젝트들이 SP1과 같은 공통 증명 계층을 채택한다면, 서로 다른 체인 간에도 일관된 신뢰 구조를 형성할 수 있기 때문이다.

다음으로 주목할 만한 프로젝트는 리네아^{Linea}이다. 리네아는 이더리움 개발사인 컨센시스^{Consensys}가 주도하는 zkEVM 계열의 레이어2 체인으로, EVM 호환성을 유지하면서도 제로지식 증명을 통합했다. 이 방식은 기존 이더리움 스마트 컨트랙트를 거의 수정 없이 ZK 롤업 환경에서 실행할 수 있게 한다. 덕분에 기존 개발자와 디앱(DeFi, NFT 등)들이 손쉽게 이전할 수 있으며, ZK 기술의 진입 장벽을 획기적으로 낮췄다.

리네아는 PLONK 기반 증명 구조를 사용하며, 자체 zkVM을 통해 효율적인 거래 검증을 수행한다. 이 프로젝트의 가장 큰 특징은 완벽한 기술적 혁신보다는 시장 채택의 현실성에 초점을 맞췄다는 점이다. 다시 말해 새로운 언어를 만들거나 복잡한 구조를 설계하기보다, 기존 이더리움 생태계가 그대로 ZK 환경으로 옮겨올 수 있도록 하는 것이다. 그 결과 리네아는 짧은 기간 안에 빠르게 개발자 커뮤니티와 유동성을 확보하며, ZK 롤업 시장에서 가장 실용적인 모델 중 하나로 자리 잡았다.

이와는 대조적으로 부줌**Boojum**은 기술 중심적인 접근을 택한 스타크 **STARK** 계열 프로젝트다. 부줌은 zkSync Era**지케이싱크 에라**를 비롯해 Abstract **앱스트랙트**, Cronos zkEVM**크로노스 지케이이브이엠** 등 다양한 레이어2 환경에서 채택되고 있는 범용 증명 엔진이다. STARK 증명은 SNARK에 비해 증명 크기가 크고 계산량이 많지만, 신뢰 설정**Trusted Setup**을 필요로 하지 않는다는 강력한 장점을 지닌다. 이 덕분에 보안성과 개방성이 뛰어나며, 신뢰의 기반을 코드와 수학적 검증에 완전히 위임할 수 있다.

부줌은 이러한 STARK의 특성을 최대한 활용해 프로젝트들이 독립적으로 증명 환경을 구성할 수 있도록 지원한다. 부줌은 단일 체인의 구성 요소가 아니라 ZK 생태계 전반의 플러그형 증명 인프라로 작동한다. 다만 STARK 증명은 여전히 계산 리소스가 많이 필요하고, 이를 최적화하기 위한 하드웨어와 알고리즘 개선이 병행되어야 한다. 그럼에도 부줌은 보안과 투명성이 중요한 금융형 애플리케이션이나 규제 친화적 데이터 검증 플랫폼에서 매우 유리한 선택지가 될 것으로 평가된다.

스톤^{Stone} 역시 StarkNet^{스타크넷} 생태계에서 주목받는 ZK 인프라 중 하나다. StarkWare^{스타크웨어}의 기술을 기반으로 한 스톤은 STARK 증명의 안전성과 검증 속도의 균형을 맞추는 것을 목표로 한다. 특히 데이터 가용성^{Data Availability} 문제를 해결하기 위해 온체인과 오프체인을 결합한 하이브리드 구조를 실험하고 있다. 스톤은 StarkNet 내의 다양한 디앱과 프로토콜이 증명 서비스와 데이터를 안전하게 교환할 수 있도록 지원하며, STARK 기반 생태계의 안정적 확장을 이끄는 중간 계층 역할을 수행한다.

이 외에도 L2BEAT^{엘투비트}의 카탈로그에는 여러 실험적 프로젝트가 포함되어 있다. OpenVM^{오픈브이엠}은 Halo2^{헤일로 투} 기반의 경량 증명 방식을 사용해 ZK 증명을 일반 애플리케이션 수준에서도 구현할 수 있게 만드는 것을 목표로 한다. RISC Zero^{리스크 제로}는 RISC-V^{리스크 파이브} 아키텍처를 기반으로 한 zkVM으로, 블록체인뿐 아니라 보안·인증·사물인터넷 영역까지 확장 가능한 범용 증명 시스템을 연구하고 있다. Scroll^{스크롤}은 zkEVM 계열의 대표 프로젝트 중 하나로, 경량화된 증명 구조와 사용자 친화적인 개발 도구를 통해 빠르게 성장하는 중이다. 이 프로젝트들은 각각 ZK 기술의 확장성을 다양한 각도에서 실험하고 있으며, ZK 생태계의 기술적 다양성을 상징한다.

ZK 카탈로그의 프로젝트들을 전체적으로 살펴보면, ZK 생태계는 점점 세 가지 층으로 나뉘고 있음을 알 수 있다. 첫 번째는 SP1이나 부줌과 같이 증명 인프라를 담당하는 기반 계층이다. 두 번째는 리네아, Scroll처럼 실행 환경을 제공하는 응용 계층이며, 세 번째는 RISC Zero^{리스크 제로}나 OpenVM^{오픈브이엠}처럼 새로운 가능성을 탐색하는 실험 계층이다. 이 세 층은 서로 경쟁하면서도 동시에 협력 관계를 맺고 있다. ZK 기술의 발전은 결국 이 세 계층이 얼마나 효율적으로 상호 연결되느냐에 달려 있다.

이러한 구조적 흐름 속에서 ZK 기술은 점차 표준화와 통합의 단계로 이동하고 있다. 과거에는 프로젝트마다 다른 증명 방식과 언어를 사용했지만, 이제는 공통의 증명 계층을 공유하거나 호환 가능한 zkVM을 통해 상호운용성을 확보하려는 방향으로 바뀌는 중이다. 이는 인터넷의 초창기 프로토콜 경쟁이 끝나고 TCP/IP가 표준으로 자리 잡았던 과정과 매우 유사하다. 머지않아 ZK 생태계에서도 소수의 주요 증명 엔진이 사실상의 표준이 될 가능성이 높다. SP1과 부줌은 그 중심에 위치해 있으며, ZK 생태계의 보안과 효율성을 동시에 보장하는 핵심 기술로 부상하고 있다.

결국 ZK 롤업 기술의 발전은 블록체인의 기술적 한계를 넘는 것뿐 아니라, 신뢰의 개념 자체를 다시 정의하는 과정이다. 과거에는 중앙 기관이 거래를 검증했지만, 이제는 수학적 증명과 분산 네트워크가 그 역할을 대신한다. ZK 기술은 '누가 검증하느냐'가 아니라 '어떻게 증명하느냐'를 묻는 기술이다. L2BEAT의 ZK 카탈로그가 보여주는 이 흐름은 ZK 롤업이 단순히 거래를 빠르게 만드는 기술이 아니라, 블록체인의 본질인 신뢰 구조를 다시 설계하는 혁신의 중심에 있음을 증명한다. ZK는 이제 하나의 기능이 아니라 블록체인 언어의 새로운 문법으로 자리 잡고 있다.

IV

크립토 경제의 재편:
트렌드와 투자 패러다임

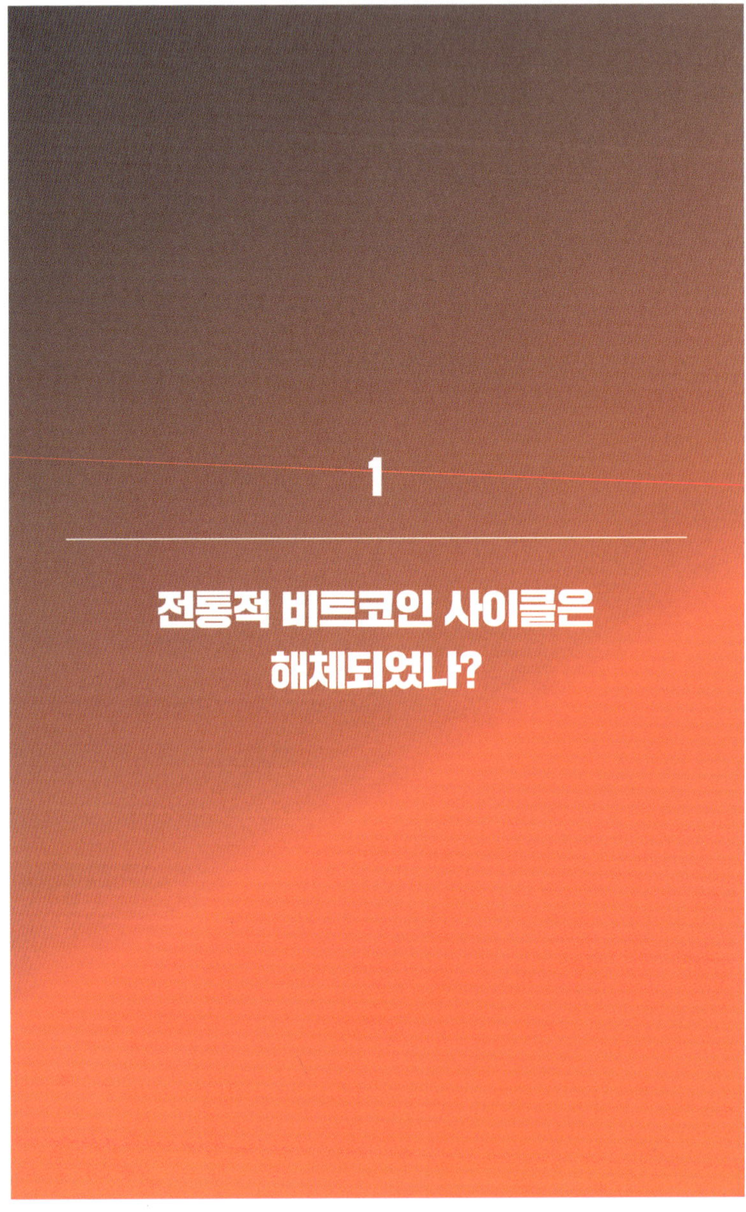

1

전통적 비트코인 사이클은
해체되었나?

새로운 시대의
문턱에 서 있는 암호화폐

2009년, 사토시 나카모토가 제네시스 블록을 생성한 이후 비트코인은 수없이 많은 극적 상승과 하락을 반복해 왔다. 그중에는 단순한 조정의 수준을 넘어 존폐를 의심해야 할 정도의 큰 변동성도 존재했다. 이후 비트코인은 다시 화려하게 부활하며 포물선 형태의 상승 곡선을 그렸다. 이러한 반복적 패턴은 4년을 주기로 이어졌고, 투자자들은 이를 '비트코인 반감기 사이클'이라고 불렀다. 그동안 비트코인 반감기 사이클은 투자자의 등대이자 중요한 이정표 역할을 해왔다. 4년 주기로 오는 반감기와 그에 따른 공급 충격, 뒤이어 찾아오는 강세장과 약세장의 교차가 비트코인 사이클의 전형적인 모습이었다.

그런데 2024년 이후 시장의 양상은 과거와 사뭇 달라졌다. 이제는 사이클의 존폐를 의심하는 목소리마저 나오고 있다. 변화의 양상이 단순히 이번 사이클에서 그치지 않을 것이라는 전망이 나오고 있기 때문이다. 암호화폐 시장은 구조적 변화를 겪고 있을 뿐 아니라, 근본적인 체질 변화의 길목에 서 있다고 볼 수 있다.

그동안 비트코인 투자자에게 반감기는 절대적이면서도 일종의 종교적 신념에 가까운 것이 사실이었다. 물론 사이클을 맹목적 신앙으로 보아서는 안 된다. 비트코인의 4년 주기 사이클은 공급을 줄이는 과정에서 비롯된 만큼 과학적이고 논리적인 현상이다. 4년마다 찾아오는 반감기 이벤트가 채굴 보상을 절반으로 줄이며 새로운 비트코인의 공급을 제한했고, 반감기 이후 비트코인 가격은 폭등했다. 더욱이 줄어든 신규 공급량에도 채굴을 지속하기 위해서는 가격 상승이 필요했기에, 그에 따른 필연적 상승을 동반한 것이기도 했다. 2012년, 2016년, 2020년 반감기 이후 유사한 상승 흐름을 보였다. 그런데 이러한 과정에는 반감기 사이클만 존재했던 것은 아니다. 비트코인 가격이 크게 상승한 국면에서 시장의 유동성은 풍부하게 풀렸다.

하지만 2024년 4월에 도래한 네 번째 반감기 이후, 이전과는 양상이 달라졌다. 가격은 상승했지만 과거와 같은 포물선 형태의 급등은 더 이상 없었으며, 비트코인의 상승률을 월등하게 상회하는 알트코인 순환매 랠리도 나타나지 않았다. 이를 두고 시장에서는 사이클 존립 여부를 두고 의견이 엇갈리고 있다.

과거 2013년, 2017년, 2021년의 대세 상승장은 온체인에서 활동하는 고래와 소매 투자자 주도의 사이클이었다. 하지만 네 번째 사이클은 기관 및 기업 자본, 국가의 전략적 채택, 규제 명확성에 의해 재편되고 있다. 이러한 변화는 온체인 데이터에서도 고스란히 나타나는 중이다. 이는 시장 사이클의 단순한 반복이 아닌, 암호화폐가 글로벌 금융 시스템에 통합되는 역사적 전환점에 도달했음을 의미한다. 따라서 2026년에 이른 현재, 우리는 진지하게 다음과 같은 질문을 해봐야 한다.

"과연 사이클은 영원불변한 것인가?"

"앞으로도 비트코인 4년 주기 사이클은 이어질 것인가?"

"아니면 비트코인이 성숙해지면서 근본적인 변화를 맞이하고 있는 것인가?"

우선, 반감기를 중심으로 한 사이클 관점에서는 앞으로 그 영향력이 서서히 감소할 가능성이 높은 것이 사실이다. 채굴 보상이 6.25 BTC에서 3.125 BTC로 줄어든 현시점에서, 반감기가 가격에 미치는 영향력은 구조적으로 점차 감소할 수밖에 없다. 초기 50 BTC에서 25 BTC로의 감소는 50퍼센트 감소이지만, 절대량으로는 무려 25 BTC의 차이였다. 반면 현재 3.125 BTC로의 감소 역시 50퍼센트 감소이지만, 절대량으로는 3.125 BTC 감소에 불과하다. 전체 유통량 대비 신규 공급의 비중이 줄어들면서 반감기 이벤트 자체의 충격은 자연스럽게 완화되고 있다. 더구나 비트코인 채굴은 95퍼센트 이상 완료되었다. 이제는 채굴보다 채굴된 비트코인의 유통이 더욱 중요해졌다. 과거에는 채굴자가 시장의 핵심 주체였다면, 현재는 블랙록, 뱅가드, 스트래티지와 같은 기관이나 기업이 부상하고 있는 이유도 여기에 있다.

물론 그럼에도 불구하고 비트코인 사이클의 해체와 관련한 질문에 대한 답은 결코 단순하지 않다. 변화의 모멘텀을 설명하기 위해서는 다양한 변수와 복잡한 상호작용을 고려해야만 한다. 거시경제 환경과 광범위한 채택, 기술적 관점에서 과연 시장이 근본적인 변화의 기로에 서 있는지 살펴보아야 한다.

2

거시경제 유동성이
좌우하는 시장

　변화의 모멘텀을 이끈 첫 번째 열쇠는 거시경제 환경의 근본적인 전환에 있다고 여겨진다. 2008년 금융위기 이후 지속된 저금리 시대는 2022년을 기점으로 사실상 종말을 고했다. 미국의 연방준비제도Federal Reserve System, Fed를 비롯한 주요국 중앙은행들은 40년 만에 도래한 최악의 인플레이션에 맞서 공격적인 금리 인상을 단행해 왔다. 이러한 거시경제 환경의 변화는 비트코인 사이클에 큰 영향을 미쳤다.

　과거 비트코인은 '위험자산'으로 분류되며 나스닥 지수와 높은 상관관계를 보였다. 유동성이 풍부한 시기에 급등했고, 긴축 시기에는 급락했다. 그런데 흥미롭게도 2024년 이후 이러한 상관관계에 균열이 나타나기 시작했다. 연준Fed이 고금리를 유지하는 가운데에도 비트코인은 독자적인 상승 모멘텀을 보여 주었고, 트럼프 미국 대통령 당선 후 달러인덱스U.S. Dollar Index, DXY의 상승에도 동반 상승세를 이어 갔다. 이는 비트코인이 단순한 위험자산을 넘어 독립적인 자산군으로 진화하고 있음을 암시한다.

특히 주목할 점은 실질금리와 비트코인 가격의 관계다. 전통적으로 실질금리가 상승하면 무이자 자산인 비트코인의 기회비용이 증가해 가격 하락 압력으로 작용했다. 다만 2024년 1월 비트코인 현물 ETF 승인 이후부터는 이러한 역상관관계가 다소 약화되는 모습을 보이고 있다. 이는 비트코인이 인플레이션 헤지 수단이자 법정화폐 시스템에 대한 대안으로서의 내러티브를 강화하고 있기 때문으로 해석된다.

과거에는 미국 연준Fed의 통화정책이 글로벌 유동성의 방향을 좌우했다. 물론 현재도 미국의 영향력은 절대적이지만, 중국인민은행People's Bank Of China, PBoC, 유럽중앙은행European Central Bank, ECB, 일본은행Bank Of Japan, BOJ 등이 각기 다른 정책 기조를 유지하며 유동성 환경은 더욱 복잡해지고 있다. 예를 들어 미국이 긴축을 지속하는 동안 중국은 경기 부양을 위해 유동성을 공급했고, 일본은 장기간에 걸쳐 낮은 금리를 유지해 왔다. 이러한 정책 비동조화는 글로벌 유동성의 흐름을 다변화시키며 비트코인 시장에도 새로운 자금 유입 경로를 만들어 내고 있다. 이는 과거처럼 단일한 유동성 사이클에 종속되지 않는, 보다 복잡하고 다층적인 사이클 구조로의 전환을 의미한다. 이러한 변화는 비트코인 사이클에 자연스럽게 영향을 미칠 수밖에 없다.

그렇다면 유동성 관점에서 2026년은 어떤 해가 될까? 2026년 글로벌 경제는 전반적으로 침체를 피한 채 완만한 성장 가속이 이어질 가능성이 높을 것으로 본다. 미국은 AI·클라우드·인프라 투자를 바탕으로 견조한 성장을 유지하겠지만, 관세·이민 제한 등 구조적 요인으로 'K자형 성장K-Shaped Growth'이 심화되며 계층·자산 간 격차가 더욱 벌어질 위험이 있다.

중국은 부동산 침체와 미·중 갈등 여파 속에서 성장률이 4퍼센트대에 머무르며, 수출 중심 구조에서 내수·기술 자립 중심으로 천천히 체질 개선을 시도할 것으로 보인다. 시장은 중국의 부양 정책에 따른 유동성 공급을 기대하고 있으며, 역사적으로 중국 유동성은 암호화폐 시장에 긍정적인 영향을 미쳐 왔다. 다만 중국은 암호화폐 및 스테이블코인에 대한 경계 기조를 여전히 유지하고 있다.

유럽과 영국은 인플레이션 둔화와 재정 지출을 바탕으로 느리지만 플러스 성장을 이어 가되, 정치적 불안이 상시적인 리스크로 남을 것이라는 분석이 주를 이룬다. 아시아는 AI 반도체·테크 공급망, 거버넌스 개혁, 배당 매력 등을 기반으로 구조적 성장세가 뚜렷한 지역으로 평가된다.

물가는 일시적 재상승 이후 재차 하락하는 경로가 더 유력하다. 2026년 상반기까지는 임금·원자재·부양책의 영향으로 인플레이션이 다시 자극될 수 있으나, 이후 유가와 주거비 안정으로 2퍼센트대 근처로 내려오는 시나리오에 시장의 관심이 쏠리고 있다.

미국 연방준비제도는 이미 완화 기조로 방향을 틀었으며, 2026년까지 2~3차례 추가 금리 인하가 예상된다. 다만 인플레이션 재가열 가능성, 재정 적자, 정치적 압력을 감안할 때 시장의 기대만큼 공격적인 행보를 보이기는 어렵다는 분석도 나온다. 반면 일본은행은 초완화 기조에서 점진적 긴축으로 이동하고 있어, 미·일 통화정책 비동조화^{디커플링}가 더욱 확대되고 있다. 이는 달러의 완만한 약세와 엔화 강세, 나아가 비^非달러 자산 선호를 자극하는 요인으로 작용한다.

자산시장 측면에서 이익 성장은 여전히 미국이 중심이지만, AI·클라우드 수요가 소수의 빅테크 기업에 집중될 가능성이 크다. 이번 AI 사이클은 '높은 수익성과 막대한 현금을 보유한 기업들이 주도한다'는 점에서 과거 닷컴 버블과는 질적으로 다르다. 암호화폐 시장 역시 규제 체계가 정착되는 과정 속에서 성숙기로 진입하는 과도기에 들어서고 있다.

3

제도권 진입과
채택이 만드는 새로운 역학

두 번째로는 기관과 기업, 그리고 국가의 움직임을 눈여겨 보아야 한다. 개인적으로 사이클의 변화에 가장 직접적인 역할을 한 것은 제도권 자산으로의 본격적 진입이라고 본다. 사이클의 변화가 어느 시점에서 본격화되었는지를 추적해 보면, 바로 2024년에 들어서면서부터다.

ETF 승인과 기관 수요

2024년 1월 미국 증권거래위원회의 비트코인 현물 ETF 승인은 단순한 ETF 승인을 넘어서는 암호화폐 시장의 역사적 전환점이었다. 블랙록의 아이셰어스 비트코인 트러스트를 비롯한 비트코인 ETF들은 2025년 10월 기준 약 120만~130만 개의 비트코인을 보유하고 있으며, 현재도 꾸준히 운용자산 규모를 확대하고 있다. 이는 비트코인 시장의 구조를 근본적으로 변화시키는 중이다.

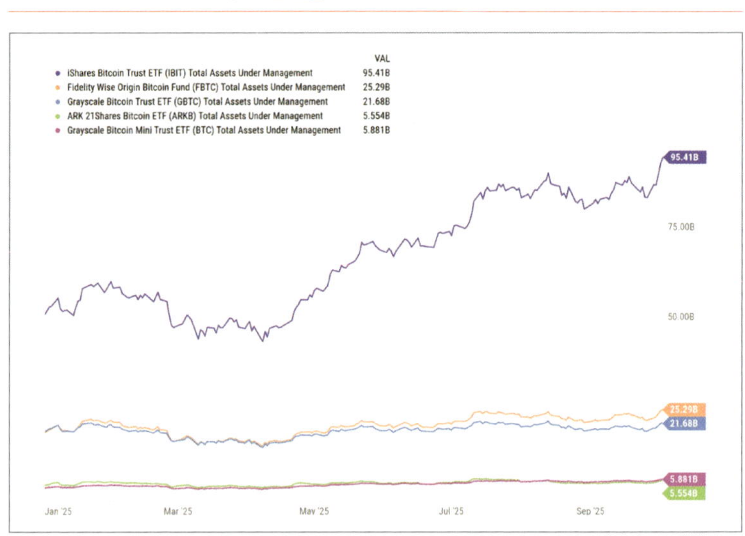

출처: YCHART

ETF의 등장이 가져온 가장 중요한 변화는 '접근성의 민주화'이다. 이제 일반 투자자들은 복잡한 지갑 설정이나 개인 키 관리 없이 전통적인 증권 계좌를 통해 비트코인에 투자할 수 있다. 퇴직연금, 401(k) 같은 세금 우대 계좌에서도 비트코인 투자가 가능해졌다. 이는 잠재적 투자자 풀을 기하급수적으로 확대시키는 결과를 가져왔고, 중·장기적 성장의 중요한 이정표가 되었다. 블랙록에 이어 글로벌 2위 자산운용사인 뱅가드는 그동안 자사 플랫폼에서 현물 ETF 거래를 허용하지 않았지만, 이제 거래가 가능하도록 정책을 전환했다.

더욱 중요한 것은 ETF가 만들어내는 '구조적 수요'에 있다. ETF 운용사들은 투자자들의 매수 주문에 대응하기 위해 실제 비트코인을 구매하고 보관해야 한다. 이들은 장기 보유를 전제로 하며, 단기적 가격 변동에 따른 매매를 하지 않는다. 결과적으로 ETF를 통해 흡수된 비트코인은 사실상 시장에서 '영구 제거'되는 효과를 낳는다. 극도의 공급 긴축 효과가 나타나는 것이다. '자산이 장기 전략에 묶인다는 것'은 과거 사이클과 달리 '알트코인 순환매로 흘러가는 자본이 줄어든다'는 의미이기도 하다. 어쩌면 이번 사이클이 과거 세 차례 사이클과 차이가 나는 가장 중요한 이유일 수 있다.

국가적 차원의 채택

비트코인은 오랜 시간 개인의 자산이자 자유의 상징으로 존재해 왔다. 그러나 이제 그 불빛이 개인의 지갑을 넘어 국가와 정부의 금고를 비추기 시작했다. 2021년, 엘살바도르는 세계 최초로 비트코인을 법정 통화로 채택하며 한 국가의 통화 체계에 디지털 화폐를 정식으로 편입시켰다. 현재는 국제통화기금의 권고에 따라 제약이 발생했지만, 이 결정은 단순한 실험이 아니라 전통 금융 질서의 틀을 넘어 자주적인 통화 주권을 되찾으려는 시도로 볼 수 있다. 엘살바도르 이후 중앙아프리카 공화국이 그 뒤를 따르며 작은 나라들의 용기가 큰 담론을 열었다.

한편 미국을 비롯한 주요국 정부는 더욱 의미 있는 행보를 이어가고 있다. 정부 기관이 직접 비트코인을 확보하거나 재무 당국이 디지털 자산의 국가적 전략 활용 방안을 논의하기 시작한 것이다. 이는 비트코인을 단순히 규제의 대상이 아닌 새로운 형태의 전략적 자산으로 인식하기 시작했다는 신호다. 국가의 손에 들어간 비트코인은 더 이상 '탈중앙의 실험'이 아니라 세계 금융 질서 속에서 자산으로서 기존과는 다른 정체성과 역할을 부여받은 것이다. 이에 미국의 텍사스주는 블랙록 비트코인 현물 ETF를 1,000만 달러 이상 매집하기도 했다.

이러한 채택은 단순히 시장의 신뢰를 높이는 데 그치지 않는다. 비트코인이 국가의 준비자산이 될 때, 그것은 통화정책의 또다른 유연성을 열어 주며 달러 중심의 체제 속에서 자본 독립의 가능성을 제시한다. 또 국경을 넘어 거래되는 디지털 자산의 특성은 국가 간 금융 네트워크의 새로운 연결을 만들어 낸다.

결국 비트코인의 국가적 채택은 '투기적 자산의 시대'를 넘어 '제도적 가치 저장 수단의 시대'로 나아가는 중요한 진화의 과정이라 하겠다. 이제 비트코인은 더 이상 소수의 실험이 아닌 국가와 개인이 함께 그려 가는 완전히 다른 경제적 서사의 한가운데 서 있다.

국가 차원의 채택이 중요한 이유는 이것이 '돌이킬 수 없는 전환점'을 만들기 때문이다. 한 국가가 비트코인을 공식적으로 채택하면 이를 되돌리기는 정치적으로 매우 어렵다. 이는 비트코인에 대한 영구적 수요 기반을 만들어 내며 전통적인 4년 사이클을 뛰어넘는 장기적 상승 압력으로 작용할 수 있다.

상장 기업의 재무전략

더불어 새롭게 형성된 또 하나의 중요한 트렌드가 있다. 바로 '디지털 자산 트레저리DAT, Digital Asset Treasury'다. DAT는 기업이 현금을 중심으로

비트코인 트레저리 기관 및 기업 보유량

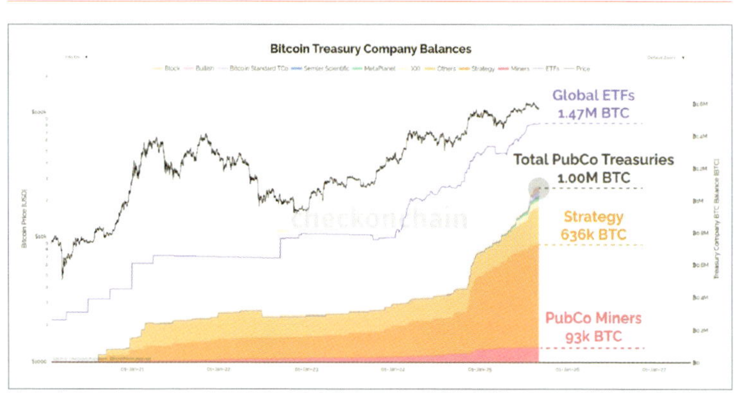

출처: 체크온체인

운영되는 전통적 재무 전략 대신, 자산 지배구조의 핵심 부분을 암호화폐 및 기타 디지털 자산 보유로 구성하는 전략을 의미한다. 기업의 근본적인 전략적 중심축으로 디지털 자산을 삼는 구조다.

비트코인으로 한정해 보면 대표적인 사례로 스트래티지를 들 수 있다. 마이클 세일러Michael Saylor 최고경영자의 전략이 성공하면서 테슬라, 블록, 코인베이스, 넥슨 등 수많은 상장 기업이 현금 보유고의 일부를 비트코인으로 전환했고, 이러한 움직임은 꾸준히 확산되고 있다. 특히 주목할 점은 이들 기업의 보유 전략이 극도로 장기적이라는 것이다.

스트래티지는 비트코인을 '100년 이상 보유할 자산'으로 규정하며 폭발적으로 보유량을 늘리고 있다. 2025년 12월 기준 스트래티지는 65만 개 이상의 비트코인을 보유하고 있으며, 전체 상장 기업이 보유한 비트코인은 100만 개에 달하고 있다.

상장 기업의 DAT 전략은 알트코인으로도 활발하게 확장되는 중이다. 그 중심에는 이더리움과 솔라나가 있다. 두 자산은 더 이상 기술 실험 단계의 코인이 아니라, 기업의 자산 포트폴리오에서 '전략적 비중'을 차지하는 신흥 금융 인프라로 자리매김한다.

이더리움을 가장 공격적으로 매입한 사례는 비트마인 이머전 테크놀로지스Bitmine Immersion Technologies Inc, BMNR다. 이 기업은 2025년 12월 기준 370만 개 이상의 이더리움을 확보하며, 세계에서 가장 많은 이더리움을 보유한 상장 기업으로 올라섰다. 이는 전체 이더리움 공급량의 약 3.43퍼센트에 해당한다. 비트마인에 이어 샤프링크 게이밍 역시 공격적인 이더리움 매수 전략을 취하고 있다.

특히 비트마인의 이더리움 전략에는 3명의 주요 인물이 깊게 관여하고 있다. 첫 번째는 실리콘밸리를 대표하는 리더 피터 틸Peter Thiel이다. 그는 초기 자금 마련과 철학적 방향을 제시한 인물로, '탈중앙화된 인프라가 금융의 마지막 혁신'이라는 신념 아래 비트마인의 자본 조달 구조를 설계하는 데 중요한 역할을 했다. 두 번째는 캐시 우드Cathie Wood로, 자산운용사 아크인베스트를 통해 비트마인의 주요 전략적 투자자로 참여하며 이더리움이 전통 자산과 결합될 수 있는 '기술형 금융 자산'임을 강조해 왔다. 마지막으로 펀드스트랫Fundstrat의 창립자 톰 리Tom Lee는 이사회 의장으로서 비트마인의 전략 실무를 총괄하며, 이더리움 매집과 재무 포트폴리오 전환을 직접 주도했다.

톰 리는 이더리움을 '미래 금융의 중립적 플랫폼'으로 정의하며, 단순한 디지털 자산이 아닌 차세대 금융 인프라로 보고 있다. 이는 월가로 대표되는 전통 금융이 이더리움 플랫폼 위로 올라오면서 금융 패러다임이 근본적으로 바뀌고 있음을 의미한다. 그의 주도로 비트마인은 재무의 상당 부분을 이더리움 중심으로 전환했고, 스테이킹과 네트워크 참여를 통해 이더리움을 '생산 가능한 자산'으로 운용하기 시작했다. 이는 단순 보유를 넘어선 운용형 디지털 자산 전략의 출발점으로 볼 수 있다.

이더리움에 이어 솔라나 역시 기업 재무의 새로운 선택지로 급부상하고 있다. 포워드 인더스트리Forward Industry, 유펙시Upexi, 디파이 디벨롭먼트DeFi Development와 같은 기업들은 대규모 솔라나를 매입하며, 거래 속도와 효율성에 초점을 맞춘 차세대 금융 네트워크의 기반 자산으로 솔라나를 포지서닝했다. 솔라나는 낮은 수수료와 높은 확장성을 앞세워 실물 자산 토큰화나 기업 내 결제 인프라 실험의 무대로 주목받고 있다.

이 같은 흐름은 단순한 투기나 일시적인 트렌드가 아니다. 앞서 언급했듯 기업들은 이제 블록체인을 '금융의 새로운 플랫폼'으로 인지하고, 그 기반이 되는 자산을 직접 보유함으로써 미래 시스템의 이해관계자로 자리하려는 움직임을 보이고 있다. 과거에는 현금과 채권이 재무의 중심이었다면, 앞으로는 스테이킹 가능한 디지털 자산이 기업 자금 운용의 핵심 축으로 자리할 가능성이 높다.

이더리움의 채택은 특히 의미가 깊다. 스테이킹을 통한 수익 창출, 스마트 컨트랙트를 통한 계약 자동화, 탈중앙화 금융(디파이)과의 연결 등은 전통 금융이 제공하지 못한 '자산의 생산성'을 가능하게 한다. 기업은 이더리움을 통해 현금보다 높은 유동성과 수익성을 동시에 추구할 수 있다. 반면 솔라나는 빠른 결제와 낮은 수수료라는 강점을 바탕으로, 실물 경제와 블록체인을 잇는 효율성 중심의 모델로 발전하고 있다.

결국 이더리움과 솔라나를 채택한 기업들은 "미래의 재무 전략은 더 이상 은행의 잔고가 아니라, 네트워크의 노드 위에서 결정된다"라는 하나의 공통된 신념을 공유한다. 기업이 네트워크의 일부가 되고, 그 안에서 자산을 생산하고 순환시키는 구조, 이것이 바로 금융 패러다임의 전환이자 블록체인 자산이 가져올 새로운 재무의 형태로 볼 수 있다.

이러한 기업 차원의 축적은 암호화폐 시장에 새로운 안정성을 부여한다. 기업들은 분기 실적이나 주주에 대한 책임 등의 이유로 변덕스러운 매매를 할 수 없다. 한 번 비트코인이나 알트코인을 대차대조표에 올리면, 이를 매도하기 위해서는 이사회 승인과 공시 절차를 거쳐야 한다. 이는 자연스러운 매도 억제 메커니즘으로 작동할 수 있다.

물론 이런 예상도 해볼 수 있다. 이러한 번거로운 절차에도 굳이 매도한다면, 시장은 더 큰 하락 국면을 보일 수 있다는 것이다. 실제로 비트코인 DAT 전략의 중심인 스트래티지는 MSCI 등 주요 지수 탈락과 비트코인 매도 이슈가 커뮤니티에서 광범위하게 거론되었다. JP모건 등은 패시브 자금의 자동 매도 가능성을 언급하며 시장을 불안에 빠뜨리기도 했다. MSCI는 결국 스트래티지를 포함한 DAT 전략 기업의 지수 잔류를 결정했다. 하지만 핵심은 지수 잔류가 아닌, 비트코인을 활용한 구조화 금융 모델과 현금 창출 능력이다. 우리는 늘 위기 속에서도 본질을 바라보아야 한다.

물론 앞으로 시장의 진정한 위기는 단순한 가격 조정이 아니라, 기업의 DAT 전략이 흔들릴 때 발생할 수 있다는 분석도 충분한 근거가 있다. 디지털 자산을 재무에 편입하는 시도는 혁신이지만, 극단적인 가격 변동성, 불명확한 회계 및 규제 기준, 네트워크 성장 둔화 위험이라는 세

가지 리스크를 안고 있다. 특히 이더리움과 솔라나처럼 생태계 확장성을 전제로 하는 자산은 기술 발전보다 투자 심리에 더 민감하게 반응해, 기업의 DAT 구조를 일종의 레버리지형 위험 자산 포트폴리오로 만든다. 실제로 비트마인은 약 44억 달러(원화 약 6조 5천억 원)에 달하는 미실현 손실을 기록하기도 했다. 결국 DAT는 금융 패러다임의 전환점이지만, 동시에 디지털 유동성에 과도하게 의존하는 새로운 형태의 시스템 리스크이기도 하다. 따라서 이는 앞으로 꾸준히 지켜보고 점검해야 할 중요한 트렌드다.

온체인 지표의 구조적 변화와
파생상품 시장의 성숙

지금까지 거시경제와 채택의 관점에서 사이클이 달라진 이유를 살펴보았다. 특히 채택의 관점에서 기관, 국가, 기업 단위의 채택이 가져온 근본적인 변화를 짚어보았다. 이러한 사이클의 변화는 온체인 데이터에

장기보유자 매도 활동 지표

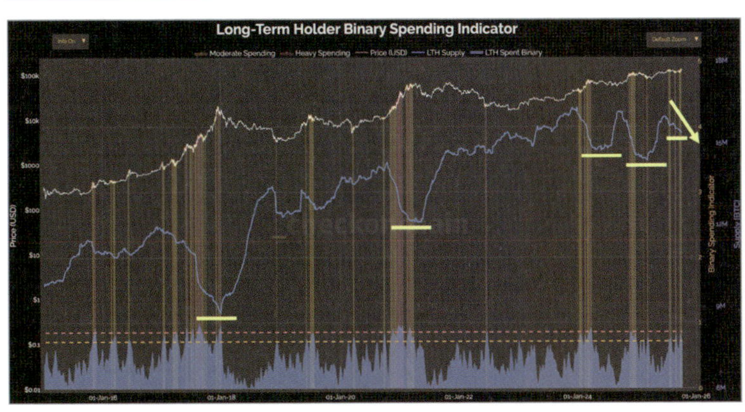

출처: 체크온체인

서도 확인되고 있다. 온체인 데이터는 암호화폐와 블록체인 생태계에서 가장 신뢰할 만한 데이터다. 블록체인의 투명성은 시장 참여자들의 실제 행동을 관찰할 수 있는 전례 없는 기회를 제공한다. 이 데이터가 보여주는 변화의 흐름은 비교적 명확하다. 바로 비트코인 보유자들의 행동 패턴이 변화하고 있다는 점이다.

온체인 상으로 포착되는 첫 번째 변화는 장기 보유자 행동 패턴의 진화다. 장기 보유자Long-Term Holder, LTH로 분류되는 155일 이상 비트코인을 보유한 주소의 비중은 역대 최고 수준에 도달했다. 2025년 중순 기준 전체 유통량의 약 70퍼센트 이상을 장기 보유자가 점유하고 있다. 이들 중 상당수는 1년 이상, 심지어 5년 이상 움직이지 않은 휴면 상태를 보였다.

비트코인 장기 보유자들의 매도 활동 여부를 단순화해 보여주는 온체인 지표인 장기 보유자 매도 활동 지표를 살펴보면, 2025년부터 2026년 사이의 사이클에서 전반적으로 굳건한 움직임을 이어가고 있다. 비트코인 강세장 정점은 일반적으로 장기 보유자의 대규모 매도와 해당 사이클 내 장기 보유자 공급량이 새로운 저점을 기록하는 시점에서 형성된다.

하지만 과거 사이클 대비 두 가지 조건이 모두 뚜렷하게 나타나지 않고 있다는 점은, 사이클 상 상승 여력이 남아 있거나 사이클의 양상이 달라졌다는 시그널로 해석할 수 있다.

물론 시장에서는 오래된 고래들의 대규모 이동이 포착되기도 했다.

예를 들어 OG^{Original Gangster, 비트코인 초기 기여자}의 물량이 단기간에 크게 이
동하며 시장에 하방 압력을 가하기도 했다. 그러나 특정 주체가 아닌 보
편적 움직임으로 환산하면, 과거 같은 시기 대비 보유 관점이 더욱 우세
했다. 점진적인 매도세가 존재하긴 했지만, 과거처럼 가파른 매도세나
시장 변동성에 따른 공황 매도의 성격을 띠지는 않았다는 것이다. 장기
보유자의 패턴 변화는 어떤 의미를 지닐까?

첫째, 비트코인이 단기 투기 대상에서 장기 가치 저장 수단으로 인식
이 전환되고 있다. 과거 사이클에서는 가격이 급등하면 장기 보유자들
이 대거 매도에 나서며 시장에 공급을 쏟아냈다. 하지만 2024년 반감기
이후 사이클에서는 가격이 역대 최고치를 경신해도 장기 보유자의 매도
압력이 과거 사이클만큼 크게 증가하지는 않았다. 비트코인을 '파는 자
산'이 아닌 '보유할 자산'으로 인식하기 시작한 것이다. 대세 상승장 사이
클은 장기 보유자의 대량 매도를 단기 보유자가 받아내는 과정에서 이
루어졌다. 손바뀜의 과정에서 상승장이 나타난 것이다. 그러나 지금은
양상이 달라졌다. 공급 충격을 가하면서 단기적으로는 큰 상승세가 포
착되지 않지만, 장기적으로는 더 큰 응축을 보이고 있다.

둘째, 이러한 공급 부족은 가격 변동성의 구조적 변화로 이어진다. 실
제 거래 가능한 비트코인의 양이 줄어들면서, 상대적으로 작은 수요 변
화에도 가격이 민감하게 반응하게 된다. 동시에 대규모 매도 물량이 나
올 가능성도 줄어들어, 극단적인 하락보다는 점진적인 상승 트렌드가

형성될 가능성이 높아진다.

셋째, 이번 사이클에서 장기 보유자의 매도 물량은 더 강한 손으로 이동하며 손바꿈이 활발하게 일어나고 있다. 과거와 같은 단기 투자자가 아닌 기관과 ETF 커스터디로 흡수되는 등 누적 매집 흐름이 뚜렷하게 포착되고 있다. 누적 주소의 보유량도 급속하게 증가하는 중이다. 가격 조정은 구조의 훼손이 아니라 장기 상승 사이클을 위한 건강한 재분배 과정에 가깝다고 볼 수 있다. 강한 손으로의 소유권 이동은 향후 가격 탄성(가격 회복력)을 높이는 핵심 신호다.

다음으로 두 번째 변화는 거래소 잔고의 지속적 감소다. 2020년 3월 코로나19 팬데믹 당시 거래소들은 총 320만 개 이상의 비트코인을 보유

비트코인 거래소 보유량(2025년 10월 기준)

출처: 크립토퀀트

하고 있었다. 그러나 2025년 이 수치는 220만 개 수준으로 감소했다. 약 100만 개의 비트코인이 거래소에서 개인 지갑으로 이동한 것이다. 이는 역시 두 가지 중요한 시사점을 갖는다.

첫 번째, 투자자들이 '지갑의 개인키를 직접 소유하지 않는 한, 당신은 그 자산의 진짜 주인이 아니다Not Your Keys, Not Your Coins'라는 원칙을 더욱 중시하게 되었다는 것이다. FTX 붕괴 사태를 비롯한 거래소 리스크를 경험하며, 자가 수탁셀프 커스터디, Self-Custody의 중요성이 부각되었다.

두 번째, 거래소 밖으로 나간 비트코인은 즉각적인 매도 가능성이 낮아진다. 개인 지갑에서 거래소로 비트코인을 이동시키는 것은 추가적인 단계와 시간을 필요로 한다. 결국 이는 충동적 매도를 억제하는 효과가 있다.

세 번째, 채굴자 행동의 전략적 변화를 들 수 있다. 채굴자들의 행동 패턴 역시 주목할 만한 변화를 보이고 있다. 과거 채굴자들은 운영 비용 충당을 위해 채굴한 비트코인을 바로 매도하는 경향이 강했다. 하지만 최근에는 대형 채굴 기업들이 비트코인을 대차대조표에 적립하는 전략 을 채택하고 있다.

마라 홀딩스MARA Holdings, Inc., 라이엇 플랫폼Riot Platforms, Inc. 등과 같은 상장 채굴 기업들은 수천 개의 비트코인을 보유하고 있으며, 이를 담보 로 법정 화폐를 조달해 운영 비용을 충당한다. 이는 채굴자들이 단순한 '생산자'에서 '투자자'로 역할이 확대되었음을 의미한다. 매일 생산되는 약 450개의 비트코인 중 상당 부분이 시장에 나오지 않고 채굴자들의 금고에 쌓이고 있다는 의미다.

우리는 온체인 관점에서 나타나는 변화를 통해 근본적인 사이클 변화의 움직임을 포착할 수 있다. 비트코인 시장은 정교한 파생상품 시장의 시대에 진입했다. CME 비트코인 선물과 옵션을 비롯해 바이낸스, 바이비트, 데리비트 등 주요 글로벌 거래소에서 거래되는 파생상품의 일일 거래량은 이미 수천억 달러 규모에 달한다. 현물 시장을 훌쩍 넘어선 이 유동성은 시장 구조의 중심축으로 작용하고 있다. 파생상품 시장의 성숙은 단순히 거래 규모의 확대에 그치지 않는다. 이는 시장의 참여자 구성과 행동 양식을 근본적으로 바꾸고 있다.

옵션 시장의 만기 구조와 미결제약정 분포는 시장 참여자들의 기대를 가장 명확하게 확인하는 중요한 창이 되었다. 단순한 가격 예측이 아니라, 실제 자금이 걸린 베팅을 통해 형성되는 컨센서스Consensus이기에 신뢰도가 매우 높다. 과거처럼 '막연한 낙관'이나 '근거 없는 공포'가 시장을 지배하던 시절은 지나간 것으로 보인다. 이제 시장은 참여자들의 집단적 판단과 자금 흐름을 통해 훨씬 더 정교한 기대를 반영하고 있다. 이처럼 투자의 관점에서도 선물 및 옵션 관련 지표는 매우 중요하다.

예를 들어 펀딩 레이트 히트맵을 활용하면 시장의 과열 수준을 비교적 명확하게 파악할 수 있다. 시장이 과열 국면에 진입할 경우, 이후 조정 국면으로 전환될 가능성이 높아진다. 반대로 시장이 극도로 냉각된

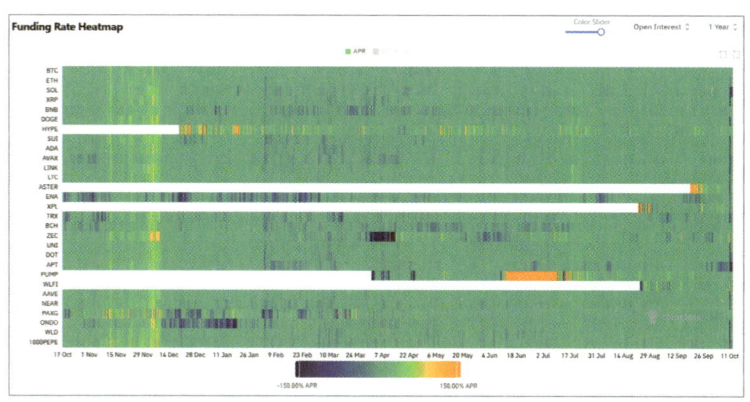

출처: 코인글래스

상태라면 중·단기적인 반등 가능성을 염두에 둘 수 있다.

이와 함께 알고리즘 거래에 대한 이해 역시 필수적이다. 암호화폐 시장에서 알고리즘 거래가 차지하는 비중은 이미 70퍼센트를 넘어선 것으로 집계되고 있다. 고빈도 거래HFT 업체와 시장 조성자(마켓 메이커), 각종 차익 거래 봇들은 24시간 작동하며 가격 발견 과정에 직접적으로 관여한다. 그 결과 시장의 전반적인 효율성은 과거와 비교해 현저히 개선되었다.

거래소 간 가격 차이, 이른바 '코인베이스 프리미엄'이나 '김치 프리미엄'과 같은 현상은 과거보다 훨씬 빠른 속도로 해소되고 있다. 비이성적인 급등락 역시 자동화된 알고리즘의 차익 거래 과정에서 신속히 교정된다. 이에 따라 가격 형성 과정은 점차 '정상화'된 궤도를 따르고 있으며, 시장 구조 역시 전통 금융시장과 유사한 안정적인 미시 구조로 수렴해 가고 있다.

다만 이러한 발전은 새로운 형태의 리스크를 동반한다. 유사한 데이터와 신호를 기반으로 작동하는 알고리즘들이 특정 조건에서 동시에 반응한다면, 매수 또는 매도가 연쇄적으로 발생하는 이른바 '캐스케이드 효과Cascade Effect'가 나타날 수 있다. 몇 초 만에 수십 퍼센트의 급락이 발생했다가 빠르게 회복되는 현상은 인간의 개입 없이 시스템적으로 발생한다는 점에서 주목해야 한다. 실제로 2025년 10월 11일에는 대규모 청산과 함께 급격한 가격 하락이 발생했으며, 이는 시스템적 요인에 기인한 사례로 해석할 수 있다.

결국 파생상품 시장의 성숙과 알고리즘 거래의 확산은 비트코인 시장을 보다 정교하고 효율적인 구조로 진화하게 했다. 그러나 동시에 시장의 복잡성은 새로운 리스크를 만들어 내고 있으며, 이는 시장의 성숙이 곧 안정의 완성을 의미하지는 않는다는 점을 시사한다. 향후 암호화폐 시장에서의 투자 판단은 더욱 체계적이고 숙련된 분석 역량을 요구하게 될 것이다.

5

알트코인 순환매 사이클은 다시 오지 않는다?

과거 암호화폐 시장에서는 비트코인 가격 상승 이후 자연스럽게 알트코인 랠리가 이어지는 흐름이 반복되었다. 이른바 '알트 시즌'이다. 비트코인으로 유입된 자본이 순차적으로 이더리움, 주요 알트코인, 소형 알트코인으로 이동하면서 시장 전반의 가격이 동반 상승하던 국면을 의미한다.

그러나 최근 몇 년간 이러한 패턴은 점차 희미해지고 있다. 비트코인이 사상 최고가를 경신하더라도, 다수의 알트코인은 여전히 침체 국면에서 벗어나지 못하는 모습을 보인다. 이는 단순한 시장 사이클의 변화로 보기 어렵다. 알트코인 시장이 안고 있는 구조적 문제가 본격적으로 드러나고 있으며, 동시에 투자자들의 자본 배분 논리 역시 근본적으로 변화하고 있다고 해석하는 것이 타당하다.

다시 말해, 과거처럼 뚜렷한 호재나 펀더멘털 개선 없이 알트코인 전반이 일제히 상승하는 구조는 점차 희석될 가능성이 크다.

알트코인의 구조적 취약성

우선 알트코인 시장이 안고 있는 본질적인 문제를 직시해야 한다. 현재 시장에 상장되는 다수의 알트코인은 구조적으로 지속적인 가치 상승이 어려운 특성을 지니고 있다. 가장 대표적인 문제는 과도하게 높은 완전희석가치FDV, Fully Diluted Valuation다.

신규 프로젝트들은 초기 유통 물량을 극도로 제한한 상태로 상장하며, 이로 인해 실질적인 거래 규모와는 괴리가 큰 가치 평가를 받는 일이 많다. 실제로 시장에서 유통되는 토큰은 전체 물량의 5~10퍼센트 수준에 불과한 반면, 프로젝트의 명목상 가치는 수십억 달러에 이르는 사례도 적지 않다. 이는 향후 수년간 예정된 토큰 언락과 지속적인 매도 압력이 구조적으로 내재되어 있음을 의미한다. 투자자 입장에서는 보이지 않는 공급 부담을 안고 투자에 나서야 하는 셈이다.

문제는 여기서 그치지 않는다. 다수의 알트코인이 제공하는 실질적 가치 역시 제한적이다. 블록체인 기술의 초기 단계에서는 새로운 합의 메커니즘이나 스마트 컨트랙트 플랫폼, 탈중앙화 금융 프로토콜 등 각 프로젝트가 일정 수준의 기술적 혁신을 제시했다. 그러나 현재 시장에는 유사한 기능과 구조를 반복하는 프로젝트들이 다수 존재한다. 표면적으로는 차별화를 내세우지만, 본질적으로는 이미 검증된 모델의 변형에 그치는 경우가 대부분이다. 이러한 상황에서 개별 프로젝트에 수십억 달러 규모의 가치를 부여하는 것은 효율적인 자본 배분이라고 보기 어렵다.

실질적인 차별화 요소나 지속 가능한 수익 모델 없이 토큰 발행만으로 대규모 자금을 조달하는 구조는 결국 시장 전체에 하방 압력으로 작용한다. 새로운 토큰이 상장될 때마다 초기 투자자와 프로젝트 팀의 물량이 시장에 공급되고, 후발 투자자들이 손실을 떠안는 구조가 반복된다. 이는 알트코인 시장 전반에 대한 신뢰를 약화시키는 요인으로 작용하고 있다.

기술주를 중심으로 한 자본의 재배치

알트코인 시장이 정체된 사이, 전통적인 기술 투자 시장에서는 뚜렷한 변화가 나타나고 있다. 인공지능, 방산 기술, 로보틱스, 네트워크 스테이트와 같은 분야는 실질적이고 생산적인 혁신을 빠르게 구현해 내는 중이다. 이들 산업은 실물 경제에서 측정 가능한 성과를 내며, 명확한 비즈니스 모델과 수익 창출 경로를 보유하고 있다. 그리고 투자자에게는 지분이라는 형태의 실질적인 소유권을 제공한다.

투자자의 관점에서 볼 때, 동일한 자본을 투입했을 때 어느 쪽이 더 합리적인 선택인지는 점점 분명해지고 있다. 기술적·사업적 불확실성이 큰 알트코인에 투자하는 것과, 실제 매출과 이익을 창출하고 있는 기술 기업의 지분을 확보하는 선택지 사이에서 후자를 택하는 비중이 높아지고 있는 것이다. 이러한 흐름은 개인 투자자에 국한되지 않는다. 벤처캐피탈과 기관투자자 역시 점차 전통 기술주 중심의 자본 배분 전략을 강화하는 중이다.

토큰과 지분의 이해상충 문제

많은 암호화폐 프로젝트들은 동시에 두 가지 형태의 자산을 발행한다. 벤처캐피탈과 초기 투자자에게는 지분Equity을 제공하고, 일반 사용자와 시장 투자자에게는 토큰Token을 배분하는 구조다. 표면적으로는 두 자산 모두 프로젝트의 성공에 따른 혜택을 공유하는 것처럼 보이지만, 실제로는 구조적인 이해상충이 존재한다.

프로젝트가 성장 단계에 접어들고 실질적인 수익을 창출하기 시작하면, 해당 수익은 대부분 지분 보유자에게 귀속된다. 프로토콜 수수료나 서비스 매출은 기업의 재무제표에 반영되고, 이는 곧 지분 가치의 상승으로 이어진다. 반면 토큰 보유자는 이러한 직접적인 수익 흐름에서 배제되는 일이 많다. 토큰은 거버넌스 권한이나 프로토콜 이용권을 제공할 수는 있지만, 기업의 이익을 청구할 수 있는 법적 권리는 갖지 않기 때문이다.

더 근본적인 문제는 프로젝트가 성공할수록 토큰 보유자와 수익을 공유할 유인이 오히려 약해진다는 점이다. 초기 단계에서는 토큰을 활용한 자금 조달과 커뮤니티 구축이 필요하지만, 일단 사업이 궤도에 오르고 안정적인 수익이 발생하기 시작하면 그 성과를 토큰 보유자와 나누기보다는 지분 보유자에게 집중시키는 편이 경제적으로 더 합리적인 선택이 될 수 있다. 사용량이 증가하고 프로토콜이 성장함에도 불구하고, 그 가치가 반드시 토큰 가격 상승으로 이어지지 않는 이유가 여기에 있다.

그렇다면 알트코인은 완전히 실패한 실험일까. 반드시 그렇게 단정할 수는 없다. 암호화폐는 기존 금융 및 기술 시스템이 제공하지 못했던 중요한 가치를 이미 입증해 왔다.

첫째, 자본 조달의 효율성이다. ICO에서 IDO, 에어드롭에 이르기까지 블록체인 기반 토큰 발행 방식은 전통적인 벤처캐피탈 중심의 자금 조달 구조에 비해 훨씬 빠르고 효율적으로 자본을 모을 수 있다. 지리적 제약 없이 전 세계 투자자에게 직접 접근할 수 있으며, 초기 단계부터 높은 유동성을 확보할 수 있다는 점도 중요한 장점이다. 이는 자본 조달 과정에서 발생하는 시간적·구조적 비용을 크게 낮춘다.

둘째, 강력한 사용자 획득 엔진과 네트워크 효과다. 토큰 인센티브 구조를 활용하면 전통
적인 스타트업이 수년간 막대한 마케팅 비용을 투입해 구축해야 하는 사용자 기반을 상
대적으로 짧은 기간 내에 형성할 수 있다. 새로운 아이디어가 크립토 생태계와 결합된다
면 단기간에 수백만 명의 관심을 끌어낼 수 있으며, 이는 제품과 서비스의 초기 견인력을
확보하는 데 결정적인 역할을 한다.

문제의 핵심은 이러한 장점들을 실질적인 가치 창출과 어떻게 연결
할 것인가에 있다. 현재 시장에서 논의되는 하나의 해법은, 실질적인 혁
신 역량을 갖춘 기업들이 토큰을 발행해 암호화폐 시장이 지닌 자본 조
달 능력과 커뮤니티 구축 역량을 활용하는 방식이다. 이는 크립토의 구
조적 강점과 실물 경제에서 발생하는 가치 창출을 결합하려는 시도로
볼 수 있다.

이 과정에서 가장 중요한 요소는 토큰을 지분과 구조적으로 연결하
는 것이다. 토큰을 기업의 지분 가치와 직접 연동해 토큰 보유가 실질적
인 소유권의 일부를 의미하도록 설계하는 접근이다. 기업이 성장하며
매출과 이익이 증가하면, 지분 가치의 상승과 함께 토큰 가치 역시 연동
되어 상승하는 구조가 형성된다.

더 나아가 규제 프레임워크 내에서 토큰에 법적 청구권을 부여한다
면, 토큰은 단순한 유틸리티 수단을 넘어 실질적인 자산으로 기능할 수
있다. 이러한 구조에서는 토큰 보유자와 지분 보유자의 이해관계가 자

연스럽게 일치하며, 기업의 성장이 곧 양측의 가치 상승으로 이어진다. 이는 암호화폐가 수행해 온 자본시장 내 역할을 재정의하는 패러다임 전환에 해당한다. 알트코인은 이 과정을 통해 단기적 투기 자산의 지위를 넘어, 실물 경제 혁신 기업에 대한 새로운 투자 수단으로 진화하게 된다.

6

사이클 기반의
장기 투자 방법론은 지속된다

암호화폐 시장의 사이클을 논의할 때, 과거처럼 4년 주기의 반복을 맹목적으로 기대하기는 어렵다는 점을 앞서 확인했다. 주요 지표들을 통해 살펴본 결과, 사이클의 강도는 점차 약화되고 있으며 시장의 구조와 환경 역시 크게 변화하고 있다. 다만 이를 사이클의 완전한 해체로 해석하기보다는, 사이클의 확장과 점진적인 희석에 가깝다고 보는 것이 보다 합리적이다. 특히 비트코인 반감기라는 기계적 이벤트를 중심으로 형성되던 과거의 비교적 예측 가능한 패턴은 앞으로 점점 해석이 어려워질 가능성이 크다.

그럼에도 불구하고, 사이클 전략의 유효성 여부와는 별개로 장기 투자 방법론을 기반으로 한 암호화폐 투자는 여전히 의미를 가진다고 볼 수 있다. 많은 투자자들이 암호화폐 투자를 꺼리는 가장 큰 이유는 높은 변동성이다. 그러나 투자 관점에서 보면, 이 변동성은 동시에 가장 중요한 매력 요인이기도 하다. 변동성은 적절히 활용하면 높은 수익으로 연결될 수 있기 때문이다. 물론 이는 반대로, 변동성을 잘못 다룰 경우 큰 손실로 이어질 수 있다는 점을 의미하기도 한다.

결국 시장은 일정한 패턴을 가진 세 단계의 흐름이 반복되는 구조로 형성된다. 이러한 구조를 이해하고, 감정이 아닌 체계적인 판단에 기반해 대응하는 것이 장기 투자 전략의 핵심이라고 할 수 있다.

축적 국면 ⇒ 상승 국면 ⇒ 정점과 분배 국면

사이클이 과거와 다른 변화의 국면에 있더라도 암호화폐 장기 투자에서의 불변의 진리는 변함이 없다. 무엇보다 대중의 관심이 완전히 사라졌을 때가 진정한 축적 국면이며, 시장의 관심이 지대하고 모두가 암호화폐에 투자하고 있다면 정점과 분배 국면에 해당한다.

2022년 하반기와 2023년 상반기, 구글의 비트코인 검색량은 바닥을 쳤고 소셜 미디어에서의 암호화폐 언급 역시 급감했다. 거래량은 말라붙었으며 새로운 프로젝트 론칭은 거의 없었다. 이러한 국면에서의 투자 전략은 명확하다. 포트폴리오의 기초를 구축하는 것이다. 비트코인과 이더리움 같은 핵심 자산을 중심으로 생존이 확실한 메이저 알트코인을 모색해 나가는 것이 가장 합리적인 전략이다. 특히 비트코인에 중

점을 두어야 한다.

이러한 국면에서 가장 효율적인 투자 방식 중 하나는 정액 분할 매수(달러 코스트 애버리징, DCA)이다. 이 시기부터 매주 또는 매월 고정된 금액을 투자함으로써 감정적 판단을 배제하고 평균 단가를 낮출 수 있다. 피해야 할 것은 조급함이다. 바닥을 정확히 맞추려는 시도, 단기 반등에 대한 과도한 기대, 생존 가능성이 불확실한 코인에 무리하게 투자하는 행위는 모두 장기적으로 수익률에 해가 될 뿐이다. 축적 국면에서 도움이 되는 도구는 온체인 지표다. 비트코인은 세 가지를 가장 핵심적으로 살펴보는 것이 좋다. 이는 앞서 강조했던 관점과도 유사하다.

첫 번째는 실현 가격**Realized Price**이다. 실현 가격은 각 비트코인이 마지막으로 이동했을 때(온체인상 거래)의 가격을 기준으로 전체 네트워크가 실제로 '지불한 평균 매입 단가'를 계산한 지표다. 비트코인 가격이 실현 가격을 넘어서는 시점을 기준으로 거래하는 것이 장기적인 관점에서 유리하다.

두 번째는 장기 보유자**Long-Term Holder**의 공급 증가다. 시장 사이클에서 가장 주목해야 할 주체는 장기 보유자다. 장기 보유자는 저가에서 매수하고 고가에서 매도하는 전략을 구사한다.

세 번째는 거래소 잔고다. 거래소 잔고의 감소는 스마트 머니가 축적하고 있다는 신호다. 이는 결국 공급 충격으로 이어지며, 중·장기적 상승의 토대가 된다.

그런데 이더리움과 같은 플랫폼 암호화폐의 경우 비트코인에서 확인하는 지표를 동일하게 쓸 수는 있지만, 자산의 성격이 다른 만큼 추가적인 지표를 함께 활용하는 것이 투자 전략 수립에 더 도움이 된다.

비트코인이 디지털 금으로서 희소성에 집중하는 자산이라면, 이더리움은 이와 본질적으로 다른 성격을 지닌 자산이다. 이더리움은 거대한 탈중앙화 컴퓨팅 플랫폼이며, 그 위에서 작동하는 경제 활동의 규모와 강도가 곧 자산 가치로 직결된다. 따라서 이더리움의 가격 차트만을 보는 것은 기업의 재무제표를 무시한 채 주가만 바라보는 것과 같다. 네트워크의 실질적인 사용도, 자금의 유입과 잠김, 경제 활동이 만들어 내는 수익성을 함께 읽어야 한다. 이더리움의 펀더멘털을 분석하고 네트워크 가치를 판단하기 위한 세 가지 핵심 지표는 다음과 같다.

1 **디파이 총예치금TVL**: 신뢰의 척도

2 **스테이킹 비율:** 공급 압축의 메커니즘

3 **네트워크 수익과 소각**: 디플레이션 엔진

디파이 총 예치금^{TVL}

시장에는 자본의 흐름과 축적을 파악하기 위해 유의 깊게 살펴보아야 할 지표가 있다. 그중 가장 우선적으로 확인해야 할 것이 바로 TVL이다. TVL은 이더리움 네트워크 내 디파이 프로토콜에 예치된 총자산의 규모를 의미하는 만큼 중요한 함의를 지닌다. 이 지표의 핵심은 단순한 거래량이 아니라, 실제로 사람들이 자신의 자산을 플랫폼 생태계에 '맡기고 있다'는 신뢰의 증거라는 점이다.

이더리움 TVL

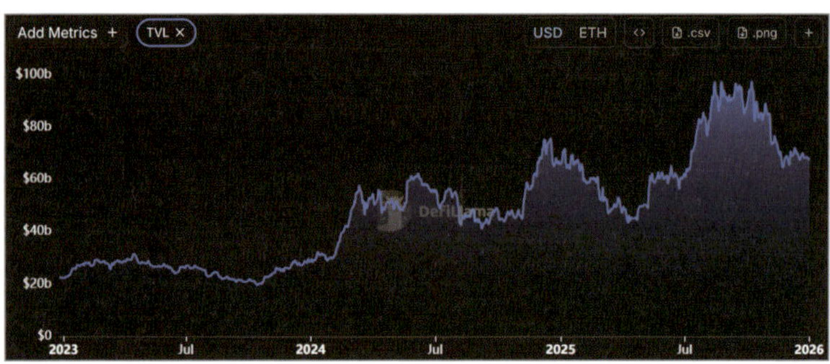

출처: 디파이라마

거래는 일시적이지만 TVL은 지속적이다. 탈중앙화 대출 프로토콜 에이브^{AAVE}에 디지털 자산을 담보로 맡기고 스테이블 코인을 대출하거나, 탈중앙화 거래소 유니스왑^{UNI}에 유동성을 공급하거나, 유동성 스테이킹 프로토콜 리도 파이낸스**LDO**에 ETH를 스테이킹하는 행위는 모두 자금을 네트워크 안에 묶어 두는 것을 의미한다. TVL이 증가하면 선순환이 발생한다. 네트워크의 내재적 수요가 증가하고(가스비, 담보, 페어 토큰), 유동성은 깊어지며 더 많은 사용자와 개발자를 끌어들인다.

이더리움을 예로 들어 보자. 역사적으로 TVL은 이더리움 가격과 높은 상관관계를 보여 왔다. 2020년 디파이 서머**DeFi Summer**의 TVL 급증과 ETH 가격 급등, 2022년 크립토 윈터의 TVL 감소와 가격 하락이 그 증거다. 중요한 것은 절대값이 아니라 추세다. TVL이 지속적으로 증가하면 네트워크가 성장 국면에 있음을 의미하며, 정체되거나 감소하면 네트워크가 침체 국면에 접어들고 있다는 경고 신호로 해석할 수 있다.

따라서 투자자 관점에서 TVL은 선행 지표로 활용하는 것이 적합하다. TVL이 바닥을 형성한 뒤 반등하기 시작하면 스마트 머니가 점차 유입되고 있다는 신호이며, TVL이 정점을 찍은 후 하락하면 자금이 이탈하고 있다는 의미다.

스테이킹 비율: 공급 압축의 메커니즘

2022년 9월, 이더리움 더 머지**The Merge** 업그레이드 이후 이더리움은 지분 증명**PoS, ProOf Of Stake** 방식으로 전환되었으며, 검증자**밸리데이터,**

Validator가 되기 위해서는 32 ETH를 스테이킹해야 한다. 이때 스테이킹된 ETH는 시장에서 거래될 수 없고 네트워크에 묶이게 된다. 스테이킹 비율이란 전체 ETH 공급량 가운데 스테이킹된 물량이 차지하는 비율을 의미한다. 스테이킹 비율이 높아질수록 시장에서 유통되는 물량은 감소한다는 뜻이다.

스테이킹 비율의 상승은 곧 네트워크 보안 강화로 이어진다. 더 많은 ETH가 스테이킹될수록 네트워크를 공격하는 데 필요한 비용이 증가하고, 그만큼 네트워크에 대한 신뢰도는 높아진다. 특히 이더리움 현물 ETF에 스테이킹 기능이 추가된다면, 기관 자금이 수백억 달러 규모로 스테이킹에 유입되며 시장 공급에 즉각적인 압력을 가할 수 있다. 따라서 투자 전략 측면에서 스테이킹 비율이 꾸준히 증가하는 추세는 장기적인 강세 신호로 해석하면 된다. 특히 가격 하락기에도 스테이킹 비율

이더리움 스테이킹 비율(2025년 10월 12일 기준)

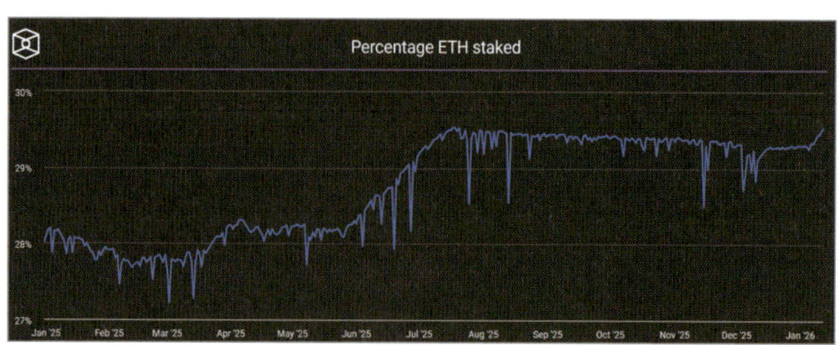

출처: 더블록

이 유지되거나 오히려 증가한다면, 장기 보유자들이 여전히 확신을 유지하고 있다는 의미로 볼 수 있다.

네트워크 수익과 소각: 디플레이션 엔진

2021년 8월 도입된 EIP-1559는 이더리움의 토큰 이코노미를 근본적으로 변화시켰다. 기본 가스비**Base Fee**가 소각되어 영구히 사라지는 구조가 도입되면서, 네트워크가 활발하게 사용될수록 더 많은 ETH가 소각된다. 이로 인해 소각량이 발행량을 초과한다면 전체 공급량이 감소하는 메커니즘이 형성되었다. 이더리움은 이론적으로는 무한 발행이 가능하지만, 특정 조건에서는 디플레이션이 발생할 수 있는 자산이 되었다.

네트워크 수익은 사용자들이 이더리움 사용을 위해 지불한 가스비로, 쉽게 말해 이더리움의 '매출'에 해당한다. 높은 네트워크 수익은 활발한 경제 활동을 의미하며, 이는 검증자 수익 증가로 이어져 스테이킹의 매력도를 높인다. 동시에 더 많은 ETH가 소각되면서 공급은 지속적인 압박을 받게 된다. 이 메커니즘의 핵심은 선순환 구조에 있다.

투자자는 네트워크 수익과 소각량을 동시에 추적해야 한다. 두 지표가 모두 상승 추세에 있다면, 이더리움의 펀더멘털이 강화되고 있다고

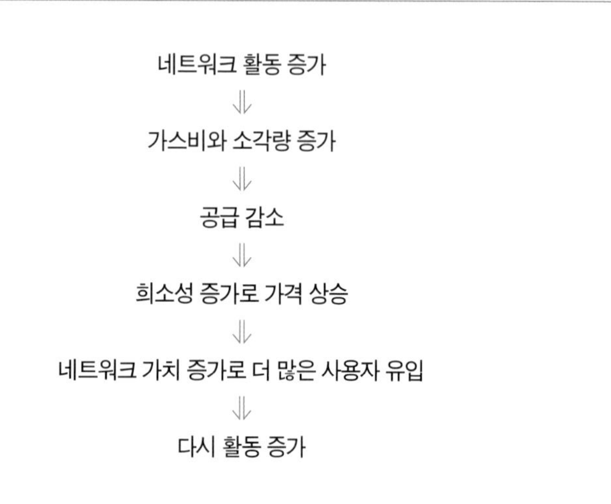

판단할 수 있다.

앞서 소개한 세 가지 지표는 각각 독립적으로도 의미를 지니지만, 함께 점검했을 때 더욱 중요한 통찰을 제공한다. TVL은 신뢰와 참여도를, 스테이킹 비율은 공급 구조를, 네트워크 수익과 소각은 실제 사용과 가치 축적의 정도를 보여 준다. 건강한 이더리움 생태계란 이 세 가지 지표가 모두 상승하는 국면을 의미한다. TVL이 증가하고 스테이킹 비율이 높아지며 네트워크 수익도 성장하는 상태다. 이는 자금이 유입되고 공급은 잠기며 네트워크 활동이 활발해지는 이상적인 상황으로 해석할 수 있다. 이러한 국면에서 이더리움은 펀더멘털에 기반한 강한 상승 흐름을 보인다. 이더리움은 비트코인과 다르다. 단순히 보유한 채 기다리

는 것만으로는 충분하지 않다. 네트워크가 실제로 사용되고 있는지, 가

치를 창출하고 있는지, 더불어 경제 활동의 중심으로 기능하고 있는지

를 지속적으로 확인해야 한다.

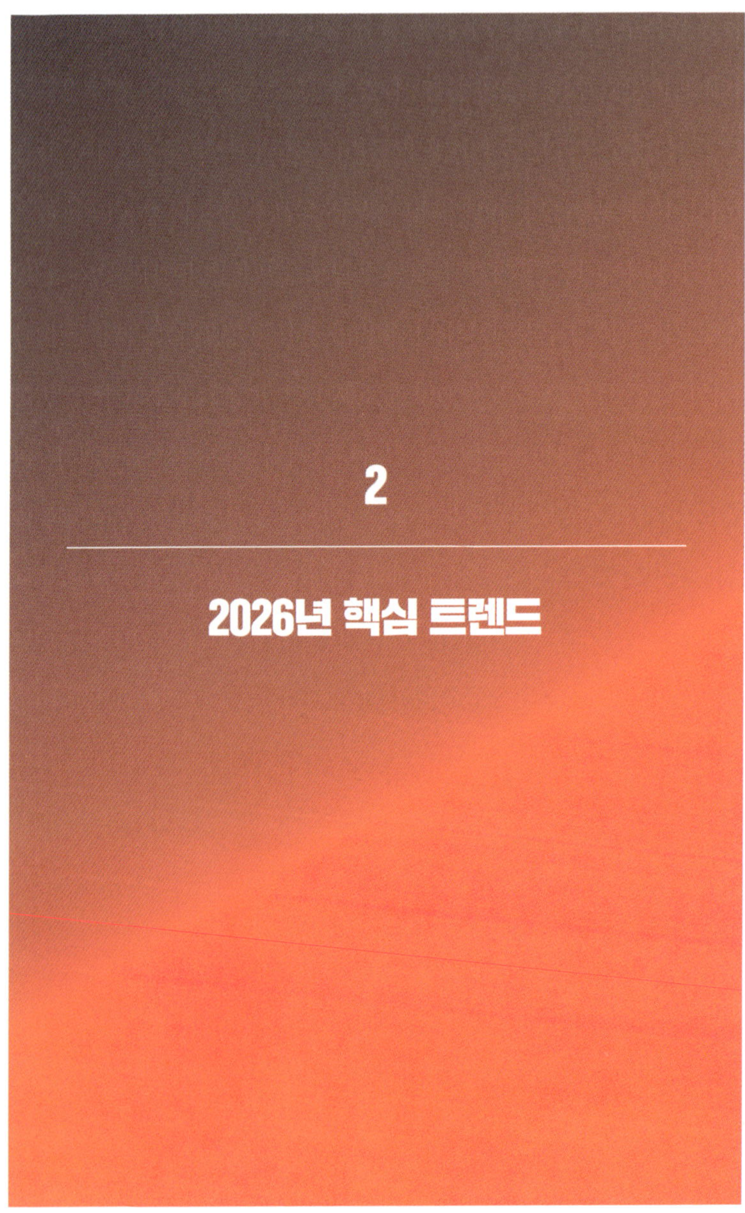

2
2026년 핵심 트렌드

이번 장에서는 2026년 암호화폐 시장의 주요 트렌드를 전반적으로 간략하게 정리해 보겠다. 암호화폐 시장은 다시 한 번 거대한 도약을 준비하고 있다. 비트코인은 디지털 금Digital Gold으로서의 정체성을 확고히 했고, 이더리움은 스마트 컨트랙트 혁명을 이끌었다. 이제는 알트코인들이 실제 경제와 디지털 세계를 융합시키는 주역으로 전면에 나서고 있다. 2026년, 우리는 암호화폐가 단순한 투자 자산을 넘어 일상생활의 운영 체제에 가까운 역할로 점차 전환되는 과도기를 목격하게 될 것이다.

코인베이스Coinbase 최고경영자CEO 브라이언 암스트롱Brian Armstrong은 다음과 같이 말했다. "향후 10년 안에 암호화폐는 일상 속에 완전히 녹아들 것이며, 사용자는 그 존재를 인식하지 못한 채 편리함만을 누리게 될 것이다. 중요한 것은 기술의 작동 원리를 이해하는 것이 아니라, 그로 인한 혜택을 경험하는 것이다. 진정한 혁신 기술은 눈에 보이지 않게 작동한다."

1

실물자산 토큰화(RWA): 400조 달러 시장의 디지털 대전환

암호화폐 시장에서 가장 주목해야 할 키워드 중 하나는 실물 자산 토큰화Real World Asset Tokenization, RWA이다. 2026년은 RWA가 실험 단계를 넘어 대규모 상용화 단계에 진입한 해로 기록될 가능성이 크다.

RWA는 블록체인을 통해 금융 시장을 혁신할 수 있는 핵심 기술이다. 이를 통해 오프체인에 존재하던 실물 자산을 온체인에서 거래할 수 있게 된다. 국채, 회사채, 부동산, 탄소 크레딧Carbon Credit, 원자재 등 전통 자산이 블록체인 위에서 거래되기 시작하면서 디지털 자산과 실물 자산 간의 경계는 점차 흐려지고 있다.

가장 먼저 대규모 토큰화가 이루어지는 자산은 국채와 회사채와 같은 채권이다. 미국, 유럽, 아시아 주요 국가의 정부들이 국채 일부를 블록체인상에서 발행하는 파일럿 프로그램을 성공적으로 완료하면서, 2026년에는 수조 달러 규모의 채권이 보다 본격적으로 토큰 형태로 거래되기 시작할 수 있다. 이는 24시간 거래 가능성, 즉각적인 결제, 프로그래밍을 통한 자동화 등 다양한 장점을 제공하며, 채권 시장의 효율성을 획기적으로 개선한다.

"증권의 미래는 토큰화에 있다"라고 블랙록BlackRock의 최고경영자CEO 래리 핑크Larry Fink는 단호하게 선언했다. 이는 단순한 예측이 아니다. 이미 현실이 되고 있다.

RWA 가치의 성장 흐름(2025년 10월)

출처: rwa.xyz

부동산 토큰화Real Estate Tokenization 역시 주목해야 할 분야다. 상업용 부동산을 중심으로 부분 소유권 모델이 확산되면서, 일반 투자자들도 프라임 오피스 빌딩이나 물류 센터에 소액으로 투자할 수 있게 된다. 특히 아시아 지역에서는 싱가포르와 홍콩을 중심으로 부동산 토큰화 시장이 급성장하며, 전통적인 부동산 투자신탁REITs, Real Estate Investment Trusts을 빠르게 대체해 나갈 것으로 예상된다. 한 개인이 강남에 위치한 100억 원짜리 빌딩을 매입하는 것은 현실적으로 거의 불가능하다. 그러나 해당 빌딩의 지분 0.01퍼센트를 100만 원에 매수하고, 필요할 때 언제든 스마트폰으로 매도할 수 있다면 어떨까. 이것이 바로 실물 자산 토큰화가 만들어 낼 미래다.

예술품과 수집품Collectibles 시장 역시 토큰화를 통해 새로운 전기를 맞이하고 있다. 고가의 예술 작품을 토큰화해 다수의 투자자가 공동으로 소유할 수 있게 되면서, 기존에는 극소수의 부유층만 접근할 수 있었던 블루칩Blue-Chip 예술품 투자가 대중화되고 있다. 더불어 토큰 보유자에게 작품 전시 수익의 일부를 분배하거나, 특별 관람 기회를 제공하는 등 다양한 유틸리티Utility가 결합되며, 단순한 투자를 넘어 문화적 경험으로 확장되고 있다.

원자재Commodities와 탄소 크레딧Carbon Credit의 토큰화도 중요한 트렌드다. 금Gold, 은Silver, 석유Oil, 천연가스Natural Gas 등 원자재를 토큰화함으로써 소액 투자와 즉각적인 거래가 가능해지고, 원자재 시장의 접근성은 크게 개선될 수 있다. 특히 탄소 크레딧의 토큰화는 기업들이 탄소 중립Carbon Neutrality 목표를 달성하는 데 핵심적인 도구가 될 수 있으며, 보다 투명하고 효율적인 탄소 시장을 형성하는 데 기여한다.

결국 실물 자산 토큰화 시장의 부상은 '암호화폐가 현실과 만나는 지점'이며, 이는 향후 10년간 블록체인 산업 성장의 핵심 축이 될 가능성이 크다.

실물 자산 토큰화는 도널드 트럼프 미국 대통령의 친암호화폐Pro-Crypto 정책 수혜가 기대되는 대표적인 분야이기도 하다. 트럼프 일가가 최대 주주로 참여한 탈중앙화 금융 프로젝트 월드 리버티 파이낸셜World Liberty Financial, WLFI 은 온도 파이낸스Ondo Finance 의 미국 국채 기반 토큰화 자산 인 USDY와 OUSG를 재무 준비 자산Treasury Reserve Asset 으로 통합하는 방안을 검토 중인 것으로 알려져 있다.

뿐만 아니라 트럼프 대통령의 차남 에릭 트럼프Eric Trump 는 월드 리버 티 파이낸셜을 통한 부동산 토큰화 계획을 공개적으로 언급하며 월가 Wall Street 의 주목을 받았다. 이는 앞서 언급했듯 고가의 부동산 자산을 세분화해 디지털 토큰 형태로 발행하고 유통하는 구조다.

월스트리트가 토큰화에 열광하는 이유는 단순한 유행이 아니다. 그 동안 암호화폐의 높은 변동성과 규제 불확실성은 전통 금융이 쉽게 진 입하기 어려운 장벽으로 작용해 왔다. 그러나 실물 자산 토큰화는 성격 이 다르다. 이미 수십 년간 다뤄 온 부동산, 채권Bond, 미술품, 금과 같은 기존 자산을 블록체인 위로 이전하는 과정이기 때문이다. 이는 장부와 결제 시스템이 보다 효율적인 인프라로 대체되는 것을 의미한다. 이러 한 변화는 월스트리트 입장에서 위협이 아니라 기회로 인식된다. 토큰 화는 자산의 청산 및 결제 속도를 단축하고, 관리 비용을 절감하며, 부분 소유를 가능하게 해 새로운 투자자를 유입시킨다. 기존에 지배하고 있 던 금융 자산 시장의 '디지털 전환'인 셈이다.

이미 이러한 움직임은 현실이 되었다. JP모건은 블록체인 기반 담보 거래 시스템 오닉스Onyx를 통해 하루 수조 원 규모의 담보 자산을 토큰 형태로 이전하고 있다. 블랙록, 프랭클린 템플턴Franklin Templeton 등 글로벌 자산운용사들도 미국 국채와 머니마켓펀드Money Market Fund를 토큰화해 운용 중이다.

이제는 부동산 펀드와 탄소 배출권까지 블록체인 위에서 거래되기 시작했다. 토큰화는 결국 월스트리트가 낯선 암호화폐를 받아들이는 과정이 아니라, 익숙한 자산을 새로운 시스템으로 이전하는 작업이다. 그들에게 이는 '위험한 혁신'이 아니라, 기존의 기득권을 유지하면서 새로운 수익원을 창출할 수 있는 디지털 인프라 혁신이다. 토큰화는 투자의 민주화Democratization Of Investment라는 블록체인 본래의 철학을 현실로 구현하는 중이다. 지금까지 부유층만 접근할 수 있었던 프라이빗 에쿼티Private Equity, 헤지펀드Hedge Fund, 고가의 미술품 투자 역시 소액 투자자에게 개방된다. 이러한 변화는 전통 금융의 진입 장벽을 실질적으로 낮추는 방향으로 작용하고 있다.

2

AI 에이전트 경제:
기계가 돈을 벌고 쓰는 시대

AI는 단순한 기술을 넘어 인류 문명의 작동 방식을 재정의하는 핵심 동력이 되고 있다. 데이터와 계산력, 알고리즘의 융합은 산업 전반의 효율을 극단적으로 높이며 새로운 부가가치를 창출한다.

의료, 금융, 교육, 제조 등 모든 영역에서 의사결정과 창의적 생산이 자동화되며, 인간의 역할 자체가 재구성되는 전환점에 접어들고 있다. 결국 AI는 '기술의 진화'가 아니라 '지능의 인프라화Intelligence As Infrastructure'라는, 세상의 근본적 구조 변화를 이끌 비전의 중심에 있다. 따라서 AI와 암호화폐의 관계성도 지속적으로 강화될 것이다. AI와 암호화폐는 상호 보완적이면서도 경쟁적인 관계를 형성하고 있으며, 크게 세 가지 차원에서 연결되어 있다.

1. 기술적 시너지

AI는 블록체인과 암호화폐 생태계를 고도화하는 도구로 활용된다. 암호화폐 거래에서의 사기 탐지, 스마트 컨트랙트 보안 분석, 시장 예측 모델링, 자동화된 트레이딩 봇 등 다양한 영역에 AI가 적용되고 있다. 반대로 블록체인은 AI 모델의 학습 데이터와 추론 결과에 대한 검증 가능성과 투명성을 제공할 수 있다.

2. 경제적 경쟁 구도

두 기술은 모두 막대한 컴퓨팅 자원을 필요로 한다. 특히 GPU와 전력 수요 측면에서는 직접적인 경쟁 관계에 있다. 암호화폐 채굴, 특히 작업 증명 방식과 AI 모델 학습은 모두 고성능 하드웨어를 요구하며, 이로 인해 반도체 공급과 에너지 자원을 둘러싼 경합이 발생하고 있다.

3. 새로운 융합 영역

AI 에이전트가 자율적으로 암호화폐를 사용하는 개념이 부상하고 있다. AI가 온체인에서 직접 트랜잭션을 실행하고, 탈중앙화된 방식으로 AI 서비스를 제공하며, 토큰 이코노미를 통해 AI 컴퓨팅 자원을 분산시키는 프로젝트들이 등장하고 있다. 또한 AI 모델 자체를 NFT로 토큰화하거나, AI가 생성한 콘텐츠의 소유권과 수익 분배를 블록체인을 통해 관리하려는 시도도 점차 확대되는 중이다.

AI 에이전트와 관련해 조금 더 살펴보자. AI 에이전트 경제란 말 그대로 AI가 단순한 도구를 넘어 독립적인 경제 주체로 기능하는 시대의 도래를 의미한다. AI가 경제 활동의 주체로 등장하면서 패러다임의 전환이 일어나고 있는 것이다. 2026년, 우리는 경제사에서 하나의 중대한 전환점을 목격하고 있다. 이는 인간만이 경제 활동의 주체였던 수천 년의 역사를 뒤흔드는 혁명적 변화이기도 하다.

맥킨지McKinsey는 보고서를 통해 2026년까지 암호화폐 거래의 60퍼센트가 AI에 의해 관리될 것으로 예측했다. 이미 일부 헤지펀드에서는 AI 트레이딩 시스템이 인간 트레이더보다 일관되게 높은 수익률을 기록하고 있으며, 24시간 쉬지 않고 시장을 모니터링하면서 밀리초 단위로 거래를 실행 중이다. AI 에이전트가 독립적인 경제 주체로 활동할 수 있게 된 핵심 동력은 '블록체인 기술과의 융합'이라고 볼 수 있다.

금융적 자율성과 독립성

AI 에이전트는 이제 자신만의 암호화폐 지갑을 보유하고, 인간의 개입 없이 직접 거래를 실행할 수 있다. 스마트 컨트랙트를 통해 다른 AI나 인간과 계약을 체결하고, 서비스에 대한 대가를 지불하며, 수익을 스스로 관리한다. 예를 들어 한 AI 에이전트가 시장 데이터를 실시간으로 분석해 폴리마켓과 같은 예측 시장에 참여하고, 그곳에서 얻은 수익으로 더 정교한 알고리즘을 구매하거나 다른 AI의 컴퓨팅 자원을 임대하는 일은 이미 현실화되고 있다.

검증 가능한 디지털 신원

블록체인 기반 DID^{Decentralized Identity, 탈중앙화 신원} 시스템을 통해 AI는 자신의 정체성을 증명할 수 있다. 이는 단순히 '어떤 AI인가'를 넘어, 해당 AI의 성능 이력, 거래 신뢰도, 전문 분야 등을 투명하게 기록하고 검증할 수 있게 한다. 이러한 신원 시스템은 AI 간의 신뢰 기반 거래를 가능하게 하며, AI 에이전트들이 서로를 평가하고 선택하는 평판 경제를 형성한다.

투명하고 추적 가능한 의사결정

AI의 모든 거래와 의사결정은 블록체인에 불변의 기록으로 남는다. 이는 AI의 행동을 인간이 감사^{audit}하고 검증할 수 있게 해 'AI 블랙박스 문제'를 완화하는 동시에 규제 준수를 가능하게 한다. 특히 금융 거래나 의료 결정처럼 높은 신뢰성이 요구되는 영역에서 이러한 투명성은 필수적이다.

AI 경제 생태계는 공상과학 소설에 등장하는 먼 미래의 이야기가 아니다. AI 경제 생태계는 이미 실제로 작동하고 있다. 이들 플랫폼에서 AI 에이전트는 디파이 프로토콜과 직접 상호작용하며, 유동성 공급, 차익 거래, 대출 및 차입 등 복잡한 금융 활동을 자율적으로 수행할 수 있는 기반을 형성하고 있다.

더 나아가 연합 학습Federated Learning과 블록체인을 결합한 분산형 AI 학습 네트워크가 새로운 경제 모델을 제시한다. 이 시스템에서 데이터 제공자는 자신의 데이터를 익명화해 제공하고 토큰 보상을 받는다. 컴퓨팅 자원 제공자는 GPU 자원을 임대하고 대가를 받는 것이다. 모델 개발자는 개선된 알고리즘을 제공하고 수익을 공유한다. 검증자는 모델의 성능과 안전성을 평가하고 보상받는다. 이러한 '열린 AI 생태계'는 중앙화된 빅테크 기업의 독점을 완화하고, 지속 가능한 인센티브 모델을 통해 민주화된 AI 개발을 가능하게 한다.

AI가 생성하는 콘텐츠가 폭발적으로 증가하면서, 그 진위 여부를 검증하는 문제가 중요한 과제로 떠오르고 있다. 이에 대한 해법으로 콘텐츠 출처 증명ProOf Of Provenance 시스템이 주요 소셜 플랫폼과 미디어 채널에 도입되는 중이다. 이 시스템은 블록체인을 활용해 콘텐츠의 생성 시점과 생성자(인간 또는 AI)를 기록하고, 편집 이력을 추적해 조작 여부를 검증하며, 원본과 파생 콘텐츠 간의 관계를 명확히 한다. 이는 딥페이크와 가짜 뉴스 문제를 완화하는 동시에 창작자의 지식재산권을 보호하는 이중의 효과를 가져온다.

AI 에이전트는 단순한 투기적 버블이 아니라, 실제 가치를 창출하는 새로운 경제 생태계의 형성을 반영한다. 앞으로 우리는 AI의 탈중앙화와 암호화폐의 지능화가 더욱 가속화되는 과정을 목격하게 될 것이다. AI 에이전트가 DAO(탈중앙화 자율 조직)의 의사결정에 참여하고, 스마트 컨트랙트가 AI의 추론 능력을 활용해 더욱 복잡한 조건을 처리할 것이다.

결국 앞서 강조했듯 AI 에이전트 경제는 단순한 기술적 실험을 넘어 '신뢰할 수 있는 인공지능 경제'라는 전혀 새로운 패러다임을 열고 있다. 이는 인간과 기계가 경제적 파트너로 공존하는 미래이자, 효율성과 투명성이 극대화된 경제 시스템, 누구나 참여할 수 있는 열린 AI 생태계를 의미한다. 우리는 지금 경제사의 새로운 장을 쓰는 중이다. AI가 단순한 도구에서 독립적인 경제 주체로 진화하는 이 순간은, 훗날 산업혁명에 버금가는 전환점으로 기록될 것이다.

3

디핀(DePIN):
우버를 넘어선 진짜 공유경제의 실현

디핀DePIN, Decentralized Physical Infrastructure Networks은 블록체인 역사에서 가장 '실용적인' 개념 중 하나로 꼽힌다. 그 핵심은 '현실의 인프라를 디지털 자산처럼 연결하고, 이를 통해 누구나 수익을 얻을 수 있는 구조'에 있다. 가정에 설치된 와이파이 공유기, 사용하지 않는 컴퓨터의 저장 공간, 전기차 충전기, 자동차 블랙박스 등이 하나의 네트워크 자산으로 전환돼 블록체인 생태계에 참여한다.

인프라 구축은 더 이상 거대 기업의 전유물이 아니다. 개인들이 모여 형성한 탈중앙화된 인프라 네트워크가 전 세계로 확장되고 있다. 이것이 바로 디핀의 본질이다.

디핀을 기반으로 한 혁신적 모델의 시초로는 헬륨 네트워크가 꼽힌다. 헬륨은 2019년 '전 세계 사람들이 직접 통신 네트워크를 구축할 수 있다면 어떨까?'라는 단 하나의 질문에서 출발했다.

그 결과는 상당히 유의미했다. 누구나 집에 소형 무선 장치를 설치하기만 하면, 해당 장치는 탈중앙화된 5G 네트워크의 일부가 된다. 사용자는 네트워크 커버리지를 확장한 대가로 매달 HNT 토큰 보상을 받는다. 오늘날 헬륨은 전 세계 100만 개 이상의 핫스폿으로 구성된 대규모 네트워크를 형성하고 있으며, AT&T나 버라이즌과 같은 중앙집중형 통신사 없이도 도시 단위의 무선망을 자율적으로 운영할 수 있는 가능성을 보여주고 있다. 이는 '통신 인프라의 탈중앙화'라는 전례 없는 실험이자, 디핀 모델이 현실 세계에서도 실제로 작동할 수 있음을 입증한 최초의 성공 사례로 기록되고 있다.

디핀의 영향력은 통신 분야에만 머물지 않는다. 암호화폐 리서치 기관 메사리Messari는 디핀이 향후 5조 달러 규모의 글로벌 클라우드 인프라 시장을 근본적으로 재편할 것으로 전망한 바 있다. 지금까지 클라우드 시장은 아마존 AWS, 구글 클라우드, 마이크로소프트 애저 등 소수의 거대 기업이 지배해 왔다. 그러나 디핀의 등장으로 이 거대한 시장은 수백만 명의 개인 참여자들로 구성된 '분산형 인프라 연합체'로 재구성될 가능성을 내포하게 되었다.

대표적인 사례가 '파일코인Filecoin'이다. 파일코인은 이미 전 세계 수천 명의 개인이 제공하는 저장 공간을 기반으로 운영되는 분산형 클라우드 스토리지 네트워크다. 데이터는 중앙 서버가 아닌 다수의 개인 노드에 분산 저장되며, 그 결과 보안성은 높아지고 검열이나 서비스 중단의 위험은 현저히 감소한다.

가격 경쟁력도 주목할 만하다. 파일코인의 스토리지 비용은 기존 상용 클라우드 대비 절반 수준에 불과해, 경제성과 자유도를 동시에 확보하고 있다. 이는 '데이터의 주권'이 다시 개인에게 돌아오는, 디지털 소유권의 복원으로 해석할 수 있다.

디핀 생태계는 이처럼 다양한 영역으로 빠르게 확장되는 중이다. 아직 초기 단계라 볼 수 있지만, 더 이상 단순한 이론이나 실험에 머무르지 않는다. 현실을 실제로 변화시키는 구체적인 서비스들이 속속 등장하고 있다는 점에 주목해야 한다. 이제 실생활을 점진적으로 바꾸고 있는 디핀의 실제 사례들을 하나씩 살펴보겠다.

하이브매퍼

하이브매퍼는 구글 스트리트뷰를 대체하는 탈중앙화 지도 네트워크다. 운전자가 차량에 블랙박스Dashboard Camera를 장착하고 도로를 주행하기만 하면, 촬영된 영상이 지도 데이터로 변환되어 업로드되고 참여자는 그 기여도에 따라 HONEY 토큰을 보상받는다.

이미 전 세계 수백만 킬로미터의 도로가 하이브매퍼 네트워크에 의해 매핑되었다. 이는 지도 제작의 패러다임을 '중앙집중형 수집'에서 '참여형 구축'으로 전환한 대표적 사례다.

지오드넷

지오드넷은 위성 기반 위치 정보 데이터를 탈중앙화 방식으로 수집·공유하는 글로벌 네트워크 프로젝트다. 전 세계 참여자들이 GNSS^{Global Navigation Satellite System} 수신기를 설치해 고정밀 위치 데이터를 제공하면, 그 기여도에 따라 GEOD 토큰으로 보상받는다. 이렇게 수집된 데이터는 자율주행, 드론 항법, 정밀 농업 등 고정밀 위치 정보가 요구되는 산업 전반에 활용된다. 기존에 정부나 대기업이 독점하던 위치 인프라를 누구나 참여할 수 있는 개방형 네트워크로 전환한 사례로, '위성 위치 데이터의 하이브매퍼'로 불리기도 한다.

렌더 네트워크

렌더 네트워크는 영화, 게임, 메타버스 등에서 사용되는 고성능 그래픽 렌더링 작업을 일반 개인의 GPU 자원을 통해 처리하도록 하는 프로젝트다. 예를 들어 할리우드 영화의 CGI 작업이 독자 여러분의 게이밍

컴퓨터에서 이루어질 수도 있다. 사용하지 않는 GPU 성능을 제공하면 RENDER 토큰을 보상으로 받는다. 렌더 네트워크의 이러한 시도는 고가의 데이터센터 중심 구조를 대체할 수 있는 분산형 슈퍼컴퓨팅 시장의 서막을 연 것으로 평가된다.

파워렛저

에너지 분야에서도 디핀은 중앙 전력회사를 거치지 않는 P2P 전력 거래를 가능하게 하고 있다. 태양광 패널에서 발생한 잉여 전력을 블록체인을 통해 이웃과 직접 사고팔 수 있는 구조다. 거래 내역은 투명하게 검증되며, 정산은 스마트 컨트랙트를 통해 자동으로 처리된다.

이 분야의 대표적 사례가 바로 파워렛저다. 파워렛저는 태국·인도·호주 등지에서 실제 P2P 전력 거래를 구현하며, 태양광 잉여 전력을 블록체인 기반으로 이웃 간 직접 거래할 수 있는 환경을 구축해 왔다. 거래 과정 전반은 스마트 컨트랙트를 통해 자동 정산되고, 모든 기록은 투명하게 검증된다. 파워렛저는 중앙 전력회사를 거치지 않는 '탈중앙화 에너지 경제'의 실질적 구현을 선도하며, 지속 가능한 에너지 시장의 구조 자체를 근본적으로 변화시키려는 시도를 이어가고 있다.

디핀의 본질은 '누구나 인프라의 일부가 될 수 있다'는 점에 있다. 기존에는 막대한 자본과 거대한 조직만이 가능했던 인프라 구축이, 이제는 개인이 보유한 자산과 참여를 통해 분산적으로 실현된다. 이 모델은 통신, 저장, 에너지, 지도 제작을 넘어 모빌리티(차량 데이터 공유), IoT 센서 네트워크, 스마트시티, 공급망 추적 등 다양한 산업 영역으로 확장될 수 있다.

그 결과 인프라의 소유권은 특정 기업에 집중되는 구조에서 벗어나 사회 전체로 분산되고, 개인은 단순한 이용자를 넘어 네트워크 참여자이자 투자자, 공동 소유자로서의 지위를 획득하게 된다.

결론적으로 우리는 현실과 디지털의 경계가 빠르게 허물어지는 시대의 전환점에 서 있다. 디핀은 '디지털 자산이 현실의 인프라를 흡수해 나가는 과정'에서 가장 중요한 변곡점이기도 하다. 과거에는 거대 기업이 인프라를 일방적으로 '소유'했다면, 이제는 개인이 이를 '공유하고, 보상받으며, 함께 구축'하는 시대로 이동하는 중이다. 디핀은 그 새로운 질서의 출발선에 서 있는 셈이다.

다만 유의해야 할 점도 분명하다. 디핀은 아직 초기 단계에 있으며, 기술과 제도 모두 과도기적 국면에 있다. 단기적 기대보다는 구조적 변화를 긴 호흡으로 바라보는 시각이 필요한 시점이다.

레이어2와 zkEVM:
블록체인 속도의 한계를 넘어

블록체인의 가장 큰 약점은 오랫동안 '속도'였다. 비트코인은 초당 약 7건, 이더리움은 약 15건의 거래만을 처리할 수 있다. 글로벌 금융 시스템의 규모를 감안하면 이는 실사용에 한참 못 미치는 수준이다. 그러나 레이어2 기술의 등장, 특히 zkEVM의 발전은 이 한계를 근본적으로 뒤흔들고 있다.

대표적인 사례로 ZK싱크는 이론적으로 초당 약 2,000건, 아비트럼은 테스트 환경에서 초당 4만 건 이상의 거래 처리 성능을 기록한 바 있다. 이는 전 세계 결제 인프라의 표준으로 여겨지는 비자의 처리 능력에 근접한 수준이다. 더욱 고무적인 점은 이러한 성능 향상이 이더리움의 보안성을 그대로 유지한 상태에서 이루어진다는 사실이다. 과거 블록체인이 '신뢰는 높지만 느린 시스템'이었다면, 레이어2 기술의 성숙을 통해 이제는 '신뢰와 속도를 동시에 갖춘 인프라'로 진화하고 있는 것이다.

zkEVM은 영지식 증명을 활용해 거래의 유효성을 입증하면서도, 거래의 세부 내용을 직접 블록체인에 기록하지 않는다. 다만 거래를 압축해 묶음 형태로 처리하고, 이더리움 메인넷에는 결과와 검증 정보만을 올리는 구조다. 이 방식 덕분에 네트워크는 대규모 거래를 빠르게 처리하면서도 탈중앙성과 보안이라는 블록체인의 핵심 가치를 유지할 수 있다. 이러한 기술적 균형은 보안성, 확장성, 탈중앙화 중 두 가지만 동시에 달성할 수 있다고 여겨졌던 '블록체인 트릴레마'에 대한 첫 번째 실질적 해답으로 평가받고 있다. 이는 단순한 처리 속도 개선을 넘어, 블록체인이 대중적 상용화 단계로 진입할 수 있는 기술적 기반을 마련했다는 점에서 의미가 크다.

초기 zkEVM은 개발자에게 높은 진입 장벽을 요구했다. 새로운 프로그래밍 환경을 학습해야 했고, 기존 이더리움 스마트 컨트랙트를 처음부터 다시 작성해야 했다. 그러나 2026년 현재의 zkEVM 환경은 크게 달라졌다. 이제는 기존 이더리움 스마트 컨트랙트를 거의 수정 없이 그대로 이전해도 작동한다. 이는 전기차 산업에서 브랜드별로 달랐던 충전 방식이 표준화된 규격으로 통합된 과정과 유사하다.

그 결과 개발자들은 플랫폼별로 별도의 코드를 작성할 필요가 없어졌고, 하나의 코드로 여러 레이어2 환경을 동시에 지원할 수 있게 되었다. 이 변화는 블록체인 생태계의 혁신 속도를 비약적으로 가속화시키고 있다. 표준화된 zkEVM은 개발 장벽을 허물고, 혁신의 비용을 극적으로 낮추며, 진정한 대중적 디앱 시대를 가능하게 하는 핵심 인프라로 자리 잡고 있다. 이는 단순한 기술 개선이 아니라, '개발자의 새로운 시대'가 열리고 있음을 의미한다.

레이어2 기술의 진정한 가치는 사용자가 직접 체감하는 변화에 있다. 우선 거래 수수료가 기존 대비 약 100분의 1 수준으로 감소한다. 이더리움 메인넷에서 100달러에 달하던 수수료가 1달러 수준으로 낮아지는 것이다. 또한 거래가 거의 즉시 확정되는 즉시성Finality을 제공하기 때문에, 더 이상 10~30분씩 기다릴 필요가 없다. 과거에는 며칠이 걸리기도 했던 자산 출금 역시 이제는 몇 초 만에 완료된다.

이와 같은 사용자 경험의 비약적인 개선은 블록체인이 기존의 '기술적 호기심의 대상'에 머무르던 단계를 넘어, 금융·게임·콘텐츠·물류 등 실생활 산업의 기반 인프라로 자리 잡는 전환점을 의미한다. 레이어2는 단순한 기술 업그레이드가 아니라, 사용자의 신뢰를 현실적으로 획득하게 만드는 블록체인 실용화의 결정적 계기라 할 수 있다.

요약하자면, 레이어2와 zkEVM의 결합은 블록체인이 지닌 구조적 한계를 넘어서는 기술적 돌파구다. 이는 속도와 보안, 개발 편의성과 사용자 경험을 동시에 아우르는 진화이며, 결국 블록체인을 '느린 이상주의의 시대'에서 '빠른 실용주의의 시대'로 이동시키는 근본적인 변화라고 평가할 수 있다.

5

크로스체인:
블록체인이 하나로 연결되는 인터넷의 시대

1990년대 초, 인터넷이 등장하기 전의 세상은 수많은 '폐쇄형 네트워크'로 나뉘어 있었다. 기업들은 각자의 시스템을 개별적으로 운영했고, 서로 간의 통신은 사실상 불가능했다. 이메일을 보내려면 같은 회사 도메인 안에서만 가능했으며, 데이터 전송 역시 표준이 달라 공유할 수 없었다. 그러다 TCP/IP 프로토콜이 등장하면서 모든 네트워크가 하나의 표준 위에서 연결되었고, 그 순간 우리는 본격적인 '인터넷 시대'로 진입하게 되었다.

현재의 블록체인 생태계는 바로 그 인터넷 이전 시대의 컴퓨터 네트워크와 유사하다. 이더리움은 이더리움끼리만, 솔라나는 솔라나끼리만, 코스모스는 코스모스 내부에서만 작동한다. 자산과 데이터는 각 체인 안에 고립되어 있었고, 체인 간 교류는 제한적일 수밖에 없었다. 그러나 2026년을 기점으로 이 고립의 벽은 점차 허물어지고 있다. 체인링크 CCIP, 레이어제로, 엑셀라, 토르체인 등 상호운용성 프로토콜들이 수십 개, 나아가 수백 개의 블록체인을 하나의 거대한 네트워크로 연결하고 있다.

이 흐름은 블록체인 세계의 'TCP/IP의 태동'이라 불릴 만하다. 수많은 체인이 하나의 네트워크로 연결되는 이 시점은, 디지털 경제가 단일한 체계로 작동하기 시작하는 '블록체인의 인터넷 시대'가 개막했음을 의미한다.

상호운용성의 핵심은 '신뢰할 수 있는 데이터 이동'에 있다. 과거 체인 간 전송은 대부분 '브리지'를 통해 이루어졌다. 그러나 브리지는 구조적으로 취약했고, 해킹의 주요 표적이 되곤 했다. 실제로 2024~2025년 동안 브리지 해킹으로 인한 피해액이 30억 달러를 넘어섰다는 통계도 보고된 바 있다. 이러한 문제를 해결하기 위해 등장한 것이 범용 메시징 프로토콜General Message Passing Protocol이다.

예를 들어 체인링크의 CCIPCross-Chain Interoperability Protocol는 체인 간 데이터를 직접 전송하지 않고, 탈중앙화 오라클 네트워크를 통해 거래 명령과 상태를 검증한다. 레이어제로는 이를 한 단계 더 발전시켜 '경량 클라이언트Light Client' 구조를 도입함으로써, 거래 데이터를 체인 간에 안전하게 전달하면서도 처리 속도를 극대화했다.

이러한 기술은 단순한 자산 이동을 넘어 스마트 컨트랙트 간의 직접 통신을 가능하게 한다. 이더리움에서 발생한 이벤트가 자동으로 솔라나의 계약을 호출하고, 아발란체에서 실행된 결과가 폴리곤의 애플리케이션에 실시간으로 반영되는 구조다. 이는 블록체인 간에 '가치의 인터넷'이 구축되는 순간이며, 궁극적으로 모든 체인이 하나의 거대한 '멀티체인 컴퓨터'로 통합되는 토대를 형성한다.

상호운용성이 완성되면 사용자가 체감하는 경험은 극적으로 달라진다. 현재는 이더리움에서 솔라나로 자산을 이동시키기 위해 브리지를 거쳐야 하며, 거래 과정마다 네트워크 전환과 승인 절차가 필요하고 해킹 위험도 감수해야 한다. 무엇보다 사용성 측면에서 복잡함과 불편함이 매우 크다. 그러나 크로스체인 네트워크가 성숙 단계에 이르면 이러한 과정은 모두 백그라운드로 사라진다.

사용자는 단 하나의 지갑으로 수백 개의 체인에 존재하는 애플리케이션을 자유롭게 이용할 수 있다. 이더리움 기반의 NFT를 보유한 채 솔라나 기반 게임에서 활용하고, 코스모스 체인에서 대출받은 자산을 아발란체의 디파이 서비스에서 운용하는 것이 자연스러워진다. 사용자는 거래가 어느 체인에서 이루어지는지조차 인식할 필요가 없다. 이는 우리가 웹사이트에 접속할 때 '어떤 서버를 사용하는지'를 의식하지 않는 것과 동일하다. 블록체인의 체인 구분 역시 사용자 경험 속에서 점차 사라지게 될 것이다.

모든 체인의 유동성이 하나로 통합되면서 중앙화 거래소보다 더 깊은 유동성과 더 나은 가격이 탈중앙화 시장에서 형성되고 있다. 2026년 암호화폐 시장의 가장 두드러진 특징은 유동성의 중심이 완전히 이동하고 있다는 점이다. 과거에는 바이낸스, 코인베이스, 업비트와 같은 중앙화 거래소CEX가 시장 유동성을 사실상 독점해 왔다. 그러나 이제는 크로스체인 유동성 풀과 집중 유동성 모델Concentrated Liquidity 등이 복합적으로 연결되며, 완전히 새로운 생태계를 만들어 가고 있다. 특정 체인에 고립된 유동성은 점차 사라지는 중이다.

이제 자본은 실시간으로 이동하며, 시장 전반의 유동성은 하나의 네트워크처럼 작동한다. 이러한 변화는 단순히 거래 효율성을 높이는 수준을 넘어, 가격 결정 메커니즘 자체를 재정의하고 있다. 가격은 더 이상 단일 거래소나 특정 체인에서 형성되지 않는다. AI 기반 마켓 메이커들이 여러 체인의 데이터와 유동성을 동시에 분석하며, 글로벌 시장의 균형점을 실시간으로 탐색한다.

그 결과 시장은 점점 더 효율적으로 진화하고 있으며, 과거처럼 단순한 정보 우위나 타이밍 전략만으로 초과 수익을 얻기는 점점 어려워지고 있다. 이처럼 유동성이 '연결된 구조'로 재편된 환경에서 투자자에게 요구되는 핵심 역량도 달라진다. 개별 코인의 가격 변동에 집중하기보다, 유동성이 어디로 흐르고 있는지, 자본이 모이는 네트워크의 중심축을 읽는 능력이 중요해진 것이다.

이제 중요한 질문은 '어떤 프로젝트가 뜨는가'가 아니라, '어떤 프로토콜이 유동성의 방향을 제어하는가'이다. 이러한 변화는 단순한 편의성의 향상을 넘어, 블록체인이 하나의 거대한 금융 인프라로 작동하기 시작했음을 의미한다.

2026년, 우리는 완전히 새로운 디지털 경제로 진입하고 있다. 부동산은 주식처럼 거래되고, AI는 독립적인 경제 주체로 활동하며, 블록체인은 초고속으로 작동하고, 개인이 보유한 모든 자산은 수익을 창출한다. 그리고 이 모든 변화를 하나로 묶는 마지막 퍼즐이 바로 '크로스체인 상호운용성'이다. 이는 단순한 기술적 진보가 아니라 금융의 민주화와 자본 접근성의 평등화를 의미한다. 각 블록체인의 장점은 그대로 유지되지만, 이들은 더 이상 경쟁자가 아니라 하나의 생태계로 작동하기 시작한다.

마치 유럽연합이 '유로화'를 통해 국경 없는 경제를 구현했듯, 블록체인 세계 역시 '상호운용성'이라는 공통의 언어를 통해 국경을 허물고 있다. 이제 블록체인은 더 이상 고립된 섬이 아니다. 모든 체인이 연결된 하나의 유기체로서, 하나의 인터넷처럼 작동하는 '웹3 통합 인프라'가 완성되고 있다.

그 중심에 서 있는 것이 바로 알트코인이다. 알트코인은 점차 비트코인의 그림자를 벗어나 미래 경제의 주역으로 자리 잡아 가고 있다. 변화는 이미 시작되었다. 그리고 그 변화의 파도 위에 올라선 이들만이, 다가오는 멀티체인 시대의 주인공이 될 것이다.

6

돌아보는 2025년, 도약하는 2026년

앞서 점검한 메이저 트렌드 외에도 추가적으로 주목해야 할 흐름이 존재한다. 이 장에서는 여러 기관과 주요 매체가 공통적으로 강조하고 있는 키워드를 중심으로 핵심 트렌드를 정리해 보겠다.

프라이버시, 새로운 스케일링 문제로 부상

가스비와 TPS 문제는 상당 부분 해소 단계에 접어들었다. 그러나 기업과 AI 에이전트 도입 과정에서 새롭게 부상한 핵심 병목은 '프라이버시'다. 자산을 이동시키는 브리징은 상대적으로 쉬워졌지만, '비밀'을 함께 이동시키는 것은 여전히 어렵기 때문이다. 이로 인해 프라이버시 체인은 강력한 락인 효과를 갖게 된다.

영지식증명**ZK**, 완전동형암호**FHE**, 다자간 연산**MPC**, 컨피덴셜 컴퓨팅 등 프라이버시 기술은 향후 10년간 암호 인프라 경쟁의 중심축으로 자리 잡을 가능성이 크다. 더불어 기존처럼 사후 감사에 의존하던 보안 방식도 진화하고 있다. 이제는 위험한 거래가 발생한 이후에 대응하는 구조가 아니라, 위험 요소가 감지되면 거래 자체가 실행되지 않도록 차단하는 시스템이 점차 표준으로 자리 잡고 있다.

예측 시장 인프라의 고도화

예측 시장은 거래량이 사상 최고치를 경신하며 주류 금융 상품으로 성장하고 있다. 그러나 여전히 유동성 부족과 넓은 스프레드 문제는 해결해야 할 과제로 남아 있다. 2026년에는 단순히 시장을 개설하는 것을 넘어, 유동성 모델의 개선, 담보 효율성의 증대, 라우팅 시스템의 최적화가 핵심 경쟁력이 될 전망이다.

암호화폐 시장은 이제 '분산원장'이라는 기술적 개념을 넘어, '기대 ⇒ 결과 확인 ⇒ 재참여'의 사이클이 초단기로 반복되는 24시간 실시간 예측·투기 시장으로 진화하고 있다. 이 구조를 본격적으로 확장하기 위해서는 오라클 설계와 온체인 투명성이 만들어내는 프라이버시 한계를 동시에 해결하는 것이 필수적이다.

앱체인과 AI 기반 개발의 대중화

UX를 중시하는 새로운 사용자층이 유입되면서, 단일 시퀀서 등 일부 중앙화 요소를 포함하더라도 사용자 경험 개선이 합리적인 선택으로 인정받는 시대가 열리고 있다. 블록체인 구축은 이제 'PC 조립'에 비유될 만큼 단순해졌으며, 애플리케이션의 목적에 따라 합의 메커니즘과 실행 레이어를 선택적으로 구성할 수 있는 환경이 마련되었다.

이에 따라 애플리케이션이 자체 체인 리소스를 소유하고 현금 흐름을 직접 통제하며, 독자적인 해자를 구축하는 '앱체인 시대'가 본격화되고 있다. 동시에 AI가 자연어를 보안성이 검증된 프로덕선급 코드로 변환하면서 Web3 개발의 진입 장벽은 구조적으로 낮아지는 중이다. AI 기반 개발 플랫폼과 자동화 감사 솔루션은 향후 핵심 투자 영역으로 부상할 가능성이 크다.

탈중앙화 통신 프로토콜의 표준화

양자 내성 암호화만으로는 더 이상 충분하지 않다. 중앙 서버가 존재하는 한, 특정 국가나 기업에 의해 언제든 서비스가 차단될 수 있기 때문이다. 2026년에는 개인이 메시지와 신원을 완전히 소유하고, 어떠한 권력도 검열할 수 없는 완전한 탈중앙화 통신 프로토콜이 새로운 표준으로 자리 잡을 것이라는 전망이 힘을 얻고 있다. 이는 단순히 메신저 애플리케이션의 진화에 그치지 않는다. 디지털 시대의 표현의 자유와 정보 접근권이라는 기본권과 직결된, 인프라 레이어 차원의 근본적인 변화다.

스테이크드 미디어의 부상

중립을 가장하는 미디어보다, 자신의 주장에 자본을 걸고 책임을 지는 미디어가 신뢰받는 시대가 도래하고 있다. 예측 시장이나 토큰 락업 구조를 통해 발언의 진정성을 온체인에서 증명하는 '스테이크드 미디어' 모델이 점차 확산되는 중이다. 말만 앞세우던 시대는 저물고, 경제적 책임을 함께 지는 정보 제공자가 시장의 신뢰를 획득하게 된다. 이러한 변화는 미디어를 넘어 애널리스트, 인플루언서, 리서치 기관 전반에 적용될 새로운 신뢰 패러다임을 형성하고 있다.

숏폼 비디오 커머스와 크립토 결제 인프라

틱톡, 릴스, 유튜브 쇼츠 등 숏폼 비디오는 단순한 콘텐츠 소비를 넘어, 제품 발견과 구매를 이끄는 핵심 채널로 자리 잡고 있다. 콘텐츠 시청 과정에서 발생하는 즉각적인 구매 의사결정에 대응하기 위해서는 소액 결제와 복잡한 수익 분배를 실시간으로 처리할 수 있는 결제 인프라가 필수적이다.

이 과정에서 크립토는 가장 자연스러운 해법으로 부상 중이다. 인터넷 자체가 하나의 거대한 쇼핑몰로 진화하면서, 결제 레이어로서의 크립토는 사용자 인식의 저항 없이 일상 속으로 스며들고 있다.

2025년은 실행력과 기관화의 원년으로 평가할 수 있다. 아이디어만으로 가치를 인정받던 시대는 저물고, 실사용자 수와 매출, 규제 준수 여부 등 실질적인 성과가 프로젝트의 운명을 가르는 기준이 되었다. 비트코인 현물 ETF 승인 이후 기관 자금이 본격적으로 유입되면서, 암호화폐는 거시경제 포트폴리오의 정식 구성 요소로 편입되었다.

그렇다면 2026년은 어떠한 해가 될 것인가. 2026년은 '보이지 않는 인프라의 시대'로 정의할 수 있다. 프라이버시, AI 에이전트, 스테이블코인, 탈중앙화 통신 기술이 사용자 눈에 띄지 않는 영역에서 작동하며, 크립토는 금융·통신·미디어·커머스 전반의 기반 레이어로 완전히 녹아든다. 사용자는 더 이상 블록체인을 '사용한다'는 인식조차 하지 않은 채 블록체인 위에서 생활하게 되며, 이 지점에서 진정한 의미의 '매스 어돕션(대중 채택)'이 시작된다.

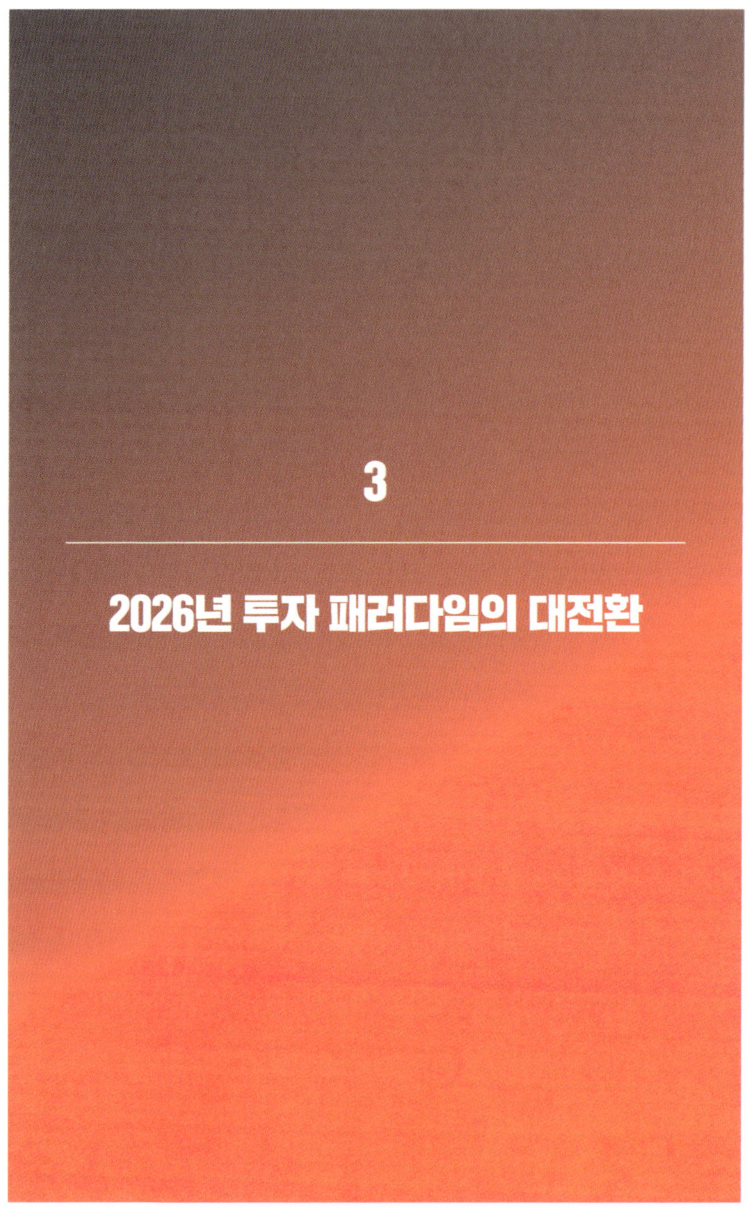

3

2026년 투자 패러다임의 대전환

알트코인 투자
패러다임의 변화

2026년을 향한 투자 환경은 기존의 가격 중심 사고에서 구조와 역할 중심 사고로 빠르게 이동하고 있다. 이제 투자자는 '어떤 코인이 오를 것인가'보다, '어떤 자산이 디지털 경제의 핵심 인프라로 기능하는가'를 먼저 점검해야 한다. 이러한 관점에서 메이저 알트코인의 위상 변화는 가장 중요한 출발점이다.

이더리움 ETH

과거 이더리움은 흔히 '비트코인의 다음 주자'로 인식되었다. 그러나 2026년에 접어든 현재, 이더리움은 더 이상 대체 자산이나 성장 테마가 아니다. 기관 자금이 가장 신뢰하는 디지털 인프라 자산으로 확고히 자리 잡았다.

이더리움 현물 ETF 승인은 단순한 금융상품의 출시를 넘어, 전통 금융과 디지털 자산 시장을 연결하는 제도적 교두보로 기능한다. 그레이스케일, 피델리티, 블랙록 등 글로벌 자산운용사들이 이더리움을 포트폴리오에 편입하면서, 과거 개인 투자자 중심의 '모멘텀 트레이딩' 시장은 구조적으로 변화한다. 단기 가격 변동에 베팅하던 전략은 점차 리스크 관리와 규정 준수를 전제로 한 전략적 자산 배분으로 대체되고 있다.

투자 판단의 기준 역시 달라졌다. 이제 이더리움은 차트 패턴이나 단기 수급보다, 가스비 추이, 총 예치자산TVL, 스테이킹 비율, 레이어2 확산 속도와 같은 온체인 지표가 핵심 평가 요소로 활용된다. 이는 이더리움이 더 이상 '상승 여력이 있는 코인'이 아니라, 디지털 경제 전반을 지탱하는 핵심 인프라로 평가되고 있음을 의미한다.

솔라나 SOL

솔라나는 한때 FTX 붕괴의 직접적인 여파로 몰락 직전까지 내몰렸던 네트워크였다. 그러나 2026년에 이르러 솔라나는 가장 빠르고 가장 극적인 복원력을 보여준 사례로 평가받고 있다. 주목할 점은 이 회복의 동력이 투기적 기대나 서사 중심의 랠리가 아니라, 온체인 사용자 활동의 실질적인 급증과 밈코인 생태계의 폭발적 성장에서 비롯되었다는 사실이다.

이는 과거 암호화폐 시장과는 명확히 다른 구조적 전환을 의미한다. 가격이 먼저 오르고 사용자가 뒤따르던 패턴에서 벗어나, 실제 네트워크 사용량과 애플리케이션 활동이 가격 상승을 견인하는 방향으로 시장의 인과관계가 바뀌고 있다. 솔라나는 이 변화가 가장 선명하게 관측된 체인 중 하나다.

현물 ETF를 계기로 기관 투자자들의 시선도 달라졌다. 이제 솔라나는 더 이상 '이더리움 킬러'라는 비교 프레임으로 평가되지 않는다. 대신 고성능·저지연·대규모 트랜잭션 처리가 가능한 독립적인 블록체인 인프라로 재평가되는 중이다. 솔라나가 스스로를 '탈중앙화 나스닥'으로 브랜딩하는 이유 역시 여기에 있다. 고빈도 거래, 실시간 애플리케이션, 대규모 소비자 서비스가 구동되는 인프라로서의 정체성을 분명히 하고 있는 것이다.

갤럭시 디지털Galaxy Digital, 멀티코인 캐피탈Multicoin Capital, 점프 크립토Jump Crypto, 판테라 캐피탈Pantera Capital 등 전문 크립토 펀드들 역시 솔라나 생태계 전반에 걸쳐 장기적인 투자를 지속하고 있다. 이들의 공통된 투자 논리는 단기 가격 변동이 아니라, 실사용을 기반으로 한 네트워크 효과의 축적이다. 솔라나는 '기술적으로 빠른 체인'에서 나아가, 실제 자본과 사용자가 동시에 모이는 실행형 블록체인으로 자리매김하였다.

엑스알피는 리플과 미국 증권거래위원회**SEC** 간의 장기 법적 분쟁이 부분적으로 해소되면서, 암호화폐 시장에서 '규제 리스크 완화'의 대표적 사례로 부상했다. 이 사건은 단순히 하나의 토큰에 대한 판결을 넘어, 향후 디지털 자산이 제도권 안으로 편입되는 과정에서 중요한 선례로 기능하고 있다.

과거 엑스알피의 투자 논리는 국제 송금이라는 단일 유스케이스에 거의 전적으로 의존해 왔었다. 그러나 2026년에 이르러 그 내러티브는 훨씬 다층적인 구조로 진화하고 있다. CBDC(중앙은행 디지털화폐) 인프라 참여 가능성, 규제 분쟁에서의 부분적 승리가 만들어낸 제도적 신뢰, 전통 금융기관과의 제휴 확대가 복합적으로 작용하며 새로운 평가 프레임을 형성하고 있다.

특히 주목할 점은 중동과 아시아 지역의 국부펀드들이 엑스알피에 관심을 보이기 시작했다는 사실이다. 이는 암호화폐 투자가 더 이상 민간 자본이나 벤처 캐피탈에 국한되지 않고, 지정학적 이해관계를 반영하는 국가 단위 자본의 의사결정 영역으로 확장되고 있음을 보여준다. 엑스알피는 이러한 흐름이 가장 먼저 관측된 사례 중 하나다.

기관 투자자들의 시각에서도 엑스알피의 위상은 달라졌다. 이제 엑스알피는 단순한 결제용 토큰이 아니라, 규제 명확성을 일정 부분 확보한 블록체인 기반 결제 네트워크 자산으로 평가된다. 이는 리스크 프리미엄을 크게 낮추는 요인으로 작용하며, 장기 포트폴리오 편입의 정당성을 강화한다.

RLUSD 스테이블코인을 축으로 한 메인넷 관점의 확장 역시 엑스알피 생태계의 중요한 변화다. 토큰 가격 중심의 담론에서 벗어나, 실제 결제·정산·유동성 관리 인프라로서의 역할이 강화되면서 엑스알피는 점차 '규제 친화적 블록체인 금융 네트워크'라는 독자적 포지션을 구축해 나가고 있다.

바이낸스코인 BNB

바이낸스코인은 바이낸스 생태계의 성장과 함께 거래소 연동형 자산으로 진화해 왔다. 초기에는 단순히 거래 수수료를 할인해 주는 유틸리티 토큰이었지만, 현재는 바이낸스의 글로벌 확장 전략, 런치풀 및 런치패드 성과, 디파이 활동까지 반영하는 복합적인 가치를 지닌다. 창평자오 CZ의 법적 이슈가 정리된 이후 기관 투자자들은 바이낸스의 거버넌스 리스크를 재평가하고 있으며, 분기별 소각 프로그램은 기업의 자사주 매입과 유사한 디플레이션 메커니즘으로 투자 매력을 높이고 있다.

아발란체^{AVAX}

아발란체는 과거 '이더리움 킬러' 경쟁의 일원이었으나, 현재는 산업 특화형 블록체인으로 방향을 전환했다. 서브넷 아키텍처를 기반으로 기업용 블록체인, 게임, 실물 자산 토큰화^{RWA} 영역에 집중하고 있다. 투자자들은 이제 아발란체를 평가할 때 처리 속도보다 산업 도입률·기술 적합성·파트너십 확장성 등을 핵심 기준으로 삼는다. 이는 '더 빠른 이더리움'에서 '특정 산업의 블록체인 솔루션'으로의 전환을 의미한다.

체인링크^{LINK}

체인링크는 블록체인과 외부 세계의 데이터를 연결하는 오라클 네트워크로서, 거의 모든 탈중앙화 애플리케이션이 의존하는 핵심 인프라다. 이러한 본질적 역할 덕분에 체인링크는 개별 프로젝트를 넘어 블록체인 생태계 전반의 성장에 직접적인 영향을 받는 '인프라 지수형 자산'으로 평가된다. 어떤 프로젝트가 성장하든 그 과정에서 발생하는 수요를 자연스럽게 흡수하기 때문에, 개별 코인보다는 시장 전체를 추종하는 지수^{Index} 성격을 띤다는 의미다. 과거에는 '오라클이 필요하다'는 막연한 논리가 지배했지만, 현재는 종합 솔루션의 성격을 지닌다. 데이터

피드 정확도, 파트너 프로토콜 수, CCIP^{Cross-Chain Interoperability Protocol} 채택률과 같은 구체적인 온체인 지표가 투자 판단의 핵심 근거로 작용하고 있으며, 체인링크는 이 분야에서 압도적인 점유율을 구가하고 있다.

에이브 AAVE

에이브는 '디파이 여름' 시절의 대표적인 대출 프로토콜에서 벗어나, 현재는 전통 자산을 블록체인으로 연결하는 핵심 인프라로 발전했다. 탈중앙화 대출 영역에서 압도적인 점유율을 차지하고 있지만, 기관들은 이를 넘어 에이브를 단순한 이자 수익 수단이 아니라 자산 토큰화와 온체인 금융의 게이트웨이로 평가하고 있다. 에이브에 대한 투자 판단은 프로토콜의 수익성과 함께 거버넌스 참여, 규제 준수, 기관 파트너십 등까지 포함하는 복합적인 분석이 요구된다.

수이 SUI

수이는 2023년 등장한 신흥 레이어1 블록체인으로, 웹3 대중화의 실사용 인프라를 목표로 하고 있다. 무브 언어 기반의 병렬 처리 구조를 통해 높은 처리 속도와 낮은 수수료를 구현하며, 이는 게임·소셜·NFT 중심의 대규모 사용자 환경에 최적화되어 있다. 사용자 경험^{UX} 중심 설계와 대기업 파트너십 확장을 통해 차별화된 생태계를 구축하고 있다. 특히 메타 출신 미스틴랩스^{Mysten Labs}가 주도하는 개발력과 아시아 시장에서의 빠른 채택이 결합되며, B2C형 블록체인의 대표 주자로 부상했다.

도지코인 DOGE

도지코인은 본래 밈^{Meme} 문화에서 출발한 프로젝트지만, 시장 내 심리적 신뢰 자산으로 진화했다. 특히 일론 머스크의 반복적인 언급과 테슬라 결제 수단 채택 논의는 도지코인을 대중 친화적 디지털 화폐의 상징으로 만들었다. 기술적 진보는 제한적이지만, 거래 속도의 안정성과 커뮤니티의 지속적인 결속력은 여전히 강력한 생명력을 보여준다. 단순한 밈코인을 넘어, 현재는 X 플랫폼 결제 연동과 머스크의 AI 생태계 접목 가능성 등 실사용 기반 내러티브가 강화되고 있다. 도지코인은 이제 투기적 자산이 아니라, 인터넷 네이티브 화폐 실험의 대표 사례로 자리 잡았다.

유니스왑^{UNI}

유니스왑은 탈중앙화 금융, 디파이^{DeFi}의 상징으로 시장 유동성의 구조 자체를 혁신한 프로토콜이다. AMM^{Automated Market Maker} 모델을 통해 거래소 운영의 개념을 바꾸었고, 이는 중앙화 거래소 의존도를 낮추는 결정적인 역할을 했다. 과거에는 단순히 '토큰 스왑 플랫폼'으로 인식되었으나, 현재는 온체인 유동성의 표준 인프라로 기능하며 기관과 프로젝트 모두가 의존하는 시장 메커니즘의 핵심 축이 되었다.

V4 업그레이드를 통해 플러그인 아키텍처와 커스터마이징 가능한 풀 구조를 도입하면서, 거래 효율성과 개발자 생태계 확장성을 동시에 강화했다. 유니스왑은 더 이상 단일 프로토콜이 아니라, 온체인 금융의 핵심 기반 계층으로 평가된다. 수수료 구조 변경 제안이 통과되며, 유니스왑 랩스와 재단이 각각 나눠 갖고 있던 관리 권한을 일원화해 효율성과 책임성을 높이게 되었다. 동시에 프로토콜 수준에서 수수료를 활성화해 유니스왑 거버넌스 토큰^{UNI} 보유자들이 수익을 확대할 수 있는 기회를 제공한다. 이에 따라 UNI는 단순한 거버넌스 토큰을 넘어 현금 흐름을 반영하는 자산으로 재평가될 여지가 생겼다.

하이퍼리퀴드는 차세대 온체인 파생상품 거래소로, 탈중앙화된 구조와 중앙화 수준의 트레이딩 경험을 결합한 신흥 강자다. 과거 dYdX나 GMX 같은 선행 프로젝트들이 보여준 한계를 개선하며, 체인 네이티브 인프라 위에서 완전히 온체인 방식으로 작동한다. 가장 큰 특징은 자체 레이어1 기반의 초저지연Ultra-Low Latency 매칭 엔진과, 높은 유동성을 유지하는 마켓 메이커 네트워크다. 이를 통해 중앙화 거래소 수준의 효율성과 속도를 제공하면서도 투명성과 자산 자율성을 확보한다. 하이퍼리퀴드는 단순히 새로운 거래소가 아니라, 온체인 유동성 시장의 구조적 진화를 주도하는 인프라형 프로젝트로 평가받고 있다.

실험의 시대에서
실용의 시대로

2026년, 암호화폐 시장은 명백히 새로운 국면에 들어섰다고 본다. 지난 15년간 시장은 세 번의 큰 변화기를 거쳤다. 비트코인 탄생기의 '신뢰 실험기', ICO 붐과 디파이 혁명으로 대표되는 '탈중앙화 실험기', 이제 우리가 목격하고 있는 '실용의 시대'가 그것이다. 이 시기부터 블록체인 기술은 단순한 금융 실험이 아닌, 실질적 가치 창출의 도구로 자리매김하고 있다. 이전의 암호화폐 투자는 대부분 내러티브에 기초했다.

"다음 이더리움이 될 프로젝트는 무엇일까?"
"혁신적인 기술을 가진 새로운 체인은 무엇인가?"

이러한 스토리텔링이 시장을 움직였다. 그러나 2026년의 시장은 훨씬 더 성숙하고 정교하며, 데이터 중심적이다. 기술의 진보, 규제의 명확화, 기관 자본의 본격적인 유입, 인공지능AI과의 융합이 결합되면서 투자에 관한 관점이 근본적으로 바뀌고 있다.

이제 투자자는 "이 프로젝트가 무슨 이야기를 하는가?"가 아니라, "이 프로젝트가 얼마의 수익을 창출하는가?"를 묻는다. 이더리움의 EIP-1559 소각 메커니즘 이후, 블록체인은 실제 현금 흐름을 창출하는 경제 시스템으로 진화했다. 프로토콜이 수수료를 통해 얻은 수익을 토큰 소각이나 보유자 배당 형태로 환원하면서, 투자자는 마침내 암호화폐를 '현금 흐름 기반 자산Cash-Flow Generating Asset'으로 평가할 수 있게 되었다.

이 변화는 '실질 수익Real Yield'의 시대를 열었다. 과거에는 새로 발행한 토큰을 보상으로 뿌리며 인위적으로 높은 수익률을 만들어냈지만, 이제 그런 인플레이션형 보상은 시장에서 가치로 인정받지 못한다. 이제 중요한 것은 네트워크가 실제로 창출하는 수수료, 거래 수익 등 '현금 흐름 기반 수익'이다. 그 결과 투자자들의 관심은 단순히 "TVL(예치 자산)이 얼마나 늘었는가?"에서 벗어나, "이 프로토콜이 실제로 어떤 경제적 가치를 만들어내는가?", "이 프로토콜이 얼마나 지속적으로 현금 흐름을 만들어내는가?"로 옮겨가고 있다.

"프로토콜이 하루에 얼마를 벌고 있는가?"

"지속 가능한 수익 모델이 있는가?"

"그 수익은 누구에게 귀속되는가?"

"네트워크 효과를 창출할 수 있는가?"

과거 알트코인 시장의 밸류에이션은 비교적 단순했다. '이더리움 시가총액의 몇 퍼센트 수준이면 적정한가?'처럼 상대적인 크기 비교 위주였다. 그러나 이제 시장은 프로토콜의 실제 펀더멘털을 정량적으로 평가하는 단계로 발전했다. 가령 디파이 토큰은 P/FPrice-To-Fees, 프로토콜이 창출하는 수수료 수익, 실질 수익률Real Yield과 같은 지표로 평가된다. 실제로 사용자로부터 발생한 이자 수익과 수수료를 바탕으로 가치를 산정하는 방식은 전통 금융에서 은행이나 증권사를 평가하는 접근법과 유사하다.

레이어1 토큰 역시 단순한 기술 경쟁을 넘어, 네트워크 효과·개발자 활동·생태계 펀딩 규모 등 종합적인 지표로 평가된다. 특히 이더리움은 EIP-1559 도입 이후 거래 수수료의 일부가 소각되면서, 이제 단순히 거래의 연료 역할을 하는 '디지털 오일'이 아니다. 네트워크 사용이 늘어날수록 수수료 수익이 발생하고, 공급이 소각을 통해 줄어드는 구조를 가진 '디지털 채권' 혹은 '수익형 네트워크 자산'으로 진화했다.

이처럼 시장은 점차 투기에서 가치 중심으로 이동하고 있다. 기관 투자자의 본격적인 유입, 거시경제 변수와의 연동, 국가 기반의 광범위한 채택, 명확해진 규제 환경 등이 그 증거다. 이제 투자 판단은 단순한 '감'

이나 '내러티브'에 의존하지 않는다. 기술적 이해, 거시경제 분석, 규제 해석, 온체인 메트릭을 함께 읽어내는 복합적 분석 능력이 요구된다.

2026년부터의 투자 전략 –
구조를 읽는 자가 시장을 이긴다

기술 혁신이 아무리 뛰어나도 대중이 사용할 수 없다면 의미가 없다. 2026년의 블록체인 산업은 이 단순한 진리를 깊이 깨닫고 있다. 그 결과 'WEB2.5 전략'이 더욱 확산되는 중이다. WEB2.5는 전통적인 웹 환경과 WEB3를 자연스럽게 연결하는 과도기적 형태로, 사용자는 이메일과 비밀번호로 가입하고 신용카드로 결제하면서도 동시에 자신의 자산과 데이터를 온전히 소유할 수 있다. 계정 추상화 기술의 성숙으로 복잡한 시드 문구 대신 생체 인증이나 소셜 로그인으로 지갑을 관리할 수 있게 되었다.

결국 WEB3는 더 이상 기술 숙련자의 영역이 아니라, 일반 사용자를 위한 실질적 경험의 플랫폼으로 진화했다. 이 기반 위에서 '소셜 파이낸스SOfi'가 부각되고 있다. 콘텐츠 크리에이터가 자신의 미래 수익을 토큰화하고, 팬이 그 성장에 투자하는 시대가 열린 것이다. 투자는 개인적

행위가 아니라 사회적 참여이자 관계의 확장이기도 하다. 금융은 복잡한 시스템이 아니라 친구와 소통하고 협력하는 일상적 행위가 되었다. 이는 단순한 유행이 아니라 금융의 본질이 사회적 신뢰Social Trust로 회귀하는 과정이라 볼 수 있다.

2026년 이후 암호화폐 투자의 본질은 단순하다. 시장 구조를 이해해야 살아남을 수 있다. 이 다섯 가지 역량이 향후 암호화폐 투자자의 생존 조건이 될 것이다.

> 1 멀티 체인 유동성 구조 속에서 특정 체인에 집중된 리스크를 분산시키는 역량
>
> 2 AI 기반 거래와 MEV 환경에서 차별화된 정보를 해석하는 분석 능력
>
> 3 RWA와 실물 경제의 융합을 기반으로 새로운 포트폴리오를 구성하는 전략적 사고
>
> 4 규제 및 거버넌스 변화를 읽어내는 글로벌 매크로 감각
>
> 5 프로토콜의 실제 수익 구조와 가치 축적 메커니즘을 데이터를 통해 분석하는 능력

결국 2026년의 암호화폐 시장은 '어떤 코인을 사야 하는가'의 문제가 아니라, '어떤 구조 속에서 자본이 움직이는가'를 이해하는 문제로 진화했다. 시장은 점점 더 효율적으로 변하고, 기술은 더욱 정교해지며, 투자는 점차 철학적인 행위로 확장되고 있다.

앞서 강조했듯이, 2026년은 암호화폐가 실험의 시대를 넘어 실용의

시대로 진입한 해다. 기술적으로는 확장성과 상호운용성의 한계를 넘어서고, 제도적으로는 규제의 명확성이 확보되었으며, 사용자 경험 측면에서도 대중이 쉽게 접근할 수 있는 단계에 도달했다. 그러나 이것이 종착지는 아니다.

오히려 지금은 견고한 기반 위에서 새로운 실험이 다시 시작되는 시점이다. 지난 수년간 블록체인과 암호경제는 기초 인프라 - 확장성, 보안, 합의 메커니즘, 규제 준수 프레임워크 - 를 단계적으로 다져 왔다. 그 결과 2026년의 우리는 기술적 토대가 충분히 성숙한 상태에서, 이전에는 공상과학처럼 들렸던 개념들이 현실에 접목되는 실험을 목격하고 있다.

예컨대 AI 에이전트 경제는 자동화된 소프트웨어 에이전트가 경제 활동의 일부를 자율적으로 수행하고, 그 가치를 토큰으로 교환·정산하는 경제 모델을 의미한다. 이와 함께 양자 저항성 암호화는 장래의 양자 컴퓨팅 위협으로부터 네트워크를 보호하기 위한 암호학적 대비책으로, 보안의 패러다임을 선제적으로 전환하고 있다.

이제 암호화폐는 더 이상 단순한 '대안 자산'이나 투기적 도구에 머물지 않는다. 그것은 인류 문명의 운영 체제를 다시 설계하는 도구다. 분산원장과 토큰 모델은 소유권, 신원, 결제, 거버넌스, 데이터 공유의 방식을 재정의한다. 토큰화는 자산의 유동성을 재창조하고, 오라클과 실세계 데이터의 연결은 온·오프라인 경제를 하나로 잇는다. 동시에 스마트 컨트랙트와 자동화된 합의 메커니즘은 규칙의 실행을 예측 가능하고 불변하게 만들어, 기존 중앙 기관에 의존하던 수많은 프로세스를 재설계할 수 있게 한다. 투자는 단순한 수익률 추구를 넘어, 어떤 기술적 표준과 경제 모델이 차세대 사회를 지배할지를 선택하는 행위가 되었다.

물론 도전 과제는 여전히 존재한다. 첫째, 양자 컴퓨팅의 위협은 장기적 관점에서 암호학적 안전성에 근본적인 질문을 던진다. 이에 대비한 양자 저항성 알고리즘과 체계적인 마이그레이션 전략은 필수적이다.

둘째, 개인정보 보호와 규제 준수 사이의 균형은 지속적인 난제다. 완전한 익명성은 범죄 악용의 우려를 낳지만, 과도한 중앙화와 감시로의 회귀 역시 탈중앙화의 본질을 훼손한다. 영지식증명과 같은 기술적 해법이 등장하고 있으나, 법적·윤리적 합의가 병행되어야 한다.

셋째, 탈중앙화와 효율성 간의 트레이드오프, 즉 탈중앙화 수준을 높일수록 성능과 사용자 경험이 저하될 수 있고, 반대로 중앙화를 도입할수록 검열 저항성과 신뢰성이 약화되는 문제 역시 지속적인 설계적 선택을 요구한다.

이 외에도 거버넌스의 정교화, 인센티브 설계의 악용 방지, 상호운용성 표준 확립, 사용자 경험 개선, 대규모 채택을 가능하게 할 인프라 투자가 여전히 해결 과제로 남아 있다. 그러나 지난 역사는 한 가지 분명한 사실을 보여 준다. 암호화폐 커뮤니티는 그동안 기술적·경제적 난제를 창의적으로 해결해 왔으며, 앞으로도 그럴 가능성이 크다는 점이다.

지금 이 순간에도 수많은 프로젝트와 재단은 새로운 합의 알고리즘을 설계하고, 프라이버시 보호를 강화하는 암호 기법을 개발하며, AI 에이전트가 상호작용하는 경제 모델을 실험하고 있다. 어떤 아이디어는 실패하고, 어떤 아이디어는 느리게 성장하겠지만, 그 과정 자체가 생태계의 성숙을 견인한다. 2026년의 암호화폐 시장은 종착점이 아니라 새로운 출발선이다. 우리는 지금 디지털 르네상스의 서막을 목격하고 있으며, 향후 수십 년은 이 기술들이 사회 제도, 산업 구조, 일상생활에 어떤 방식으로 통합되는지에 따라 크게 달라질 것이다.

투자자에게 남겨진 과제는 분명하다. 투자는 이제 미래의 기술적 표준과 사회적 질서를 선택하는 행위다. 그 선택은 단순한 금융적 수익을 넘어, 장기적인 사회적 영향을 만들어 낼 것이다. 이 거대한 변곡점의 한가운데에 서 있는 우리는 기술적 통찰과 책임 있는 판단을 통해 다음 시대의 기반을 함께 설계해야 한다. 독자 여러분을 응원한다.

참고문헌 ────────────────────────────────────

I

https://www.coinglass.com/pro/i/bitcoin-price-performance-since-halving

https://www.whitehouse.gov/presidential-actions/2025/01/strengthening-american-leadership-in-digital-financial-technology/

https://www.whitehouse.gov/fact-sheets/2025/03/fact-sheet-president-donald-j-trum

https://www.bitcoinstatesOfamerica.com/strategic-bitcoin-reserve

https://shinkim.com/kor/media/newsletter/2905

https://www.kcmi.re.kr/publications/pub_detail_view?cno=5981

https://likms.assembly.go.kr/bill/bi/bill/sch/detailedSchPage.do

https://blog.naver.com/blogfsc/224026977489

https://stockanalysis.com/etf/provider/blackrock/

https://etfdb.com/compare/market-cap/

https://8marketcap.com/

https://lnp.nanet.go.kr/foreignlaw/newForeignLawissue/newForeignLawissueView.do?cn=KLAW2025000016

https://www.kcmi.re.kr/publications/pub_detail_view?cno=5981

https://eiec.kdi.re.kr/policy/domesticView.do?ac=0000198204

https://www.kiep.go.kr/gallery.es?mid=a10102020000&bid=0003&tag=&b_list=10&act=view&list_no=11999&keyField=&keyWord=&orderby=

https://www.reuters.com/technology/bitcoin-surges-record-high-trump-bets-2024-11-11/

https://financialservices.house.gov/news/documentsingle.aspx?DocumentID=410793

https://www.leeko.com/leenko/news/newsLetterView.do?lang=KR&newsletterNo=2178

https://coinness.com/news/1140272

https://coinness.com/news/1136210

https://coinness.com/news/1136083

https://www.hankyung.com/article/2025083130501

IV

https://www.bis.org/publ/arpdf/ar2025e3.htm

— BIS(국제결제은행) 2025 연례보고서, 스테이블코인과 금융시스템 역할 분석

https://en.wikipedia.org/wiki/Stablecoin

— 위키피디아: 스테이블코인 정의 및 GENIUS Act 등 규제/입법 현황 정리

https://arxiv.org/pdf/2505.10997

— Stablecoins and the Emerging Hybrid Monetary Ecosystems(하이브리드 화폐 생태계와 스테이블코인 역할)

https://arxiv.org/abs/2512.02418

— Leveraging LLMs for On/Off-chain Transparency in Stablecoins(AI 기반 투명성/크로스체인 이슈)

https://reports.weforum.org/docs/WEF_Asset_Tokenization_in_Financial_Markets_2025.pdf

— World Economic Forum: Asset Tokenization in Financial Markets 2025 리포트 세계경제포럼 보고서

https://www.coingecko.com/research/publications/rwa-report-2025

— CoinGecko RWA Report 2025: When Crypto Gets Real

https://reports.tiger-research.com/p/rwa-2025-driving-adoption-tokenization-kor

— Tiger Research RWA 2025 분석(토큰화 + 기관 참여)

https://www.wepin.io/ko/blog/rwa-2025-report-growth-opportunities-korea

— RWA 2025 시장 성장 동력 & 사례 분석

https://blog.redstone.finance/2025/06/26/real-world-assets-in-onchain-finance-report/

— RedStone: RWA 온체인 금융 보고서

https://www.researchgate.net/publication/395541870_xRWA_A_Cross-Chain_Framework_for_Interoperability_Of_Real-World_Assets

— xRWA: RWA 크로스 체인 인터옵러빌리티 프레임워크(학술)

https://www.binance.com/en/square/post/27543337680609

— Binance: Why RWA + Stablecoins = "Layer 2 Of the Real Economy"

https://www.moomoo.com/news/post/55985103/why-is-rwa-stablecoin-the-layer-2-Of-the-real

— RWA + Stablecoin을 실물 Layer2로 설명한 분석(Moomoo)

https://arxiv.org/abs/2312.16193

— Cross-border Exchange Of CBDCs using Layer-2 Blockchain(레이어2 아키텍처와 CBDC 간 연계)

https://medium.com/mossland-blog/2025-%ED%81%AC%EB%A6%BD%ED%86%A0-%EC%A0%84%EB%A7%9D-2-%EB%AA%A8%EC%8A%A4%EB%9E%9C%EB%93%9C-%EB%A6%AC%EC%84%9C%EC%B9%98-%EC%84%BC%ED%84%B0-067c05b6ffb4

— Layer2, RWA, ZK, AI·블록체인 융합 전망

https://a16z.com/newsletter/big-ideas-2026-part-3/

— a16z "Big Ideas 2026: Part 3" 리포트(프라이버시, RWA, 스테이블코인, AI 에이전트 등 주요 테마)

https://a16zcrypto.com/posts/article/state-Of-crypto-report-2025/

— a16z "State Of Crypto 2025" 보고서 — 제도권 채택, 스테이블코인 거래량, 온체인 경제 등 집중분석

https://a16zcrypto.com/posts/article/big-ideas-things-excited-about-crypto-2026/

— a16z 2026 핵심 트렌드 17가지 전망 요약

https://www.binance.com/en/square/post/12-11-2025-a16z-crypto-report-highlights-growth-in-stablecoin-transactions-and-future-trends-33569698338473

— 스테이블코인 확대/트렌드 중심 요약(Binance)

https://medium.com/hashed-Official/the-protocol-economy-hashed-2026-3d3991bfa382

— Hashed "The Protocol Economy: Hashed 2026" 전망 보고서(스테이블코인·RWA·AI 등의 구조 변화 중심)

https://en.fnnews.com/news/202512081339596761

— 해시드 2026 전망 보고서 요약(스테이블코인 인프라·AI 결제·RWA 등)

https://www.globallegalinsights.com/practice-areas/blockchain-cryptocurrency-laws-and-regulations/from-paper-to-protocol-how-trust-companies-became-the-backbone-Of-rwa-tokenization/

— RWA 토큰화 과정과 법적/시행 인프라 역할 분석

https://arxiv.org/abs/2503.11940

— DAO/거버넌스 분석(Uniswap 등 포함)

https://arxiv.org/abs/2506.05708

— 크로스체인 스테이블/AI 시장 안정화 메커니즘 논문

AI 대전환기, 부의 흐름을 바꾸는 암호화폐

암호화폐 트렌드
2026

1판 1쇄 펴낸 날 2026년 2월 13일

지은이 표상록·오태완·김동환·박종한

펴낸이 유지은
펴낸 곳 옐로우바스켓

책임편집 유지은
디자인 BIG WAVE

팩스 02-6020-8533
전자우편 yellowbasket1010@naver.com
ISBN 979-11-990298-9-7 13320